西安外国语大学学术著作出版专项资助

2023 年度陕西高校青年创新团队
"面向国际中文教育的汉语资源研究创新团队" 阶段性成果

崔金明 著

国际中文教育的
理论与创新

Research on the Theory and Innovation of
International Chinese Language Education

社会科学文献出版社
SOCIAL SCIENCES ACADEMIC PRESS (CHINA)

目 录

Contents

第一章

国际中文教育及教学概述

在全球化的浪潮中，语言作为文化交流的桥梁和纽带，其重要性日益凸显。中文，作为世界上使用人数最多的语言之一，不仅承载着中华文明的深厚底蕴，也成为连接中国与世界各国人民的桥梁。随着中国的崛起和国际地位的提升，中文教育的国际化进程不断加快，国际中文教育应运而生，并逐渐发展成为一门具有独特魅力和广阔前景的学科领域。

第一节　国际中文教育概述

一　国际中文教育的概念

国际中文教育，即面向全球非中文母语人士开展的汉语教学与中华文化传播活动，是涵盖将汉语作为第二语言的教学、汉语国际推广、对外汉语教学等多领域的综合性教育事业。其核心目标在于提升学习者运用汉语进行交际的能力，加深他们对中华文化的理解与认识，为促进世界文明交流互鉴作出积极贡献。

二　国际中文教育的特征

国际中文教育具有显著的特征，概括来说主要包括以下几方面。

（一）教育内容的丰富性

国际中文教育并不仅仅是"教授中文"这一浅层行为，它实则是一个利用语言作为桥梁，传递中华文明精髓的深远过程。从本质上剖析，它更是一种中国语言及文化的国际教育形式，超越了单纯语言技能的范畴。在教学内容上，国际中文教育不仅涵盖了语言本身，即听、说、读、写这四项基本技能，以及支撑这些技能的汉字知识，还深入拓展至中国传统文化的丰富领域，诸如书法艺术、剪纸艺术、戏曲表演、历史常识与文化简史等。从更为宏观的视角审视，国际中文教育不仅肩负着培育对外汉语专业人才的使命，更承载着塑造中文国际教育师资的重任。在这个教育体系中，专业知识的传授与专业教学方法的学习和实践同等重要。具体而言，它涵盖了国际中文教育的教学方法论训练、教学内容的精心策划、教学组织的有效执行，以及教学模式的持续创新和完善等多个层面。因此，国际中文教育是一个多层次、深入的教育活动，其目的在于通过语言教学这一途径，使世界更加深刻地认识和欣赏中华文化的深邃与丰富。

（二）教育对象的特殊性

国际中文教育专注于服务海外非中文母语的学习者，其教育对象在常规情境下是相对于中国人而言的外国人，这一特性使其与我们日常所见的国内教育体系存在显著区别。这种差异既源于国家推动国际中文教育的战略目标，也彰显了其"走出去"策略，旨在弘扬中华文化、传播中华文明的核心价值。由此，国际中文教育的对象展现出了独有的特征。

进一步观察，无论是在高等学校的国际中文教育班级，还是在孔子学院的课堂，我们都能发现受教育者在多个维度上的多样性。这些差异包括年龄、学习动机、既有知识水平，以及学习心理等。例如，班级中可能既有对中文充满好奇、从零开始的"小学生"，也有在跨国企业或国际商贸领域工作、希望提升中文交流能力的从业者，还有对中华文化怀有浓厚兴趣的研究者。他们各自带着不同的背景和目的，共同构成了国际中文教育班级中一道独特的风景线。

总之，国际中文教育在受教育主体上展现出了国籍、母语等基础特征上的特殊性，同时也在年龄跨度、职业领域等方面呈现出丰富的多样性。这些特点使得国际中文教育与我们通常所说的某一类教育相比，具有更加复杂和多元的面貌。

（三）教育层次的丰富性

汉语及其所蕴含的中华文化构成了国际中文教育的精髓。无论是构成汉语基础的字词句，还是由这些语言元素编织而成的篇章，乃至更深层次的语言艺术、历史经典、书法艺术等，都是中华文化不可或缺的组成部分，共同构成国际中文教育的主要内容。在国际中文教育的广阔天地里，每位学习者都怀揣着独特的学习心理、动机与知识背景，这些因素促使他们在学习内容上做出不同的选择。因此，教学内容自然而然地呈现出多样化的特点，以满足不同学习者的个性化需求。另外，国际中文教育还涵盖了不同教育层次的学习者，从非学历教育的初步探索，到小学、中学、本科乃至研究生阶段的深入钻研，每个阶段都有其特定的学习目标与内容。这种层次分明的教育体系不仅确保了学习者能够根据自身实际情况选择最合适的学习路径，还促进了他们在汉语及中华文化领域内的全面发展与提升。

（四）教育形式的多样性

国际中文教育为各类学习者铺设了丰富多彩的学习路径，确保不同年龄、学历背景及个性化需求的学习者均能在其中觅得合适的学习资源。其教学内容的广泛性背后，映射出的是教育形式的多元化与灵活性。举例来说，远程教育模式利用现代信息传播技术的优势，打破了时间和空间的束缚，使学习者能够随时随地接受中文教育；机构培训则提供了一条正规学校教育之外的途径，让学习者能够根据自身情况，自由选择加入多样化的中文学习社群，享受灵活便捷的学习体验。

此外，国际中文教育还涵盖了正规且组织严谨的高校教育项目，如针对来华留学生的国际中文教学，以及旨在培养国际中文教学专业人才的课程等，这些为学习者提供了系统的学术提升和职业发展机会。同时，孔子学院（孔子课堂）作为国际中文教育的重要载体，通过其全球网络，组织并实施了一系列高质量的国际中文教育活动，进一步扩大了学习者的选择范围。

（五）教育属性的多元性

1. 教学

国际中文教育是以中文为核心，面向海外非中文母语者开展的中文教学活动。从广义的教学概念出发，它涵盖了知识、技能的传授过程。在教学活动的宏观框架下，国际中文教育涉及四大关键环节：总体设计、教材编纂、教学实施及考试评估。作为一种特定的语言教学活动，国际中文教育需遵循其内在特性和规律，精心规划其总体设计，这包括明确教学目标、界定教学内容、选择教学组织形式，以及确定教材编写与选用原则。教学方法上，可灵活运用讲授法、活动法等，以达成教学目标。同时，对教学效果进行定期评估，特别是对学生学习成效的考量，是不可或缺的一环。

基于上述框架，国际中文教育需根据教育类型、层次及组织形式的不同，制订个性化的总体设计，选用或编纂适宜的教材，实施差异化的教学方案，并设计相应的考试评估体系。例如，针对高等学校的来华留学生，可根据其是否接受学历教育或仅为语言培训，设定不同的培养目标、学业标准及学制；而对于孔子学院或孔子课堂等海外教育机构，则需结合所在国的实际情况，灵活调整学制、教材选用及教学实施策略。

从当前的国际中文教育实践来看，其形式与内容均呈现出多元化特点。既有短期的中文识字、语言应用及预备教学等培训项目，也有高等学校的汉语言文学专业教育及多方向的专业教学；既有常规的进修学习，也有强化教学安排；既有普及性的中文教学，也有针对特定职业需求的中文教学，如商务中文、旅游中文、医学中文等；既有基础层次的中文学习，也有高层次的中文研究；在教学组织形式上，既有传统的班级授课制，也有一对一的个性化辅导。这些多样化的教学实践，共同构成了国际中文教育的丰富生态。[①]

2. 学科

学科，简而言之，是学术领域的分类，同时它也作为教学、科研等功能的基本单位，对高校的人才培养、教师教学及科研业务归属范围进行了相对明确的界定。在高等教育体系中，一个学科通常具备以下基本特征：拥有独立的名称、专门的研究领域、在高等教育机构中开设专业以培养人才，以及拥有专业的研究人员和扎实的理论基础。[②]

就国际中文教育的学科属性而言，尽管其发展历史相对较短，但1993年国家教委发布的专业目录中，"对外汉语"已被正式纳入"中国语言文学类"下的本科专业。然而，从当前情况来看，国际中文教育在学科体系的构建、理论框架的搭建以及基本问题的认识上，仍有诸多待深入探索之处。

作为一门学科，国际中文教育不仅涵盖教学活动，还涉及与教学紧密相关的理论研究和系统研究。这些研究不应仅仅局限于教学过程中的各种现象，而应更多地聚焦于国际中文教学中的一般原则、方法和规律。国际中文教育在很大程度上源于对外国际中文教学，并以高等教育领域内的专门知识分类为基础展开。当前，学界普遍认为，对外国际中文教学的基础学科包括语言学、心理学及教育学，并以这些学科的理论作为指导。然而，考虑到国际中文教育的特殊性和复杂性，

---

①　吴莉：《传播学视阈内的汉语国际教育研究》，东北师范大学出版社，2017，第63页。
②　吴莉：《传播学视阈内的汉语国际教育研究》，东北师范大学出版社，2017，第63页。

其学科基础还应扩展至传播学、跨文化交际学、神经生理学等领域。①

首先，国际中文教育虽然旨在传播中国文化、弘扬中华文明，但其核心仍然是汉语这一基本语言的教学。其次，从宏观角度看，国际中文教育是实施国家中文教育推广战略的具体手段，涉及文化的传播和输出，因此与传播学密切相关。再次，从微观角度看，国际中文教育是一种语言教学，涉及教学心理、教师心理、学生心理、学习心理、文化心理等多个方面，因此也与教育学、心理学紧密相连。语言学则主要关注"教什么""如何学""怎么教"这三个核心问题，以及它们之间的相互关系。

事实上，学科与教学既相互区别又密切联系。通过系统的研究才能明确应该向学习者教授什么内容，了解学习者学习语言的顺序和策略，以及采用何种教学方法和手段才能取得最佳的教学效果。只有这些研究取得阶段性成果，才能推动教学的不断进步。早期的国际中文教学没有充分认识到"教什么""如何学""怎么教"的重要性，并缺乏相关研究，导致出现了一些不利于教学顺利进行的问题，如将母语为中文者的教学内容直接应用于母语为非中文者的教学中，或将语言本体研究中语言项目的次序直接用于对外中文教学中。②

3. 事业

国际中文教育除了作为教学和学科的基本属性外，更承载着国家和民族的使命，是国家语言合作交流的重要事业。《国务院批转教育部国家教育事业发展"十一五"规划纲要的通知》明确指出了加强汉语国际推广的多项措施，包括完善推广机构、建设推广基地和网络平台、加速孔子学院的建设与规范管理、提升教学质量、开发多样化的国际推广教材、强化教师培训与选拔、改进汉语水平考试及其管理模式，并深入汉语国际推广的研究工作。

① 何建：《高校汉语国际教育探索》，吉林人民出版社，2021，第16页。
② 魏红、伊理、段从宇编著《高校汉语国际教育发展研究》，科学出版社，2013，第31页。

为推广国际中文，相关部门采取了一系列富有策略性的行动。商务部负责在出口商品上增加中文标签和说明，选定重点出口商品和企业，利用援外经费支持国际中文推广。国家广电总局则指导 CCTV-4、CCTV-9 等频道优化中文教学节目，同时指导国际广播电台利用多语种、广覆盖的优势，增加中文节目的播出数量和质量，并利用全球3600 个听众俱乐部开展汉语教学和考试。[①]

这些举措表明，国际中文教育不是局限于一般意义上的教育活动，而是一项集政治性、策略性于一体的国家事业。它关乎国家的文化输出、语言传播和国际影响力，是国家软实力的重要组成部分。因此，国际中文教育在概念的源头上，就超越了单纯的教育范畴，成为国家整体战略中不可或缺的一环。

三 国际中文教育的重要意义

（一）促进文化交流与互鉴

国际中文教育犹如一座坚实且光辉的桥梁，矗立于不同的国家与民族间，为多元文化的沟通与交融搭建了一个既宽广又稳固的舞台。一旦学习者踏上汉语学习的旅程，便如同推开了一扇通往中国博大精深文化殿堂的大门。在这场奇妙的探索之旅中，他们得以逐步深入地认识中国那源远流长的历史长河，每一则古老传说都犹如一颗熠熠生辉的宝石，凝聚着岁月的积累与智慧的传递。他们得以欣赏中国那丰富多彩的文化风貌，从精妙绝伦的传统艺术到别具一格的民俗风情，每一个细节都散发着迷人的风采。他们还能领悟中国深邃的价值观，诸如仁爱、诚信、和谐等理念，就像一盏盏明灯，照亮着人们的精神世界。通过学习汉语，学习者对中国有了日益深入的认知与理解，在心中勾勒出一个更为立体、真实的中国轮廓。

---

① 肖毅：《新时代国际中文教育的创新研究》，中国民主法制出版社，2023，第 13 页。

与此同时，中国亦能通过国际中文教育这一关键途径，更加深入地了解其他国家的文化。当来自世界各地的学习者带着各自独特的文化背景步入中文课堂，他们也带来了丰富多元的文化元素。这种沟通与互动促进了文化的相互学习与融合，不同文化在碰撞中相互启迪，催生出新的创意与灵感，正如各种色彩的颜料相互融合，绘制出更加绚丽多彩的画面，推动人类文明在交流与互鉴中持续攀上新的高峰，共同谱写着属于全人类的灿烂篇章。

（二）加强经济合作与发展

在当今全球经济一体化的广阔背景下，汉语已成为一种不可或缺的商务沟通语言，它如同一把开启机遇的神奇钥匙，为国际贸易、投资及旅游等多元领域的合作铺设了宽广的道路。在国际贸易的广阔舞台上，精通汉语的专业人士能够与中国企业实现无缝对接，跨越语言隔阂，拓宽商业合作路径，为商品流通与贸易繁荣注入强劲动力。在投资领域，掌握汉语的投资者凭借对中国市场环境的深刻洞察、对政策法规的精准把握以及对投资机遇的敏锐捕捉，能够做出更为明智的投资决策，促进资本在全球范围内的优化流动与高效配置。在旅游方面，汉语的普及为外国游客提供了极大的便利，使他们能够更深入地探索中国的自然美景与人文底蕴，有力推动了旅游业的蓬勃发展。

在诸如国际商务、外交事务以及尖端科技等领域内，精通汉语的人才展现出了尤为突出的竞争优势。他们凭借汉语表达的流畅自如和对中国文化的深刻理解，于国际商务谈判中游刃有余，能够精准地把握对方的需求，从而推动达成互利共赢的合作。在外交舞台上，他们担当起文化交流的桥梁角色，为深化和拓展国际友好关系贡献了不可或缺的力量。而在科技领域，他们与中国科研团队紧密合作，共同面对技术难题，加速了科技创新在全球范围内的步伐。这些杰出的人才犹如夜空中璀璨的星辰，为国际经济合作奠定了坚实的基础，引领并照亮了全球经济不断前行的道路。

（三）提升国家软实力

国际中文教育作为提升我国软实力的重要渠道，正发挥着其不可替代的独特效能。汉语，如同一股和煦而强大的春风，吹遍全球各个角落，携带着中华文化的精髓广泛传播。借助汉语和中华文化的传播力量，我国在国际舞台上展示了深厚的文化底蕴和独特的魅力，进而增强了我国的文化影响力和吸引力。那些承载着历史沧桑的汉字、流传千古的诗词以及精妙绝伦的传统技艺，都成为全球瞩目的焦点，让世界各地的人们为之倾倒、为之着迷。在这一过程中，我国的国家形象得到了积极的塑造，展现出一个开放包容、创新进取的大国风范。同时，国际中文教育的蓬勃发展也为推动中国文化产业的兴盛注入了强劲动力。随着全球范围内对中华文化兴趣的日益浓厚，对文化产品和服务的需求也随之不断增长。从电影、音乐到文学作品、艺术展览，从传统手工艺品到现代文化创意产品，中国文化产业在国际市场上迎来了前所未有的机遇，同时也面临着新的挑战。通过提升中国文化在全球的竞争力，中国能够在国际文化舞台上占据更加举足轻重的地位，为推动世界文化的多样性和繁荣发展贡献出更大的力量。

（四）培养国际化人才

国际中文教育扮演着至关重要的角色，为孕育拥有全球视角和跨文化沟通能力的精英人才铺设了一条宽广的道路。一旦学习者投身于汉语学习的广阔天地，他们便踏上了一趟既充满挑战又满载机遇的个人成长与蜕变之旅。在这个过程中，他们不仅精进了汉语这一全球交流的语言工具，更是在与中国文化的深度交融中，逐渐培养了跨越文化界限的敏锐洞察力和沟通能力。他们学会了拥抱并尊重文化的多样性，能够从多元化的视角审视世界，也掌握了在多元文化背景中有效交流与协作的艺术。

这些拥有国际视野和跨文化沟通才能的精英，仿佛成为一座座连接世界的文化桥梁，为未来的国际合作与对话铺设了坚实的基石。在国际舞台上，他们将成为推动各国在经济、科技、文化等领域深化合作的驱动力，为促进全球的和谐与进步贡献力量。他们以开放包容的心态和跨越国界的视野，致力于构建人类命运共同体的宏伟蓝图，为世界的繁荣与发展注入智慧与活力。

第二节　国际中文教育的发展方向及趋势

一　国际中文教育的发展方向

（一）教学模式创新化

1. 融合现代科技

在当今时代，信息技术正以前所未有的速度迅猛发展，这为国际中文教育带来了全新的机遇与挑战。国际中文教育必须以积极主动的姿态，热情地拥抱这场科技变革，充分利用现代科技的强大力量，为其发展注入新的活力。

在线教学平台的诞生，宛若一把魔力无边的钥匙，打破了时空的枷锁，为中文学习者解锁了随时随地学习的无限可能。学习者从此不必再受限于传统教室的时空框架，而是可以根据自己的作息安排与个性需求，自由选择最适宜的学习时间与地点。想象一下，一位忙碌的职场人士在通勤的地铁上，只需轻点手机屏幕，便能进入一个充满活力的中文学习世界；海外留学生在深夜的宿舍里，借助在线平台，便能与远在中国的师生进行一场跨越时空的思想碰撞。

为了充分满足学习者多样化的学习需求，应致力于打造一系列互动性卓越的中文学习 App，这些 App 将成为学习者的知识宝库与智慧源泉。其中，语音讲解如同一位温暖的私人教师，引领学习者一步步掌握汉语的发音奥秘、语法精髓与词语海洋；视频课程如一扇扇色彩斑斓的窗户，通过直观的画面与生动的讲解，将中国的风土人情、悠久历史与现代风貌展现得淋漓尽致。在线练习环节则为学习者提供了丰富多样的实践机会，通过层层递进的练习题，帮助他们巩固知识，提升语言应用能力。

更令人兴奋的是，虚拟现实（Virtual Reality，VR）与增强现实（Augmented Reality，AR）技术的融入，为学习者创造了一个前所未有的沉浸式学习体验。通过 VR 技术，学习者仿佛穿越时空，亲身游历中国的历史名胜。他们可以在故宫的宫殿间漫步，感受那种古老而庄严的皇家气派；也可以踏上古老的丝绸之路，亲历商贸与文化交流的辉煌岁月。而在传统节日之际，AR 技术则能为学习者带来一场视觉盛宴。比如在春节时，学习者通过 AR 设备，仿佛置身于热闹喜庆的节日氛围中，观赏虚拟的烟花绽放，感受舞龙舞狮的生动韵律，这些生动的体验无疑将极大地激发学习者对汉语及中国文化的热爱与探索欲。这样的学习环境，不仅让学习者在轻松愉悦中掌握中文，更让他们深刻感受到中国文化的独特魅力，为他们的学习之旅增添无限乐趣与动力。

2. 个性化教学服务

在全球中文教育的广阔舞台上，每位学习者都携带着各自独特的需求与特质。为了满足这些多样化的学习需求，必须量身制订个性化的教学方案，确保每位学习者都能在中文学习的征途中找到最适合自己的路径。

首要步骤是对学习者进行全面而细致的评估，这涵盖了他们的语言基础、学习目标以及偏好的学习风格。针对初学者，特别是那些中文根基尚浅的学习者，应侧重于基础语法与词汇的搭建，采用简明直观的教学手法，帮助他们一步步树立起学习中文的自信心。对于那些已具备较高语言水平的学习者，需转向更深层次的阅读与写作训练，旨在提升他们的语言综合驾驭能力。对于那些拥有明确学习目标的学习者，如致力于商务领域的精进者，可量身打造一系列商务汉语课程，涵盖商务谈判策略、商务写作规范等实战内容，助其在商海搏击中熟练运用汉语进行沟通与表达。而对于文学爱好者，则可以开设古典与现代文学鉴赏课程，引领他们探索中国文学的深邃与魅力，感受千年文化的脉动。

进一步地，大数据技术的引入如同智慧的灯塔，照亮了了解学习者学习动态与表现的路径。通过精准的数据追踪与分析，能够及时发现学习者在知识掌握上的薄弱点与瓶颈，从而提供针对性的学习建议与教学策略。例如，针对语法掌握不牢固的学习者，可推送更多语法练习与详尽解析；而对于阅读速度亟待提升的学习者，则可推荐高效的阅读方法与提速技巧。同时，大数据还为我们揭示了学习者的兴趣与偏好，使我们能够为其推送更加贴合其需求的学习资源与活动。这种精准匹配不仅丰富了学习者的学习体验，更激发了他们持续探索中文世界的热情与动力。在国际中文教育的浩瀚星空中，每位学习者都能在个性化教学的引领下，找到属于自己的璀璨光芒。

（二）文化传播深度化

1. 强化文化内涵教学

国际中文教育肩负着重大的使命，绝不仅仅是单纯地教授语言知识，更重要的是要深入传播中国文化深厚而又丰富的内涵。在教学的过程中，应当不遗余力地深入讲解中国源远流长的哲学思想、深刻的价值观以及独具特色的传统习俗等各个方面，只有这样，才能让学习者真正触及中国文化的精髓。我国博大精深的哲学思想宛如一座耀眼

的宝库，其中儒家思想的影响尤为深远。通过深入剖析儒家思想中的
"仁、义、礼、智、信"，我们能够引领广大学习者逐步领悟中华民族
的道德观念和行为规范。"仁"体现了仁爱之心，彰显了我国人民关
爱同胞、同情弱者的优秀品质，凸显了和谐共处、友善相待的美德。
"义"则代表了正义与公正，教导我们在面对纷繁世事时，应具备正
确的判断力和选择力。"礼"规范着我们的言行举止，强调了文明礼
仪的重要性。"智"激励我们追求知识与智慧，不断提升自身的认知
水平。"信"则代表着诚信，是人际交往和社会秩序的坚实基石。通
过对这些核心价值观念的深入阐释，我们能够让学习者更深层次地理
解中华民族的思维模式和行为方式。

2. 促进文化交流与融合

为了深化国际中文教育的广泛影响力，应当积极倡导并激励学习
者投身于多样化的文化交流活动中，以此作为桥梁，促进不同文化的
相互理解与和谐共生。精心策划的中文角活动便是这样一个理想的交
流舞台，它营造了一种轻松愉悦的氛围，让学习者能够无拘无束地用
汉语畅谈，分享学习心得与生活点滴，从而在互动中加深友谊，构建
跨文化的友谊桥梁。此外，举办文化讲座也是一条至关重要的途径。
可以邀请知名学者与专家，为学习者深入剖析中国文化的多元面貌，
从历史、文学、艺术等多个维度，全方位展现中国文化的深厚底蕴与
独特魅力。艺术展览则以其直观的形式，让学习者近距离感受中国艺
术的非凡韵味，无论是书法、绘画、剪纸还是刺绣等传统艺术精品，
都能激发学习者对中国文化的浓厚探索欲。

在此基础上，鼓励学习者进行跨文化对比与融合的实践，激发他
们的创造力，创作出蕴含多元文化元素的作品。例如，双语诗歌的创
作。学习者可以分别用汉语和母语撰写诗歌，通过对比赏析，领悟不
同语言与文化间的微妙差异与共同之处。绘画亦是如此，学习者可以
尝试将中国绘画元素与本国绘画风格巧妙结合，创作出别具一格的艺

术作品。这些活动不仅能够有效提升学习者的中文表达能力，让他们在创作实践中深化对中文的运用，更能增进他们对不同文化的尊重与欣赏。

通过跨文化对比与融合的实践，学习者将更深刻地认识到文化多样性的宝贵与丰富，从而培养卓越的跨文化交际能力与宽广的全球视野。这样的教育过程，不仅是对汉语语言的学习，更是对全球文化多样性的理解与尊重，为构建更加和谐的世界文化生态贡献力量。

（三）教师队伍专业化

1. 提升教师专业素养

在国际中文教育的持续进步过程中，强化中文教师的专业素养与教学能力非常重要。为此，必须不遗余力地加大对中文教师的培育力度，全方位提升其专业素养与教学技艺，努力为学习者提供更高品质的中文教育服务。

为实现这一宏伟目标，首要任务是构建一套系统的专业培训体系，该体系应广泛覆盖多个核心领域。语言教学方法的学习是其中的基石，通过深入研习前沿的教学法，教师们能更有效地指导学习者掌握汉语的发音、词汇、语法等核心要素，进而提升其语言运用能力。同时，文化知识的深化同样不可或缺，中国悠久的历史与璀璨的文化要求教师具备深厚的文化功底，以便在教学中生动展现中国文化的独特魅力，引领学习者深入领略其精髓。此外，跨文化交际能力的培养也至关重要。在国际中文教育的广阔舞台上，教师们需频繁与来自五湖四海、文化背景各异的学习者互动，掌握跨文化交际的知识与技巧，有助于他们更精准地把握学习者的需求与困惑，从而增强教学的针对性与实效性。

鼓励中文教师积极参与学术研讨与交流活动，是拓宽其国际视野的有效途径。在学术研讨会上，教师们得以与国内外顶尖学者深入对话，洞悉国际中文教育的最新研究成果与发展动态，为教学实践注入新鲜血液。而交流活动则能让教师们亲临不同国家和地区的教学现场，亲身体验异域教育文化的独特韵味，从而丰富教学经验，提升教学水平。另外，构建科学、合理的教师评价与激励机制同样迫在眉睫。通过教师评价机制，可以对教师的教学质量、专业素养、教学创新等方面进行全面审视与反馈，助力教师精准审视自身不足，及时做出调整与提升。而激励机制则能激发教师的创新热情与教学动力，如设立优秀教师奖、教学创新奖等荣誉，对表现卓越的教师予以表彰与奖励，进一步点燃他们的工作激情与创造力。

2. 培养国际化教师队伍

为了加速国际中文教育的蓬勃发展，吸引并培育具备国际视野及跨文化交际能力的中文教师是关键一环。通过与海外高等教育机构建立合作，积极推行教师交流计划，可以为中国教师铺设一条通往国际讲台的道路，使他们亲身体验并深入了解各国教育体制与文化风貌。在国外的讲台上，教师们不仅能够吸收国外先进的教学思想与技巧，还能精准把握不同国度学习者的学习需求与特性，为自己的教学生涯积累难能可贵的实战经验。此外，与海外师生的深入交流，将进一步拓宽教师的国际视野，强化其跨文化沟通能力。

与此同时，吸纳来自世界各地的中文教师加入我们的教师队伍，无疑将增加整个团队的文化多样性。这些教师不仅精通中文专业知识，更对自己国家的文化背景与教育体系了如指掌。他们的参与，将为学习者带来更加多元与生动的教学体验。在课堂上，他们可以根据自己国家的文化特色与教育习惯，灵活运用各种教学策略，帮助学习者更高效地掌握中文知识。同时，他们与中国教师的密切交流与合作，将促进双方教学经验的共享与文化视角的交融，共同推动教师队伍的成长与飞跃。

（四）国际合作多元化

1. 深化与各国教育机构的合作

在国际中文教育的实践中，与各国教育机构携手并进，构筑紧密的合作关系，是推动其持续发展的关键所在。合作办学项目作为合作的桥梁，能够汇聚双方优势，共同培育中文人才。通过共同规划课程、遴选师资、共享资源，可以为学生铺设一条通往高质量中文教育的道路。课程体系全面覆盖语言基础、口语、阅读、写作及中国文化，旨在全方位提升学生的中文水平与文化认知。此外，丰富的实践活动，如中文演讲、文化体验等，让学生在实践中深化理解，提升语言运用能力。

师生交流项目则是文化交融的催化剂。派遣本国教师赴海外交流，不仅促进了教学经验的分享，还深化了对不同教育理念的理解，提升了教学水平。同时，接纳海外学生来华学习，不仅让他们亲身体验中国文化，还促进了国际学生间的友谊与合作。双学位项目与海外游学活动更是为学生提供了广阔的学习舞台，让他们在跨文化环境中深化中文学习，拓宽国际视野。

2. 拓宽与企业及社会组织的合作渠道

企业与社会组织作为国际中文教育的坚实后盾，为其发展注入了新的活力与资源。企业凭借丰富的资源与平台，为中文学习者提供了宝贵的实习与就业机会，助力他们提升语言能力与职业竞争力。实习基地的建立，让学生得以将所学知识应用于实践，提高语言沟通与跨文化交际能力。同时，企业还通过赞助教育活动、捐赠教学设施等方式，为国际中文教育提供了有力的资金与物质支持。

社会组织在促进中文教育的普及和深化方面扮演着关键角色。对于贫困和弱势群体而言，社会组织的中文志愿者项目如同温暖的春风，为他们带来了关怀和希望。这些志愿者运用各种教学方法，不仅激发了学生们的学习兴趣，还显著提升了他们的中文能力。此外，社会组织还主动策划和举办各种文化交流活动，有效促进了中文教育的全球传播和交流，为加深全球对中国文化的了解和认同做出了积极的贡献。

通过与企业和社会组织的合作，国际中文教育的社会影响力得到了显著提升。企业与社会组织的积极参与，让更多人认识到了中文教育的重要性，吸引了更多人的关注与参与。企业利用自身宣传平台推广中文教育，社会组织则通过文化活动与公益宣传提高国际中文教育的知名度与美誉度。如此，国际中文教育得以在更广泛的社会支持下，实现更加蓬勃的发展。

二　国际中文教育的发展趋势

（一）智能化教学引领未来

1. 人工智能辅助教学

随着人工智能技术的不断进步，国际中文教育将越来越多地借助人工智能的力量。智能语言学习软件可以根据学习者的语言水平、学习进度和偏好，为其量身定制个性化的学习方案。例如，通过分析学习者的发音错误，提供针对性的发音训练；根据学习者的语法薄弱点，推送相应的语法练习。另外，智能辅导系统还可以随时回答学习者的问题，提供实时的学习支持。

2. 虚拟现实与增强现实的应用

VR 与 AR 技术将为国际中文教育领域带来一场前所未有的学习革命。借助 VR 技术，学习者仿佛置身于中国的历史古迹与文化景点之中，亲身体验并深刻感受中国文化的独特魅力。而 AR 技术则巧妙地将中文学习内容与现实环境相融合，比如在参观博物馆时，通过 AR 设备，学习者可以即时获取文物的中文解说及其背后的历史故事，使学习过程变得更加生动有趣且充满互动性。这一技术的融合，无疑将极大地丰富学习体验，提升学习效率。

（二）跨文化融合更加深入

1. 多元文化课程设置

国际中文教育将加大对学习者跨文化交际能力培养的重视，为此，将增设多元文化课程内容。除了基础的汉语教学外，还将引入一系列介绍世界各国文化的课程，旨在帮助学习者全面认识全球各地的文化差异与共通之处。通过对比分析不同文化的特色，学习者不仅能更深入地理解中文所蕴含的文化精髓，还能培养对多元文化的尊重与包容心态，促进跨文化间的理解和交流。

2. 文化交流活动多样化

各类文化交流活动将变得越来越丰富和多样化，为广大学习者提供一个更宽广的跨文化实践平台。例如，通过组织国际中文演讲比赛、中文歌曲大赛、中文戏剧表演等活动，学习者不仅有机会展示自己的中文能力，还能深刻感受到不同文化的融合与碰撞。同时，积极推广国际学生交流项目、文化体验营等实践性活动，让学习者能够直接体验不同国家的生活方式和文化习俗，从而加深对全球文化的认识和尊重。

（三）线上线下混合教学模式常态化

1. 线上教学资源多元化升级

线上教学平台正持续不断地进行优化与拓展，力求提供更加多元化、高品质的教学资源。除了保留传统的视频课程和在线练习外，平台还将引入互动直播课程和在线学习社群等创新功能。这些新元素的加入，不仅使学习体验变得更加生动有趣，还为学习者提供了一个与其他同学交流心得、共享资源的平台，共同营造一个积极进取、互助共进的学习氛围。

2. 线下教学强化互动与实践环节

线下教学将更加注重互动性和实践性，致力于为学习者营造一个沉浸式的语言学习环境。教师将精心设计一系列丰富多彩的教学活动，包括小组讨论、角色扮演以及实地考察等，旨在让学习者在实际应用中不断练习中文，提升语言交流能力。此外，线下教学还将与线上教学形成良性互动，通过线上布置预习任务和课后作业，线下课堂进行深度讲解和互动讨论，从而进一步优化教学流程，提高教学效率，实现线上线下教学的无缝衔接。

（四）国际合作与交流持续拓展

1. 国际合作项目日益丰富

国际中文教育领域内，各国之间的合作项目将持续增加，呈现出蓬勃发展的态势。政府间、高校间及企业间的合作将更加紧密无间，携手共进，共同推动国际中文教育的繁荣发展。这不仅包括联合办学项目、教师互访交流项目，还涵盖了学术研究合作等多个层面，旨在实现资源共享、优势互补，共同提升国际中文教育的质量和水平。

2. 国际组织作用更加凸显

在国际汉语教学领域，相关国际组织的作用日益凸显，成为推动国际中文教育发展的重要力量。这些组织肩负着制定和推广国际中文教育标准的神圣使命，引领教学方法的创新与进步，同时组织国际学术会议，构建学术交流的桥梁，有效促进了国际中文教育的规范化和国际化进程。此外，国际组织还积极为各国提供政策咨询和技术援助，为国际中文教育的可持续发展提供了坚实的支持，助力其达到新的高度。

第三节　国际中文教学的内涵

一　国际中文教学的定义

国际中文教学，即在非中文母语国家或地区，针对外国学习者开展的中文语言及文化教学活动。该领域不仅涵盖语言知识的传授，还涉及语言技能的训练、跨文化交际能力的培养以及对中国文化的认知与欣赏。国际中文教学的目标在于助力学习者熟练掌握中文这一交流工具，同时深化对中国的理解，推动多元文化间的交流与融合。

二　国际中文教学的性质

（一）国际中文教学是语言教学

教授语言，特别是汉语，构成了语言教学（这一范畴广泛涵盖了从基础汉语教育到国际中文教学等多个层面）最为基础且核心的任务。在这个过程中，让学习者熟练掌握汉语这一承载着丰富文化内涵与广泛国际交流功能的交际工具，无疑是语言教学活动的主要目标与追求。语言教学的本质，不在于简单地灌输语言学的理论框架或知识体系，而在于传授语言运用的实际技能，这意味着教育者需致力于引导学习者掌握汉语这一工具，帮助他们通过语言来表情达意、交流思想，从而培养他们运用汉语进行高效、得体交际的能力。

必须明确指出，这种教学重心的突出并非意味着对语言学理论与知识的全面否定。在语言教学的实践中，适度融入语言学知识与语言规律是至关重要的。然而，关键在于如何将这些知识与规律的传授与提升学习者的语言运用能力紧密结合，确保它们成为推动学习者实际语言水平提升的助推器而非障碍。换言之，语言知识与规律的教学应以实践应用为导向，旨在帮助学习者深入理解语言结构、熟练掌握语言规则，进而更加高效地运用汉语进行沟通与交流。

因此，当我们讨论国际中文教学时，可以毫无疑问地将其定位为语言教学的一种。国际中文教学不仅致力于向全球的学习者传授汉语知识，更重要的是，它通过一系列精心设计的教学活动，帮助学习者在实际语境中运用汉语，提高他们的交际能力，使他们成为跨文化交流的桥梁与使者。这样的教学理念与实践正是语言教学本质的深刻体现。

（二）国际中文教学是第二语言教学

国际中文教学是第二语言教学的这一独特性质，清晰地将其与汉语作为母语的语文教学区分开来。母语教学，即我们通常所说的语文教学，面对的是已经初步或基本掌握汉语基本技能的学生群体。这些学生已经能够熟练运用汉语进行听说读写，进行日常的母语交际。因此，母语教学的重点在于进一步提升学生运用母语的能力，同时加强他们的道德品行、文学修养等多方面的综合素质。

国际中文教学的对象则完全不同。学习者往往没有任何汉语基础，既无法进行汉语的听说读写，也缺乏与汉语相关的社会文化背景知识。对于许多学习者来说，汉语甚至是一种全新的、从未接触过的语言。因此，国际中文教学必须从最基础的发音、说话开始，逐步引导学生掌握汉语的听说读写等基本技能，同时帮助他们理解汉语背后的社会文化背景。

针对国际中文教学这一特殊情况，教育者必须充分考虑学习者的特点，制订有针对性的教学方法和原则。例如，采用更加直观、生动的教学方式，利用多媒体等现代教学手段，激发学生的学习兴趣；注重语言的实际应用，通过模拟真实场景、组织语言实践活动等方式，提高学生的语言运用能力；同时，加强文化教学，帮助学生更好地理解汉语的社会文化背景，提高他们的跨文化交际能力。①

总之，国际中文教学显然不同于第一语言教学，而是一种典型的第二语言教学。它要求教育者具备更加专业的教学知识和技能，能够针对学习者的实际情况，制订科学、合理的教学计划和方案，以确保教学效果的最大化。

（三）国际中文教学是汉语作为第二语言的教学

对于国际中文教学而言，汉语无疑是其核心且最主要的教学内容。在进行国际中文教学时，这一领域不仅受到第二语言教学普遍规律的指导和约束，同时还深受汉语自身独特的语言规律以及中国文化深厚底蕴的影响。这种双重制约机制使得国际中文教学展现出与其他第二语言教学截然不同的风貌。

首先，从语言学的角度来看，汉语在语音、语法、词汇等方面都展现出独特的魅力与复杂性。与英语、法语、俄语、日语等西方或东方其他语言相比，汉语在语音上拥有独特的声调系统，这对于习惯了无声调或声调作用较弱的语言的学习者来说，无疑是一个巨大的挑战。在语法方面，汉语缺乏严格意义上的形态变化，而是依靠语序和虚词来表达语法意义，这也为学习者带来了新的学习难点。此外，汉语词汇的丰富多样性和构词方式的灵活性，也是国际中文教学中需要特别关注的方面。

其次，中国文化在国际中文教学领域的影响同样不容小觑。汉语不仅是一种语言工具，更是中华文化的载体与传承者。鉴于此，在开展国际中文教学活动时，教育工作者不仅要传授语言知识，更要引领

---

① 程翠翠、赵昭：《融入现代教育技术的对外汉语教学研究》，九州出版社，2020，第16页。

学子深入领悟中华文化的内涵，助力他们全面认识汉语这门语言。此类文化教学的融入，使得国际中文教学在教学内容和方法上与其他第二语言教学形成了鲜明的特色对比。

（四）国际中文教学是针对外国人的第二语言教学

国际中文教学主要针对的是外国人群体，即视中文为第二语言学习者。这一特定性质显著区分了它与国内少数民族学习汉语的情况。国内少数民族，作为中华文化大家庭的一部分，在成长过程中深受中华文化熏陶，因此在学习和使用汉语时，文化差异的障碍相对较小。相比之下，外国学生往往来自与中国文化迥异的背景，他们的母语文化与中国文化之间存在着较大的差异。这种文化差异在学习和使用汉语的过程中，往往会成为他们面临的难题和挑战。

鉴于当前国际形势的深刻变化，国际中文教育事业要想取得显著成效，必须紧密结合外国学生的文化特质，因材施教。这要求教育工作者深入探究并充分尊重其文化背景，精心制订与其文化背景相契合的教学内容与方法，以适应其独特的学习习惯和思维方式。这种精准对接的方式，将有助于他们更加深刻地领悟汉语精髓，同时有效跨越文化差异的鸿沟，促进高效的跨文化交流活动。

三　国际中文教学的特点

（一）独立性

国际中文教学作为专注于将汉语作为第二语言或外语传授的学术领域，彰显出鲜明的自主独立特质。这一特质在教学目标的设定上尤为显著：其核心旨在培养学生在日常交往及职场情景中流畅运用汉语进行沟通的能力，确保他们能够以自信且恰当的方式，通过汉语进行有效交流。此目标不仅界定清晰，更在诸多语言教学领域中独树一帜，凸显其独特的价值与特色。

在教学内容层面，国际中文教学不仅涵盖了汉语的语音、词汇、语法等基础知识，还深入探索了中国的文化、历史及社会习俗，为学习者提供了一站式的汉语学习体验。这种将语言与文化深度融合的教学模式，正是国际中文教学自主独立性的又一重要标志。

在教学方法的运用上，国际中文教学彰显出了极高的灵活度与多样性，能够自如地适应全球各地学习者的个性化学习需求和多元文化背景。教师们会依据每位学习者的具体情况，深思熟虑地选择最为匹配的教学策略，如直接教学法、听说训练法、交际互动法等，旨在最大限度地提升教学效果。这种教学方法上的多元并存，进一步强调了国际中文教学在体系构建上的自主独立性。不仅如此，国际中文教学还拥有一套独立的评估机制，以汉语水平考试（HSK）等为代表，这些评估工具能够客观、精确地衡量学习者的汉语掌握程度。这些评估体系不仅为学习者指明了清晰的学习方向，激发了他们强烈的学习动力，更为他们未来的职业生涯奠定了坚实的基础。

国际中文教学最终聚焦于文化的渗透与跨文化沟通能力的提升。学习者通过对汉语及中国文化的深入研习，能够更透彻地领悟中国社会文化与民族精神的精髓，从而促进中外之间的友好交往与合作不断深化。这种文化教育深度融合的实践，再度凸显了国际中文教学在自主发展道路上的重要性。

（二）应用性

国际中文教学作为一门应用学科，其鲜明的应用性主要体现在与实践的紧密关联以及对实践问题的直接应对上。该学科并非忽视基础理论研究与理论体系的构建，而是强调将基础理论研究与理论体系融入实践之中，实现理论与实践的深度融合与相互促进。国际中文教学既是学科研究的范畴，也是语言教学活动的实践领域，它注重在理论指导下推动实践活动的有效开展。

国际中文教学的应用性特质，要求教师在教学活动中必须实现理论与实践的有机结合。然而，在实际教学中，部分国际中文教师存在偏重实践而忽视理论学习，或过分强调理论而轻视实践验证的倾向。须知，实践是检验理论真实与否及其实效性的唯一尺度。缺乏理论引领的实践，或许会显得盲目、随意且缺乏科学性；反之，若仅沉浸于理论探讨而未经过实践检验，则无法确证理论的完备性及其实际应用价值。因此，国际中文教师在从事教学活动时，务必秉持理论与实践相结合的原则，以保障教学活动的科学性、有效性及所取得的显著成果。

此外，国际中文教学实践对于丰富和完善理论具有不可替代的作用。每一次成功的实践都为理论提供了新的视角和内涵，推动理论不断向前发展和完善。因此，教师在开展国际中文教学活动时，应充分利用理论与实践相结合的优势，努力营造理论与实践相互促进、共同发展的良好氛围，推动国际中文教学事业的持续进步。

（三）综合性

国际中文教学的理论体系、教学内容、教学方法及教学原则等，是多学科交融的智慧结晶。这充分体现了国际中文教学鲜明的综合性特征。国际中文教学作为一个有机整体，由教学与学习两大环节共同构成。在其运行过程中，必然涵盖广泛，涉及汉语本体、教学策略与手段、现代教育技术等多方面内容；同时，涵盖教育学、心理学、语言学等多个学科领域。由此可见，国际中文教学不仅具有鲜明的综合性，更是一门综合性学科。鉴于国际中文教学的综合性特质，对其研究与实践人员的要求亦相应提高，必须具备丰富的理论知识储备和全面的综合素质。

第四节　国际中文教学的原则与任务

一　国际中文教学的原则

（一）以学生为中心的原则

在国际中文教学的广阔领域中，各类教学活动与工作纷繁复杂，而教师与学生的关系，即教与学的关系，无疑是其中的核心要素，对整个教学系统产生深远影响。处理这一核心关系的原则，构成了国际中文教学的基石，它不仅引领着其他原则的方向，还深刻影响着上位原则、中位原则及下位原则的价值导向。

在探讨师生关系的重心时，我们不难发现，历史上以教师为中心的传统观念曾占据主导地位，这种观念侧重于教师的"教"，将学生视为被动接受知识的对象。尽管如今公开倡导此观点的人已不多，但在实际操作中，这种倾向仍屡见不鲜。相比之下，当前国内更流行的理念是"以学生为中心，教师为主导"或"以学生为主体，教师为主导"，这种看似平衡的观点，实则与"师生共为中心"异曲同工。试图将两者完美结合的想法虽好，但在实践中往往难以兼顾，最终可能仍回归以教师为中心。因此，这里更倾向于"单中心"论，即明确以学生为中心。

从教学过程的本质来看，教学是一种认识活动，而学生则是这一活动的真正主体，是教学实践和认识活动的主动承担者。教材或教学内容作为客体，是这一活动的对象，而教师则扮演着助手的角色，是帮助学生实现学习目标的设计者、引导者和解惑者。简而言之，教师的作用在于帮助学生更好地达到学习目的，而非凌驾于学生之上。①

从"教"与"学"的关系来看，学校因学生而设立，教师因学生而存在，"教"服务于"学"，"教"的目标和成果最终需通过"学"来体现。学生的学习是独立且主动的活动，无法由教师完全替代。从内外因的角度来看，学生是内因，而教师和其他条件均为外因，缺乏学生的主动活动，再优越的外因也无从发挥作用。因此，在教学原则体系中，确立以学生为中心的原则，是实现因材施教、循序渐进、精讲多练等教学理念的基础，也是建立平等人际关系和民主化课堂的关键，更有利于语言学习规律和习得理论的研究。②

以学生为中心的教学机制强调，教学过程虽是一种特殊的认识过程，但除了学生（主体）和教学内容（客体）外，教师的助手角色同样不可或缺。尽管学生具有自主性，但在教育实践中，这种自主性往往难以完全实现，因此教师需要在一定程度上代为行使这种"自主"。然而，这种代为的行使应基于学生的意愿和认知规律，而非教师的个人意志。教师的角色作用并未因此降低，反而更加重要且复杂。

秉持以学生为中心的教学理念应恪守以下准则。首先是深入探究学生的性格特质、行为动机、心理特征及认知策略与规律，毕竟教学内容与方法的选择皆应立足于学生的学习需求。其次，在设定教学目标、制订教学大纲以及编写教材等各环节都应全面考量学生的需求、愿望与能力，确保教学工作的针对性。再次，教材的选用、教学方法的确定以及教学活动的组织，都应与学生共同磋商，确保他们的积极参与与普遍认可。此外，课堂教学中的每一个细节，从教学环节的安排到讲练内容的编排，再到教师的言谈举止，都应以满足学生需求和接受能力为出发点，通过学生的广泛参与来达成教学目标。同时，教师应树立民主课堂的观念，积极倾听学生意见，为全体学生提供均等

---

① 李泉主编《对外汉语教学理论研究》，商务印书馆，2006，第168~169页。
② 李泉主编《对外汉语教学理论研究》，商务印书馆，2006，第169页。

的发展机会，促进每个学生的全面成长。最后，以学生为中心的理念还要求加强对个体差异的研究，以满足不同领域对国际中文教学的特殊需求。

然而，在贯彻以学生为中心的原则过程中也要警惕避免几个误区：首先，以学生为中心并非放任自流，更不是无差别地满足所有学生的要求；其次，重视"学"并非削弱或放弃"教"，而是要求"教"更有效地服务于"学"，使教学方式方法更加契合学生的学习需求。

（二）以交际能力的培养为重点的原则

将汉语交际能力的培养确立为国际中文教学的核心原则，这一观点已得到了诸如吕必松、刘珣等众多学者的广泛认可与深入阐述。教学原则的制订须紧密围绕学科特性及教学目的，尤其是上位教学原则，更需精准捕捉并体现这些关键要素。

国际中文教学作为第二语言教学的重要组成部分，其核心使命在于培养学生的汉语交际能力。这一理念自 20 世纪 70 年代功能法兴起以来，便逐渐在全球范围内，特别是第二语言教学领域内，获得了广泛共识。功能法强调以培养学生的交际能力为教学核心，这一思想不仅革新了传统的教学理念，更为国际中文教学指明了新的发展方向。

在此背景下，汉语交际能力的培养无疑应成为国际中文教学的出发点、行进路径与最终归宿。从教学原则的层面来看，这一基本要求必须得到充分的体现与贯彻。上位教学原则作为整个教学体系的引领与指导，更应明确将汉语交际能力的培养作为其核心与灵魂，以确保国际中文教学能够始终沿着正确的方向前进。

（三）以结构-功能-文化相结合为框架的原则

自 20 世纪 50 年代起，国际中文教学经历了显著的转型与发展，从最初偏重结构教学，逐步演进至结构与功能的融合，最终形成了结构、功能、文化"三结合"的教学模式。这一"三结合"理念，既是对国际中文教学实践经验的提炼与升华，也深刻体现了我们对该领域教学规律的深刻理解。它拥有坚实的理论基础，涵盖了语言学、社会语言学以及跨文化交际理论等多个维度。

尤为重要的是，"三结合"教学模式凸显了国际中文教学作为跨文化交流活动的本质特征，强调了在教学中深入挖掘文化元素，特别是交际文化因素的必要性。作为国际中文教学的总体指导原则，"三结合"不仅映照了当前学科的发展现状，还预示着该领域未来发展的趋势。具体而言，"三结合"中的"结构"是基础，"功能"是目标，"文化"教学则需紧密围绕语言教学展开，服务于语言能力的提升。这一结合应贯穿于整个语言教学的过程之中。然而，值得注意的是，当前我们在国际中文教学领域对于"功能"与"文化"的研究尚显不足，因此，"三结合"原则虽已提出，但仍处于原则框架的构建阶段，需要在未来的教学实践中不断充实、完善，并接受实践的检验。

二　国际中文教学的任务

（一）让外国学生学习好、掌握好国际中文

让外国人精通国际中文是国际中文教学的核心任务。随着全球化的深入发展，汉语作为国际交流的工具，其重要性日益凸显。所谓"让外国人精通国际中文"，意味着通过国际中文教学，使外国学生能够熟练地使用汉语进行各种层次的交流。他们应该具备在不同场合、不同领域、不同层次的汉语听说读写和交际的能力。无论是日常生活的简单对话，还是学术研究、商务谈判等专业场合的深入交流，他们都能够对汉语运用自如。①

---

① 李天照：《"商务英语阅读"混合式教学创新模式探析》，《教育教学论坛》2024 年第 5 期。

为了实现国际中文教学的目标，教师需要在教学中积极调动学生的学习热情和主动性。可以采用情景教学、游戏教学、多媒体教学等多种教学方法，激发学生的学习兴趣。国际中文教师还应不断更新自己的理论知识，提高教学技能，学习语言学、教育学、心理学等相关学科，不断改进教学理念和方法。同时，教师应根据学生的实际情况，采取丰富多样的教学策略。不同国家和地区的学生有着不同的文化背景、学习习惯和语言基础，教师需要根据这些差异，采取有针对性的教学方法，满足学生的个性化需求。例如，对于来自使用拼音文字的欧美国家的学生，可以加强汉字书写的练习；而对于来自语言结构与汉语相似的亚洲国家的学生，则可以着重于语法的比较和分析。①

（二）进行国际中文教学研究

进行国际中文教学研究是国际中文教学领域的核心使命，它围绕国际中文教学的本质、特性及流程，深入剖析教学内容、学习途径及教学策略等核心议题。唯有深刻洞察并解决这些关键问题，方能确保国际中文教学的有效性，助力外国学生熟练掌握并灵活应用中文。

在探究"教学内容"时，研究者需从语音、词汇、语法及汉字等多个维度细致剖析汉语知识体系，并深入挖掘中国文化的多元层面，如文学、艺术、历史及哲学等。同时，需根据教学对象及目标的差异，精心挑选并设计教学内容。

在探讨"学习方法"时，研究者需聚焦于外国学生习得汉语的认知历程、学习策略及所遇挑战，以期提供更具针对性的教学指导，促进学习效率与效果的提升。

至于"教学策略"的研究，则需探索并验证多种教学方法与手段的有效性，如讲授法、互动式教学法、情景模拟法、多媒体教学法等，并根据教学内容及对象的特性，选择最为适宜的教学策略，以实现最

---

① 肖启迪：《汉语国际教育中数字化教学措施的应用》，《科技资讯》2021 年第 3 期。

佳的教学效果。

（三）进行汉语国际教育学科建设

汉语国际教育学科的构建是否科学、合理、完备且富有预见性，对于该学科未来发展至关重要。鉴于此，必须立足于实践经验，不断推进学科建设。

构建汉语国际教育学科，需从多个维度进行。首先，明确学科属性，认定汉语国际教育为一门综合性、跨学科的领域，涵盖语言学、教育学、心理学等相关理论与方法，同时具备独特的学科特质与研究范畴。其次，明确学科使命，包括培养汉语国际教育专业人才、开展国际中文教学研究、促进汉语国际传播等。再次，确立学科地位，争取在国内外教育体系中获得相应的关注与肯定。还应构建完善的学科架构，涵盖课程体系、教材体系、教学法体系等。此外，还需积极投身汉语国际教育学科研究，深入探究学科理论基础、教学策略、文化传播等议题，努力将汉语国际教育学科打造成为一个体系完备、内容丰富、特色鲜明的独立学科。

在学科人才培养方面，要制订科学合理的培养方案，培养具有扎实的汉语语言功底、丰富的中国文化知识、先进的教学理念和方法、较强的跨文化交际能力的专业人才。在学科规划方面，要根据学科发展的趋势和需求，制订长期的发展规划，明确学科发展的目标和方向。

（四）扩大中华优秀文化的影响力

在进行国际中文教学的过程中，除了传授汉语知识，还应致力于传播中国的优秀传统文化，展示中国社会的风貌，促进中外之间的友好关系和文化交流，培养对中国文化抱有热爱的国际友人，从而不断提升中国及其文化的全球影响力。因此，拓展国际中文教学的领域至关重要。

通过多元化的渠道和方式，诸如在海外建立孔子学院、推广网络教学模式、组织文化交流活动等，能够不断激发全球范围内汉语学习的热情，吸引更多国际友人投身汉语学习，并在学习过程中深化对中国的认识与理解。在教学过程中，教师应适时融入中国文化的多元元素，诸如传统节日、民间艺术、经典文学作品等，使学生在学习汉语的同时，亲身感受中国文化的独特魅力与深厚底蕴。同时，教师应紧跟国际政治环境的变化，灵活调整国际中文教学的发展战略与教学方法。在当前复杂多变的国际背景下，国际中文教学既面临挑战，也充满着新的发展机遇。为了确保国际中文教学在各种情况下都能发挥其积极作用，推动汉语及中国文化的国际传播，必须始终保持对国际政治动态的敏锐洞察力，灵活调整教学策略，确保国际中文教学在任何情况下都能发挥其积极作用，为促进世界文明交流互鉴和共同繁荣做出贡献。

另外，积极开拓海外汉语教育新兴市场，是增强国际中文教学全球影响力的关键步骤。应当与海外教育机构、企业等建立紧密的合作，携手推进汉语教学合作项目，为当地学子提供高质量且内容丰富的汉语学习资源。这些举措不仅将显著扩展国际中文教学的覆盖范围，还能促进更多国际朋友认识中国、热爱中国文化，进一步加深中外文化的交融，加固友谊的纽带。

第二章

国际中文教育的学科体系

在全球化的时代浪潮中，国际中文教育作为连接不同国家和民族的重要桥梁，发挥着日益关键的作用。国际中文教育不仅是语言的传授，更是文化的交流、理解与融合。其学科体系的构建与完善，对于提升教育质量、培养国际化人才、促进中外友好交流具有深远意义。

第一节 语言教育与第二语言教学的学科体系

一 语言教育的学科体系

语言教育的学科体系至少由三个部分构成，每一部分都有着独特而关键的作用，共同支撑起语言教育这一重要领域的发展与进步。

首先是学科理论基础，这是语言教育学科体系的根基所在。与本学科紧密相连的核心基础学科涵盖了语言学、教育学、心理学，以及文化学和社会学等领域。

语言学为语言教育领域带来了对语言本质的深刻认识，它从语言的结构构成、功能作用、历史演变等多个视角出发，为语言教学奠定了基本框架与内容体系。举例来说，深入探究汉语语法结构，能够帮助教师更加精准地传授汉语语法知识，从而使学生精准把握语言的运用方式。

教育学则立足于教育的本质，为语言教育提供了包括教学原则、教学策略、教学流程等在内的全面理论指导。因材施教、循序渐进等教育理念，在语言教学实践中同样具有极高的适用性，它们能够确保教学活动与学生的认知成长阶段相契合，促进教学效果的提升。

心理学关注学习的本质，研究学习者的认知过程、学习动机、学习策略等，为语言教学提供了激发学生学习兴趣、提高学习效果的依据。例如，了解学生的记忆特点，可以帮助教师采用更有效的教学方法来帮助学生记忆词汇和语法知识。

文化学和社会学则从更广阔的视角为语言教育提供支持。文化学让我们认识到语言与文化的紧密联系，语言是文化的载体，学习一种语言必须了解其背后的文化内涵。社会学则关注语言在社会中的运用和变化，为语言教育提供了社会文化背景方面的参考。

这些学科从不同的方面，特别是语言的本质、学习的本质、语言运用的本质和教育的本质四个方面，源源不断地为语言教育学科提供理论养料甚至理论依据，为语言教育的发展奠定了坚实的基础。①

其次是学科理论体系，它属于本学科范围内的基础理论体系。该内容广泛涉及语言教学理论、语言习得理论、特定语言学领域以及学科研究方法等多个层面。语言教学理论体系严谨，全面覆盖教学目标设定、教学内容规划、教学方法创新及教学评价实施等核心环节，为语言教学活动的有序开展提供了坚实的理论支撑。如交际教学法，着重于语言的实际应用，致力于提升学生的语言交际能力，对于指导语言教学实践具有深远影响。语言习得理论的研究，则深入探讨学习者如何在自然或有指导的环境中掌握语言能力，涵盖第一语言习得与第二语言习得的全过程。掌握语言习得的内在机制与客观规律，有助于教师更为精准地设计教学方案，从而显著提升教学成效。至于特定语言学的研究，则专注于对某一特定语言的深度剖析，如汉语语言学、英语语言学等，为具体语言教学提供专业化语言知识与分析技巧。而学科研究方法作为语言教育学科开展科研工作的必备工具，包括实证研究方法与质性研究方法等多元化途径，为语言教育的理论突破与实践探索注入了强大的方法论动力。

---

① 刘珣：《对外汉语教育学引论》，北京语言文化大学出版社，2000，第14页。

最后是学科应用研究，这一环节致力于将学科理论精髓融入语言教育实践的核心环节。在学科理论的指引下，我们对语言教育从多维度进行了深刻剖析与探索，涵盖总体规划、教材编制、课堂教学及评估体系等多个方面。

总体规划作为语言教学的宏观架构，明确了教学目标、内容规划、教学策略及评价标准，为整个教学活动提供了清晰的导航。

教材编制依据既定的教学目标与学习者的实际需求，精心策划并选取教学内容，设计富有吸引力的学习活动，确保学习资源的丰富性和适用性。

课堂教学作为语言教育的中枢，要求教师运用恰当的教学方法，营造积极向上的学习氛围，激发学生主动学习的热情，引导他们有效参与学习进程。

评估体系则是衡量教学成果的关键，通过科学合理的测试工具与方法，准确反映学生的学习进展与掌握程度，为教学优化提供有力的数据支撑。

此外，教育管理与师资培养亦是学科应用研究不可或缺的一环。教育管理注重教学资源的有效配置、教学质量的持续监控及教学环境的优化建设，以保障语言教育活动的顺畅运行。而师资培养则着眼于提升教师的专业素养与教学能力，为语言教育领域输送高水平的教育人才。

二 第二语言教学学科体系

（一）斯波尔斯基的理论模式

美国学者斯波尔斯基在1980年创造性地提出了"教育语言学理论模式"。在这一具有开创性意义的模式当中，语言描写、语言学习理论以及语言运用理论共同成为第二语言教学理论的主要来源。其中，语言学习理论的诞生源自语言理论和学习理论两个重要方面。语言理论为语言学习理论提供了关于语言本质、结构、功能等方面的基础认知，而学习理论则从学习者的认知过程、心理机制、学习策略等角度为语言学习理论注入了活力。与此同时，语言描写这一关键部分也由一定的语言理论来决定。不同的语言理论会引导出不同的语言描写方式，从而影响对特定语言的理解和教学方法的选择。①

斯波尔斯基提出的"教育语言学理论模式"在语言学教学理论领域具有开创性意义，它较早地勾勒出了多个核心要素，为后续的研究奠定了坚实的理论基础和参考框架。然而，该模式在内部结构方面存在一定的模糊性，其组成要素间的关联性和界限并未得到详尽的阐述与明确界定，这在实际应用过程中可能会引发一定的混淆和不确定性。此外，该模式在涵盖教学原则和方法等关键要素方面存在不足，而这些要素对于确保教学活动的有效性、科学性和合理性具有举足轻重的作用。教学方法作为连接教学目标与学习成效的桥梁，其选择与应用直接关系到学生的学习效果和体验。由于这些关键内容的缺失，该模式在指导具体的语言教学实践时可能显得不够系统和深入。尽管如此，斯波尔斯基的"教育语言学理论模式"依然具有重要的历史地位和理论价值，它为语言教学研究开辟了新的视角和方向，为后续的理论探索和实践创新提供了宝贵的启示。

（二）斯特恩的一般模式

加拿大语言教育家斯特恩在广泛汲取前人研究成果的基础上，经过深入的思考和探索，提出了一个比较全面的"第二语言教学理论一般模式"。这个模式具有重要的理论价值和实践意义，为第二语言教学领域的发展提供了新的思路和方法。

斯特恩模式与斯波尔斯基模式在核心理念上有共同点，都着重指

---

① 朱敏芳：《汉语教学与创新模式研究》，辽海出版社，2018，第10页。

出了语言描写、语言学习理论及语言运用理论在第二语言教学中的不可或缺性。然而，斯特恩模式通过引入三个层次的结构，使得各层次间的关联更为明晰，从而在理论阐述与实践指导上展现出更高的系统性和可操作性。该三级模式的核心聚焦于第二级，即由语言、学习、教学和语境四大支柱构成的学科体系。这一体系在内容上相较于斯波尔斯基模式中的教育语言学更为丰富和结构化。在语言层面，它深入探讨了目标语言的语音、词汇、语法及语义特征，为教学提供了坚实的语言知识基础。在学习层面，它触及了学习者的认知机制、学习策略及学习动机等关键要素，有助于深入理解学习者的学习动态与需求。在教育领域，该体系全面覆盖了教学方法、教学资源以及教学评估等多个关键环节，为教育教学实践活动提供了翔实而可行的指导方针。而在语境层面，它强调了语言使用的社会、文化及历史背景，使教学更加贴近真实的语言运用情景。这四个方面相互交织、相互影响，共同形成了一个紧密联系的有机体，不仅为第一级理论基础提供了丰富的支撑，也为第三级教学实践搭建了稳固的桥梁，确保了理论与实践之间的有效衔接。

"实践"作为第三级被纳入学科体系，这是斯特恩模式的一个重要创新点。实践层面包括课堂教学、教材编写、教学评估等具体的教学活动，是理论与实际相结合的关键环节。通过实践，教师可以将理论知识应用到实际教学中，检验理论的有效性，并根据实践经验不断调整和完善教学方法。同时，实践也为理论研究提供了丰富的素材和案例，促进了理论的进一步发展。作为第一级的理论基础，其相邻学科也更为全面，除了语言学、教育学、心理学等传统学科外，还包括社会学、文化学、人类学等学科。这些学科从不同的角度为第二语言教学提供了理论支持和研究方法，使学科体系更加丰富和多元化。

第二节　国际中文教育的学科基础理论

一　语言学

语言学作为探究语言奥秘的学科，其核心聚焦于语言的内在架构、功能特性以及历史演变轨迹，同时深入剖析语言的本质属性和发展规律。以前语言研究多服务于经典文献的阐释、写作技能的提升等实用目的，或是作为辅助工具，服务于哲学、文学、历史等其他学科的研究。然而，现代语言学的滥觞，则以19世纪上半叶历史比较语法学的崛起为显著标志，它正式将语言本身作为独立的研究主体。为了凸显现代语言学与传统语文学的差异，学者们分别赋予它们"语言学"与"语文学"之名。

语言研究的范畴广泛，既涵盖针对特定语言，如汉语语言学、英语语言学等的个别研究，也包含探讨人类语言共通规律的普通语言学，亦称理论语言学。后者深入探索语言的起源、本质、发展、内部结构、分类以及研究方法等广泛议题。在研究方法上，语言研究又可细分为共时研究与历时研究两大维度。共时语言学聚焦于语言在特定历史时期的静态特征，如上古汉语、中古汉语、现代汉语等阶段的特征；而历时语言学则致力于追踪语言跨越不同历史时期的动态演变，如汉语史便是对古汉语至现代汉语漫长发展历程的追溯。[①]

此外，语言学的研究还可从宏观与微观两个层面进行划分。微观语言学专注于语言系统内部的各个分支学科，如语音学、音位学、词汇学、语法学、语义学等；而宏观语言学则是语言学与其他学科交叉融合的产物，如心理语言学、数理语言学、社会语言学等边缘

---

① 　陈枫主编《对外汉语教学法》，中华书局，2008，第9页。

学科。

　　语言学理论对于国际中文教育具有深远且直接的指导意义。国际中文教育不仅能够从语言学理论中汲取灵感与滋养，还能借鉴并采纳语言学的研究方法来应对教学实践中的挑战。同时，国际中文教育实践中揭示的语言问题，反过来又能激发并推动语言学研究的深入发展。中国杰出的语言学家赵元任先生，不仅投身于国际中文教育事业，还亲自编纂教材，其教学方法与教材至今仍在北美汉语教学领域产生着深远的影响。

二　应用语言学

　　将语言学原理付诸实践并专注于其在特定领域应用的学科，我们称之为应用语言学。其核心在于探索如何更有效地将语言运用于多元领域，致力于解决各类实际问题。

　　1870 年，波兰杰出的语言学家博杜恩·德·库尔特内（Jan Niecisław Baudouin de Courtenay）已预见性地提出了"应用语言学"这一概念。然而，直至 20 世纪 40 年代，应用语言学才作为一门正式学科开始其发展历程，并在 60 年代后迎来了全面的繁荣。在中国，应用语言学的蓬勃发展则起始于 1980 年在广州外国语学院举办的"应用语言学与英语教学"学术研讨会。

　　在应用语言学的范畴内，存在广义与狭义两种解读。广义上的应用语言学涵盖了广泛的内容，从传统的语言文字教学、词典编纂、翻译技巧、文学作品语言分析，到言语病理学、信息论、机器翻译等现代领域，无所不包。随着社会的进步和学科交叉的深化，应用语言学不仅与信息科学紧密相连，还与生物学和生命科学形成了新型的交叉学科。但从严格意义上讲，广义的应用语言学并不构成一门完全独立的学科。相比之下，狭义的应用语言学则专注于语言教学，特别是外语和第二语言的教学。在此框架下，国际中文教学成为应用语言学的一个重要分支。①

在语言教学与应用语言学结合的历史进程中，美国的语言学家率先迈出了关键步伐。第二次世界大战期间，出于军事需求，美国在军队内部实施了强化外语教育，从而推动了"应用语言学"这一术语的普及。随后，1958 年，英国爱丁堡大学研究部成立了应用语言学院；1959年，美国华盛顿也设立了应用语言学中心。1964 年，在法国南锡成功召开了第一届国际应用语言学大会，并成立了国际应用语言学协会，吸引了 25 个国际组织的参与。应用语言学的迅猛发展促使欧美各大学纷纷开设相关课程，培养从本科到博士层次的专业人才。同时，大量应用语言学的专著、教材和期刊也应运而生。特别是针对语言教学和第二语言教学的研究，如"比较分析法""偏误分析""中介语"等理论和相关论文的出现，极大地推动了应用语言学和第二语言研究的深入发展。

三　神经语言学

语言的习得和教学与人类大脑组织机制以及相应的神经系统之间存在着极为密切的关系。神经语言学作为一门重要的学科，致力于从神经的功能和机制的角度深入研究语言活动。它对言语的产生、语言交际以及言语理解等多个方面进行细致的神经心理分析。具体而言，神经语言学专注于研究言语在大脑的控制下产生、被感知以及被理解的复杂过程和具体方式，积极探究语言信息在大脑中储存的特定部位和独特形式，仔细分析大脑对言语和非言语刺激所表现出的显著差异，进而为大脑控制语言的机制精心建立科学合理的模型。②

神经生理学的深入研究清晰地表明：人类的大脑分为左右两个重要的脑区。左半脑所承担的主要职能与智力、语言以及逻辑分析等高度抽象的思维活动密切相关，而右半脑则主要掌管感情、社会需要以

---

① 陈枫主编《对外汉语教学法》，中华书局，2008，第 10 页。
② 陈枫主编《对外汉语教学法》，中华书局，2008，第 11 页。

及综合能力等与形象思维紧密相连的方面。语言的掌控主要由大脑的左半球来负责。近年来的研究成果进一步显示，大脑中存在的以下四个区域与语言有着紧密的关联。

其一，布洛卡脑回（大脑左颞下回）。这里是至关重要的言语运动中枢。一旦此处发生病变，病人将会完全丧失说话的能力，然而他们接收和理解话语的能力却依然存在。

其二，韦尼克脑回（大脑左颞上回）。这里是关键的言语感觉中枢。如果此处出现问题，病人虽然能够说话，也能听到声音，但是却无法听懂别人以及自己所说的话。

其三，大脑中的新皮质区，它处于视觉皮质区和韦尼克区之间，专门负责舌、腭、咽、喉以及其他躯体的运动，其中第 39 号区与视/说功能有着密切的关系。

其四，大脑中跟词/物联系功能有关的区域，位于新皮质区第 40号区。

毋庸置疑，大脑和语言关系的重大发现为语言的习得和学习提供了坚实而良好的研究基础。然而，由于大脑和语言的极端复杂性，众多学者仍然在持续不断地探讨这两者之间的复杂关系。

神经生理学和神经语言学的研究对于我们精心选用和大力改进教学方法，以及建立科学合理的第二语言习得理论都具有极高的参考价值。但是，大脑神经系统中仍然存在着很多未知的领域，这些领域还有待于我们进行更加深入的研究和探索。

四　心理语言学

心理语言学主要采用心理学的实验方法，充分运用语言学和心理学的丰富理论来深入研究各种语言现象。心理语言学作为语言学领域中一个极具活力的新兴学科，正式形成于 20 世纪 50 年代。其重要标志是 1953 年在美国印第安纳大学成功举办的"心理语言学"讨论会，以及在此次会议之后，由著名心理学家奥斯古德和杰出的语言学家西比奥克精心编辑出版的《心理语言学》（1954）一书。心理语言学主要致力于研究多个关键方面，包括语言的习得过程和运用方式、语言的内在机制以及语言能力的构成、言语的生成（编码）过程和语言的感知（解码）机制、语言与记忆之间的紧密关系、语言与思维的复杂关系等。

　　不同的语言教学方式往往是以不同的心理学理论作为坚实基础的。目前，尽管第二语言教学方法呈现出多种多样的态势，然而，由于过去的几十年来，主导心理语言学的主流思想是行为主义和乔姆斯基的心灵主义，因此有影响力的第二语言教学法也相应地分成了两大类：听说法和认知法。①

　　听说法以行为主义的刺激－反应理论作为重要依据，认为第二语言教学在本质上是一个条件反射、习惯形成的复杂过程。故而强调模仿、重复、强化这三种重要手段，并将课堂教学进行程序化处理。在具体的教学实践中，重视会话而轻视书写，大力强调句型操练的重要性，主张使用目的语而坚决排斥母语。

　　认知法以心灵主义所强调的语言生成和抽象概括能力为基础，认为理解是习得语言知识的关键途径。所以重视创新而轻视模仿，强调在交际环境中训练语言运用的能力，精心选择合适的生活情景进行语言教学。认知法高度重视语言知识的科学性和系统性，将听说读写并重。在习得者的初级阶段，可以充分利用学习者的母语来讲解句型和语法规则，帮助学习者更加深入地比较目的语和母语的异同之处。

五　其他学科

（一）社会语言学

　　由于国际中文教育主要是针对外国人开展的教育活动，而外国人

---

①　陈枫主编《对外汉语教学法》，中华书局，2008，第 13~15 页。

由于自身所具有的复杂社会属性、各不相同的社会经历、千差万别的文化修养、多元的宗教信仰以及在年龄方面的差异、各异的风俗、不同的习惯、特定的地域等诸多因素的影响，极大地造成了他们在学习汉语过程中面临的重重困难。社会语言学深入探讨了语言的社会属性及其多样性。[①]

在国际中文教育领域，社会语言学的重要意义凸显于对习得者在社会和文化差异影响下所产生的学习障碍的研究。具体而言，不同国家和地区的外籍人士所处的社会环境迥异，这种环境包括政治体制、经济发展水平以及教育体系等诸多层面。他们的社会阅历亦广泛涵盖各个职业领域、生活场景和人生阶段，这些因素无不对他们的汉语理解和接受能力产生深远影响。文化素养的差异则让他们在面对汉语所承载的深厚文化底蕴时，展现出各异的感悟与认知水平。宗教信仰的差异可能导致他们对某些汉语词语或表达产生特殊理解或困惑。年龄差异则在学习方法和速度上对学习者产生分化：年轻者更适应现代教学手段和高效学习节奏，而年长者则偏好传统教学方法和相对平缓的学习进度。风俗习惯的差异亦使他们对汉语中的社交用语和礼仪表达持有不同理解与应用能力。鉴于此，社会语言学的研究有助于我们更深入地了解习得者的学习需求和面临的挑战，进而为国际中文教育提供更具针对性的教学方法和策略。

（二）教育学

第二语言教学与教育学之间存在着深刻的联系，这是因为语言教学本质上属于教育活动的重要组成部分。教育理论在多个方面为第二语言教学提供了关键性的指导，例如在课程总体设计上，教育理论能够提供科学的规划方法和合理的目标设定；在教材编写上，教育理论有助于编写者更准确地掌握内容难度、知识的系统性以及教学的循序

---

① 陈枫主编《对外汉语教学法》，中华书局，2008，第15页。

性；在课堂教学中，教育理论支持教师选择恰当的教学策略、创造积极的教学环境以及调动学生的学习积极性；在评估环节，教育理论有助于确定合理的评估方式和评价标准。

教育学的普遍原理与策略在第二语言教学中具有广泛的应用价值。例如，教育学倡导的因材施教原则，鼓励第二语言教师依据学生的个体差异和能力水平，量身定制教学方案，以满足学生的个性化学习需求。启发式教学法则能激发学生的主动思考，引导他们积极探索语言知识。同时，循序渐进的教学原则确保学生在语言学习的道路上稳扎稳打，逐步提升语言技能。此外，具体的教学技巧，如生动的讲解、巧妙的提问、高效的小组互动等，在第二语言教学中同样发挥着举足轻重的作用，它们能够显著提升教学效果，促进学生的学习进步。

反过来，第二语言教学的实践探索也为教育学理论的丰富与发展提供了宝贵的养料。在教学过程中，师生间的互动、学生的学习反馈以及遇到的各种实际问题，都成为教育学研究的重要素材。通过对第二语言教学实践的深入观察与分析，教育学得以不断完善其理论体系，创新教学方法，以适应多元化教育活动的需求。例如，第二语言教学中对跨文化交际能力的培养，为教育学在提升学生全球视野和多元文化理解力方面提供了新的视角和策略；而多媒体教学手段和在线教学平台在第二语言教学中的广泛应用，也为教育学在拓展教学途径、创新教学模式方面提供了有益的参考和启示。

（三）学科研究方法论

学科研究方法论是一种极为重要的研究方法体系，它是以对各学科的基础理论进行全面综合为坚实基础而建立起来的。在学术研究的广阔领域中，不同学科都有着各自独特的理论体系和研究方法，而学科研究方法论则能够将这些不同学科的基础理论巧妙地融合在一起，形成一个具有广泛适用性和强大解释力的方法体系。

　　国际中文教育作为一个复杂而多元的领域，其规律的形成并非由单一因素所决定，而是语言规律、文化规律、语言习得规律以及一般教育规律等多种因素共同作用的结果。语言规律决定了中文作为一种语言在语音、词汇、语法等方面的特点和发展变化趋势，为国际中文教育提供了语言学基础。文化规律则体现了中文所承载的丰富文化内涵，包括中国的历史、哲学、艺术、价值观等方面，对于学习者理解和运用中文具有重要意义。语言习得规律关注学习者如何在不同的环境和条件下学习和掌握中文，包括学习的过程、策略、难点等方面，为教学方法的选择和教学内容的设计提供了依据。一般教育规律广泛涵盖教育的普遍原则与实践方法，包括教学目标的设定、教学过程的组织以及教学评价的实施等，对国际中文教育的整体规划与实施发挥着至关重要的指导作用。国际中文教育的特殊规律，正是上述诸多规律的综合体现，彰显了其独特的复杂性与多元性。因此，在国际中文教育的研究工作中，我们必须综合运用跨学科的研究手段。鉴于国际中文教育涉及语言、文化、教育等多个领域，单一研究方法往往难以全面揭示其规律与特质。例如，语言学方法有助于剖析中文的语言结构与功能，文化学方法有助于探寻中文所蕴含的文化底蕴与价值，教育学方法有助于设计高效的教学策略与方法，心理学方法则有助于解析学习者的心理活动与学习进程。唯有将这些相关领域的研究方法融汇，方能从多维度对国际中文教育展开全面系统的探究。

　　值得关注的是，国际中文教育的方法论体系并非各研究方法的机械拼凑，而是一个紧密相连、相互交融、互为补充的有机整体。尽管国际中文教育需综合运用众多学科方法，但这些方法并非孤立存在，而是彼此交织、相互渗透、共同提升。在研究过程中，我们应依据具体问题与目的，遴选合适的研究手段，并将这些方法有机结合，形成一套逻辑严密、条理清晰、科学有效的方法论体系。该体系既具备内在的逻辑性与连贯性，又能为国际中文教育的研究提供全面、系统、可靠的方法支撑。同时，我们也需要不断对方法论体系进行反思与完善，以适应国际中文教育日新月异的发展需求。

（四）语言习得理论

语言习得理论构建在一个极为关键的理论框架之上，这一框架牢固地植根于现代语言学与认知心理学的深厚土壤之中。现代语言学为语言习得理论贡献了关于语言构造、语言功能以及语言发展演变的深刻洞见，使得语言习得理论能够更精准地把握语言的本质特性和运作规律。而认知心理学则为语言习得理论引入了关于人类认知运作、思维模式以及记忆机理的核心知识，助力语言习得理论深入剖析学习者如何在认知层面处理并储存语言信息，从而揭示了语言学习的内在机制。

语言习得理论从语言学习者的独特立场出发，将学习者置于研究的核心位置。它充分关注学习者的个体差异、学习动机、学习策略等因素，试图从学习者的角度去理解语言学习的过程。同时，语言习得理论将学习者获得语言的过程作为主要的研究对象，对这个复杂而又充满奥秘的过程进行全方位、深入细致的剖析。

语言习得理论致力于深入探究外语学习者掌握目的语的内在机制，涵盖从初识目的语的陌生感到陌生感逐渐消弭以至熟悉、从基础语言理解向复杂语义表达过渡、从机械模仿语言到创造性运用语言的全过程。在此过程中，该理论高度关注学习者在目的语获取过程中所显现的种种现象，诸如语言失误、语言石化、语言迁移等，并致力于揭示这些现象背后的深层规律，以剖析它们是如何作用于学习者的语言学习轨迹及成效。

语言习得理论的终极使命在于指导语言学习与教学实践。通过深入研究学习者语言获取过程及其相关规律，该理论能够为学习者提供科学、合理的学习方法与策略指引，助力他们更为高效地掌握语言。同时，它亦能为教师提供富有价值的教学参考，促使教师依据学习者个体特点与实际需求，制订更为高效的教学方案，从而提升整体教学质量。总而言之，语言习得理论在语言学习与教学领域中扮演着举足轻重的角色。

第三节　国际中文教育的前沿

国际中文教育，作为提升中华文化影响力的重要路径，近年来在全球范围内得到了迅速发展。这一领域不仅涵盖了传统的汉语国际教育及早期的对外汉语教学，还涉及了更为广泛的国际中文教育事业。随着全球对中文学习的需求不断增长，国际中文教育的前沿也在不断拓展和创新。深入了解国际中文教育的前沿动态，对于推动国际中文教育的高质量发展、促进中外文化交流与合作具有重要意义。①

一　教学方法的创新

（一）个性化教学

随着时代的进步和教育理念的革新，个性化教学在国际中文教育领域逐渐崭露锋芒，并日益受到广泛重视。在当今的国际中文教学实践中，教师们摒弃了传统的"一刀切"教学模式，转而深入考虑学生在多个维度上的独特性。他们依据学生的学习偏好、当前的语言掌握程度及个人兴趣等因素，精心设计个性化的教学方案与策略，以充分满足学生在学习旅程中的多元化需求。

---

① 赵倚墨、王婧阳、刘典典：《新形势下国际中文在线教学策略体系建构及反思——基于20篇中文核心文献的 Nvivo 分析》，《长春大学学报》2022 年第 12 期。

对于视觉型学习者，教师们巧妙地运用丰富的图片、清晰的图表等视觉辅助工具，以直观形象的方式呈现中文知识，加深学生对知识的理解和记忆。而对于听觉型学习者，教师们则充分利用音频和视频资源，为学生营造一个充满声音的语言环境，让他们在聆听中感受中文的韵律美，从而更有效地掌握中文。

个性化教学的实施已不再局限于传统的面对面课堂教学，而是拓展到了现代的在线学习平台。在这些平台上，学生能够依据自己的学习进度和个性化需求，自由选择学习内容与安排学习时间，从而真正实现自我驱动的学习。这种灵活多变的学习方式极大地促进了学习效率与学习成效的提升。与此同时，教师们借助在线辅导与即时答疑功能，为学生提供个性化的学习援助。他们通过分析学生在平台上的学习数据与用户反馈，能够精确掌握学生的学习状况与所遇难题，并据此提供具有针对性的指导建议。无论是学习内容的个性化定制，还是学习策略的适时调整，教师们都能利用在线平台，为学生提供精准的个性化服务，助力他们克服学习难关，达成学习目标。[1]

（二）情景教学

情景教学作为一种富有创意且成效显著的教学策略，根植于真实的生活场景，通过模拟日常语言运用的情景，引导学生在特定环境中学习和实践语言。在国际中文教育领域，情景教学得以通过多种活泼多样的形式展现，如角色扮演、情景对话以及实地考察等生动手段。以教授学生在餐厅点餐为例，教师可以巧妙地构建一个模拟餐厅的场景，让学生分别扮演顾客和服务员的角色，通过模拟点餐的对话，亲身实践相关的中文表达。在这样一个模拟的情景中，学生能够亲历点餐的全过程，从挑选菜品、询问推荐，到下单结账，每一个环节都让他们沉浸在真实的语言环境中，从而更加自如地掌握语言技能。

---

[1]　田东武：《利用情境教学推动高中数学教育转型》，《数学学习与研究》2023 年第 28 期。

情景教学的独特魅力，在于它能够极大地激发学生的求知热情，提高课堂参与度。相较于传统的教学模式，情景教学巧妙地将学习内容融入生动具体的场景之中，使学生亲身体验到语言的实用价值与独特魅力。学生由此从被动接受知识的角色转变为语言实践的积极参与者，主动运用中文进行沟通表达。此外，情景教学在提升学生语言实际应用能力方面效果显著。在模拟的情景中，学生需运用所学的中文知识应对实际问题，这既锻炼了他们的语言表达与沟通能力，又增强了他们的应变与问题解决能力。同时，情景教学还为学生提供了一个深入理解中国文化的宝贵机会。不同的情景往往蕴含着丰富的文化意蕴，通过情景学习中文，学生能够更深刻地领悟中国的文化传统、价值观念及社会习俗等，进而促进跨文化的相互理解与沟通。在国际中文教育的广阔舞台上，情景教学犹如一扇明亮的窗，让学生在掌握语言技能的同时，能够深入探索并欣赏中国文化的博大精深，为不同文化间的交流与合作搭建起稳固的桥梁。

（三）合作学习

合作学习是一种成效显著且意义深远的教学策略，它以小组形式为核心，着重于学生间的紧密合作与积极互动，携手完成预设的学习任务。具体到国际中文教育，合作学习可通过多种高效途径得以实施，如小组讨论、小组项目合作及小组竞赛等形式。以中文写作学习为例，教师可以巧妙组织学生进行深入的小组讨论。在这一环节中，学生们围绕特定的写作主题与构思展开热烈的交流与探讨，彼此分享独到的见解与观点，共同挖掘主题的深层意蕴与广泛联系，进而构建出清晰的写作框架。随后，各小组依据讨论的成果，共同创作出一篇作文。作文完成后，还可开展小组间的互评活动。在互评过程中，各小组相互审阅并评价对方的作品，指出其闪光点与待改进之处，并提出宝贵的建议。通过这一系列流程，学生们不仅能够精进自身的写作技艺，还能从他人的佳作中汲取灵感与经验。

合作学习展现出诸多鲜明的优势。首先，它有力地培养了学生的团队合作精神与沟通技巧。在小组合作的过程中，学生需学会倾听他人的声音，尊重不同的见解，合理分配任务，携手达成目标。通过持续的沟通与协作，学生能够不断提升自身的沟通技巧与团队协作能力，为日后的学习与生活奠定坚实的基础。其次，合作学习模式在极大程度上促进了学生学习成效的显著提升。在这一模式下，学生们共同分担学习任务，能够充分展现并利用各自的优势，彼此间形成支持与启发的良性循环。这一互动过程不仅深化了学生对知识的理解，还强化了他们的记忆，有力推动了学习成果的提高。同时，合作学习也为学生之间的相互学习与交流搭建了平台。每个学生都具备独特的专长和优势，通过团队协作，他们可以相互学习，取长补短。更重要的是，在合作学习的过程中，学生能够接触到不同的思考方式和学习策略，进而拓宽自己的学习视野，丰富个人的学习经历。

二　技术应用的拓展

（一）在线教学平台

随着互联网技术以惊人的速度蓬勃发展，在线教学平台在国际中文教育领域内的应用愈发广泛且深入。在这一全球化的教育舞台上，在线教学平台凭借其卓越的功能与显著优势，展现出了非凡的活力。

在线教学平台为学生打造了一个资源丰富的中文学习环境。这里不仅有制作精良的课程视频，它们以直观生动的方式传授中文知识，让学生仿佛身临其境，沉浸于真实的课堂氛围；还有详尽全面的课件资料，覆盖了中文学习的各个领域，为学生构建了系统的知识框架。此外，大量的练习题更是巩固学习成果、提升学习效率的得力助手。借助便捷的在线教学平台，学生无论身处何地，只要有网络相连，便能轻松开启中文学习的旅程。

在线教学平台以其强大的互动功能，实现了师生间的即时通信，极大地促进了教学互动。其中的在线答疑功能，让学生在遭遇学习难题时，能够迅速向教师求援，获得详尽解答，及时消除学习障碍。而在线讨论板块，则为学生搭建了一个交流互动的舞台，他们可以围绕中文学习的各类主题，展开热烈讨论，分享个人见解与学习经验，在互动交流中共同进步。这些实时的互动环节，不仅显著提升了教学效果，还帮助学生更深入地领悟和掌握中文知识。

智能化是在线教学平台的另一显著特色。平台能够依据学生的学习数据，进行个性化学习资源的推荐和学习进度的追踪。通过对学生的学习行为、答题准确率等数据的深入分析，平台能够精准识别学生的学习需求与薄弱环节，进而提供量身定制的学习支持与指导。例如，对于语法掌握不牢固的学生，平台会智能推荐相关的语法课程和练习题；而对于学习进度较快的学生，则提供更具挑战性的进阶内容。

此外，在线教学平台还能与线下教学紧密配合，共同构建混合式教学模式。这一模式巧妙融合了线上教学与线下教学的各自优势，既保证了教学的灵活便捷，又增强了教学的适应性和针对性。在线上，学生可以自由安排学习时间，与教师进行实时互动；线下，教师则能进行面对面的个性化指导，组织丰富多彩的小组活动。这种线上线下的有机结合，为学生带来了更加多元、丰富的学习体验，充分满足了不同学生的个性化学习需求。[1]

（二）虚拟现实技术

虚拟现实技术作为一项集高度创新性与强大功能性于一身的先进技术，通过精密复杂的计算机模拟，构建出栩栩如生的三维虚拟环境，

---

[1] 尹丽雯、张祎祺、张迎燕：《高校专门用途英语 SPOC 翻转课堂混合教学模式探究》，《文教资料》2020 年第 24 期。

使用户仿佛亲身步入其中,真切感受并体验各类真实场景。在国际中文教育这一既充满活力又面临挑战的领域中,虚拟现实技术展现出了其在多个关键方面的独特价值。

在国际中文教育的广阔舞台上,虚拟现实技术被广泛应用于语言教学与文化体验两大核心领域。借助其令人震撼的模拟能力,学生们得以身临其境地探访中国那些举世闻名的名胜古迹。他们仿佛漫步于长城之巅,感受历史的沧桑与壮丽;又仿佛置身于故宫深处,领略皇家建筑的辉煌与细腻。同时,虚拟现实技术还让学生们深度沉浸于中国丰富多彩的传统文化之中,无论是亲身体验春节的热闹与喜庆,感受独特的民俗风情,还是参与书法绘画的传统艺术活动,体会中国艺术的深邃与广博。这样的教学方式极大地激发了学生的学习兴趣与参与度,促使他们更加主动地投身于中文学习的浪潮中。

在语言教学领域,虚拟现实技术凭借其出色的情景模拟能力,扮演着至关重要的角色。它精心构建了一系列高度逼真的虚拟环境,让学生们沉浸其中,进行真实的语言实践。无论是模拟在餐厅用餐的情景,让学生们用中文与虚拟的服务员沟通点餐、询问菜品特色;还是再现商场购物的场景,让学生们进行价格询问、商品挑选等语言互动,这些虚拟环境中的实践锻炼,都极大地提升了学生的语言运用能力,使他们在真实交流中更加自信从容、游刃有余。

此外,虚拟现实技术与在线教学平台的深度融合,更是展现了无限潜力,为学生们带来了更加丰富多样的学习体验。在线教学平台以其丰富的教学资源和强大的互动功能著称,而虚拟现实技术则以其沉浸式的体验而独具魅力。两者的完美结合,使学生们在在线学习的过程中,能够随时"穿越"到虚拟现实环境中,进行更加直观生动的学习。例如,在学习中文课文时,学生们可以先通过在线教学平台初步掌握课文的基本内容,随后"踏入"虚拟现实环境,亲身体验课文所描绘的生动场景,从而深化对课文的理解与记忆。这种创新的结合方式，不仅极大地丰富了学习内容，还显著增强了学习的趣味性和吸引力，为学生们开辟了一条别开生面的学习道路。

（三）人工智能技术

人工智能技术作为一种融合了高度创新性与强大功能性的前沿科技，致力于模拟人类智能，其范围广泛，涵盖了自然语言处理、机器学习以及智能推荐等多个领域。自然语言处理技术赋予计算机理解、生成及处理人类语言的能力；机器学习技术通过海量数据的深度学习，持续提升计算机的性能与智能层级；而智能推荐技术则精准捕捉用户需求与行为，为用户提供个性化的推荐服务。[①]

在国际中文教育这一既充满挑战又蕴藏无限机遇的领域，人工智能技术正逐步展现出其不可或缺的重要作用。特别是在语言学习辅助与教学评估两大关键环节，人工智能技术的应用前景尤为广阔。

在语言学习辅助方面，自然语言处理技术为学生带来了极为实用的智能写作辅助服务。当学生进行中文写作练习时，智能写作辅助系统能够即时检查语法错误，提供精准的词汇建议，并优化语句结构，从而助力学生提升写作的精确性与流畅度。此外，智能翻译服务也为学生的学习过程提供了极大的便利。面对不理解的中文词汇或句子，学生只需借助智能翻译系统，便能迅速获得准确的翻译结果，进而更好地掌握和理解中文知识，显著提升语言学习效率。同时，人工智能技术还能够通过对学生学习数据的深入分析，为教师提供极具参考价值的个性化教学建议与教学资源推荐。系统全面收集学生的学习行为、答题情况、学习进度等多维度数据，并基于这些数据，精准把握每个学生的学习特点与需求。据此，系统为教师提供针对性的教学建议，如针对学生在语法方面的薄弱环节，推荐特定的强化训练方法；或根

---

① 陈科、彭蕾蕾主编《高校智慧图书馆建设现状及发展趋势研究》，四川大学出版社，2023，第 12 页。

据学生的兴趣偏好，推荐相关的中文学习资源，如中文电影、文学作品等，以激发学生的学习兴趣与主动性，进而有效提升教学质量。

在教学评估这一关键环节，人工智能技术同样扮演着举足轻重的角色。自动化评估系统能够对学生的语言掌握程度和学习成效进行客观、精确的量化分析。相较于传统的人工评估手段，自动化评估系统凭借其卓越的效率与无可比拟的客观性脱颖而出。它能够迅速处理学生的作业、考试等学习产出，并即时生成详尽的评估报告，清晰揭示学生的强项与待改进之处。此外，评估系统还能根据学生的学习进度动态调整评估标准，确保评估结果的公正性和准确性。这一评估模式不仅为教师提供了即时、精准的教学反馈，帮助他们灵活调整教学策略、优化教学方法，同时也让学生对自己的学习状况有了更加清晰的认识，从而能够有的放矢地提升学习效率，实现自我突破与成长。

三　跨文化交流的深化

（一）文化融合教学

文化融合教学法是一种兼具创新性与实效性的教学模式，它将中文教学与文化教学紧密结合，借助文化对比与融合的独特路径，旨在深化学生对中文的理解与灵活应用。在国际中文教育这一既充满活力又面临挑战的领域中，文化融合教学法通过丰富多彩的形式得以生动展现。

文化讲座是文化融合教学的常见形式之一。通过邀请知名学者或文化名家举办讲座，全面介绍中国文化的各个层面，如历史脉络、哲学思想、艺术瑰宝及传统习俗等。学生在聆听讲座的过程中，能够拓宽文化视野，深化对中国文化的认知与理解。

文化体验活动同样成效显著。例如，组织学生参与传统中国节日的庆祝活动，让学生亲身体验春节贴春联、包饺子，端午节包粽子、赛龙舟等习俗，通过实践感受中国文化的独特魅力。这些活动不仅增强了学生的文化体验感，还让他们在欢乐的氛围中加深了对中国文化的热爱。

文化对比分析也是文化融合教学法的重要手段。教师可引导学生对不同国家和地区的文化进行对比，分析其中的异同，从而更好地理解中国文化的独特性。在学习中文词汇时，教师可巧妙运用文化对比策略，选取富含文化内涵的中文词汇，如"龙""凤凰""饺子"等，与学生所在国家或地区的类似词汇进行对比。经过深入的比较分析，学生们得以全面认识这些中文词语所蕴含的丰富文化意义。例如，"龙"在中国传统文化中代表着至高无上的权威、吉祥如意的象征以及无穷的力量，"饺子"则寓意着家庭的团聚和生活的幸福美满。这种学习方式不仅显著增强了学生的词汇理解与应用能力，而且使他们在学习词汇的过程中，深刻体验到中华文化的博大精深和无穷魅力。

文化融合教学法蕴含着深刻的教育价值，它在很大程度上推动了学生对于多元文化的深入认知与真诚尊重。借助文化的对比分析，学生能够从一个更为客观与公正的视角来审视各种文化的独特魅力和鲜明特点，从而有效消除文化偏见，培养对不同文化的深切敬意与广泛包容心。此外，这一教学法还显著提升了学生的跨文化交际能力，使他们在深刻理解不同文化精髓的基础上，能够更加自如地与来自不同文化背景的人们进行互动交流，有效避免因文化差异可能引发的误解和冲突，进而促进国际社会的和谐共存与友好往来。

此外，文化融合教学法还为中文教学注入了新的活力，极大地丰富了其内容与形式。通过将文化元素巧妙融入中文教学之中，教师为学生精心提供了更为多元的学习资源与丰富多彩的学习活动，使中文教学不再局限于语言知识的单一传授，而是更加注重学生综合素养的全面提升。这种创新的教学方式极大地激发了学生的学习热情与参与意愿，让他们在轻松愉悦的学习氛围中，不仅掌握了中文语言技能，还深刻领略了中国文化的独特魅力，充分享受到了学习的无穷乐趣。

（二）跨文化交际能力培养

跨文化交际能力是一项至关重要的能力，它意味着在多元文化交汇的环境中，个体能够高效、精确并富有成效地进行沟通与互动。在国际中文教育这一具有深远意义的领域中，培养跨文化交际能力已成为一个核心且不可或缺的教学目标。

在教学实践中，教师可以通过多种高效策略来增强学生的跨文化交际意识和能力。一方面，通过设立专门的跨文化交际课程，系统地传授跨文化交际的理论框架、基本原则和实用技巧。在这一过程中，教师会深入探讨不同文化间的差异，包括价值观、风俗习惯、社交礼仪等，从而使学生全面而深入地理解跨文化交际的精髓。另一方面，教师可以组织丰富多彩的跨文化交际实践活动，例如国际文化节、中外学生联谊会等，为学生创造与来自不同文化背景的人直接交流的机会，让他们在亲身实践中不断提升自己的交际能力。此外，跨文化交际案例分析也是一种极为有效的教学方法，通过选取具有代表性的跨文化交际案例，引导学生进行深度剖析和热烈讨论，从中汲取宝贵的经验和教训，从而增强在跨文化交际中的应变与适应能力。①

培养跨文化交际能力具有深远的积极影响。首先，它有助于学生更加轻松地适应跨文化环境。在全球化日益加深的今天，学生可能会遇到留学、旅游、商务等多种跨文化场景。具备跨文化交际能力的学生在这些场景中能够更自信地与他人进行合作与交流，顺利融入不同的文化氛围中。其次，跨文化交际能力的培养能够显著提升学生的国际竞争力。在国际舞台上，具备跨文化交际能力的人才更受欢迎。拥有这一能力的学生在求职、学术研究等方面将更具优势。同时，跨文

---

① 赵丹阳：《对外汉语教学中留学生跨文化交际能力的培养》，《大众文艺》2020 年第 24 期。

化交际能力的培养还能促进中外文化的深入交流与合作。通过培养学生的跨文化交际能力，使他们成为中外文化交流的桥梁，推动不同国家和地区之间的文化交流与合作不断深化，增进各国人民之间的理解和友谊。这种理解和友谊不仅有助于促进世界的和平与繁荣，也为人类未来的发展奠定了坚实的基础。

（三）国际合作与交流

国际合作与交流是驱动国际中文教育迈向新台阶的关键力量。在这一框架下，国际中文教育机构积极拓展国际视野，与全球各地的教育机构、知名企业、非政府组织及社会团体建立起广泛而深入的合作关系。这种合作模式不仅打破了传统教育领域的壁垒，还涵盖了文化交流、学术研究、语言技术应用等多个层面，共同构建了一个多维度、全方位的国际中文教育生态系统。具体而言，国际中文教育机构与海外学校及高等教育机构紧密携手，共同策划并实施了一系列富有创意且针对性强的中文教学项目。这些项目可能包括线上线下相结合的混合式教学模式、量身定制的课程开发、文化体验营以及教师专业培训等，旨在满足全球各地学习者的多样化需求。派遣经验丰富的中文教师赴海外执教，不仅能够提升当地中文教学的专业性和趣味性，还能促进两国教育人员之间的深入交流与理解。同时，我们也热情欢迎海外学生来华参与短期或长期的语言及文化沉浸项目，让他们在亲身体验中深化对中国语言文化的理解与情感认同。

国际合作与交流在促进中文教育资源共享与优化配置方面发挥着举足轻重的作用。通过搭建国际交流平台，各国能够共享优质教学资源、先进教学理念和技术手段，以及成功案例和经验，有效避免资源浪费，实现资源的高效整合与利用。这种资源的优化配置，直接推动了中文教育质量和教学效率的提升，使全球中文学习者能够享受到更加高效、便捷且个性化的学习体验。

更为深远的意义在于，国际合作与交流搭建起了加深国家间相互理解与友谊的重要桥梁。通过共同举办文化交流盛事、学术会议以及学生交换项目等活动，来自不同文化背景的人们得以近距离地接触并深刻体验对方的文化、价值观及生活方式。在相互尊重与深入理解的基础上，他们逐渐建立起深厚的友谊。这种人文层面的交流有助于消融国家间的壁垒，推动全球的和平进程与发展事业，共同应对全球性挑战，并携手共创一个更加和谐、光明的未来。

四　学术研究的进展

（一）二语习得研究

作为国际中文教育中不可或缺的基础研究领域，第二语言习得研究的深度与广度直接关系到中文作为第二语言教学的策略与成效。近年来，该领域在理论研究与方法创新方面均实现了显著且深远的突破，为国际中文教育实践提供了坚实的理论基础和科学的指导依据。

在理论方面，二语习得研究者们对语言习得的复杂过程、内在机制以及多种影响因素进行了全面而深入的剖析，不断挑战并丰富着传统的语言习得理论框架。他们不仅对传统理论进行了反思与修正，还提出了一系列具有前瞻性和解释力的新理论观点和模型。例如，基于使用的语言习得理论（Usage-Based Language Acquisition Theory）强调了语言使用中频率效应和模式构建对语言习得的关键作用，挑战了以往将语言视为静态规则系统的传统观念。动态系统理论（Dynamic Systems Theory）则将语言习得视为一个复杂、动态、非线性的系统过程，强调了各要素间的相互作用和变化，为理解语言习得的动态特性提供了新的视角。这些新理论不仅深化了我们对二语习得本质的认识，也为教学实践提供了更加灵活和适应性强的指导原则。

在方法层面，二语习得研究日益呈现出多元化和综合性的趋势。

研究者们不再局限于单一的研究方法，而是根据研究问题的特性和需求，灵活运用实验研究、语料库研究、问卷调查、深度访谈等多种研究手段。实验研究的严谨设计能够精确测量变量间的因果关系，语料库研究能揭示语言使用的真实面貌和模式，问卷调查和访谈则能够收集到丰富的个体经验和主观感受。这些方法的综合应用，不仅提高了研究的科学性和可靠性，还使得研究结论更加全面和深入。

此外，跨学科研究的兴起为二语习得研究开辟了新的天地。研究者们不再局限于语言学内部，而是积极借鉴心理学、教育学、社会学、神经科学等相邻学科的理论和方法，形成了跨学科的研究范式。例如，结合心理学中的认知负荷理论探讨二语学习中的认知过程，运用教育学中的混合学习模式优化二语教学策略，以及利用社会学中的社会网络分析理解二语学习者的社会互动和语言实践等。这种跨学科的研究视角不仅拓宽了二语习得研究的视野和思路，还促进了不同学科间的知识交流和融合，为国际中文教育提供了更加多元和创新的解决方案。

（二）教学法研究

教学法研究不仅是国际中文教育的核心研究领域之一，而且是推动中文教育现代化、提升教学质量与效率的关键驱动力。近年来，在这一领域内，教学方法、教学模式以及教学资源等方面的探索与实践均取得了显著而深远的进展。

在教学方法层面，研究者们并未止步于对传统教学方法的简单传承，而是基于对学生学习需求、认知规律及教育目标的深入理解，对传统方法进行了系统的改进与创新。任务型教学法强调以任务为核心，引导学生在完成具体任务的过程中学习语言，有效提升了学生的语言应用能力和问题解决能力。项目式教学法鼓励学生围绕特定主题或项目进行深入研究与创作，通过团队合作与自主探索，不仅增强了语言技能，还培养了批判性思维、创新能力及跨学科整合能力。翻转课堂教学法则颠覆了传统课堂的教学流程，将知识传授环节移至课外，通过视频、阅读材料等形式由学生自主学习，课堂时间则主要用于讨论、答疑和实践操作，这种模式极大地提高了学生的参与度和学习效率。

在教学模式方面，随着信息技术的迅猛发展，研究者们积极探索并实践了多种新型教学模式。混合式教学模式结合了线上学习与线下教学的优势，既保留了传统课堂的即时互动与监督，又利用了数字化资源的丰富性和便利性。在线教学模式打破了地理界限，使得全球范围内的学习者都能享受到高质量的中文教育，尤其是在疫情防控期间，这一模式更是发挥了不可替代的作用。移动学习模式则充分利用了智能手机和平板电脑等移动设备，开发了一系列便于随时随地学习的应用程序，使学习更加灵活便捷。

在教学资源领域，研究者们倾注了大量心血，创造了一系列形式多样、内容充实的教学资源。这些资源不仅包括了传统的纸质教材与多媒体课件，还延伸至在线课程、互动教学软件以及教学游戏等数字化范畴。在设计这些资源时，研究者们充分考量了学习者的学习偏好与兴趣点，借助生动有趣的内容展现与互动机制，有效地点燃了学习者的学习热情，进而提升了教学效果。

此外，这些教学资源的共享与开放，为全球中文教师构建了一个珍贵的教学参考与资源共享平台。这一平台不仅促进了教学方法与经验的深入交流与广泛传播，还使得教师们能够从中汲取灵感，不断优化自己的教学策略，进而为学生提供更高质量的教学服务。

（三）跨文化研究

跨文化研究作为国际中文教育不可或缺的一环，近年来在多个关键领域均展现出了蓬勃的发展活力，特别是在跨文化交际、文化适应及文化认同这三个板块，研究者们取得了众多具有开创性的成果，为国际中文教育实践提供了强有力的理论根基与实践指引。

在跨文化交际方面，研究者们深入剖析了跨文化交际的复杂流程，这涵盖了信息的传递与接收、非言语行为的解读与运用，以及文化价值观的碰撞与融合等多个核心环节。同时，他们也全面审视了跨文化交际中常用的策略与面临的障碍。这些研究不仅揭示了跨文化交际的内在运作机制，还创造性地提出了一系列理论框架与实践指南，如提升文化敏感性、磨炼跨文化沟通技巧以及构建文化桥梁等，旨在助力学习者在多元文化环境中实现顺畅交流，减少误解与冲突，进而深化相互之间的理解和尊重。

在文化适应的研究领域，研究者们将焦点对准了留学生在异国他乡的适应过程。他们从心理学、社会学、教育学等多个学科视角出发，系统分析了影响文化适应的多元因素，包括个人特质、社会支持体系以及文化差异程度等。基于这些研究成果，研究者们提出了一系列旨在促进留学生文化适应的有效策略，如提供文化适应辅导、组织文化交流活动以及搭建跨文化友谊桥梁等，以帮助留学生更快地融入新环境，实现心理与社会的双重适应。

在文化认同的探索中，研究者们深入研究了留学生在接触并学习中国文化时，其文化认同的构建与演变历程，以及这一过程中可能遭遇的各种影响因素。这些研究不仅揭示了文化认同的复杂性与动态变化性，还提出了一系列旨在强化留学生文化认同感的策略与方法，如加强中国文化教育、促进文化反思与自我认知以及搭建文化展示与交流的平台等，旨在帮助留学生建立起更加开放与包容的文化观念，促进他们在多元文化背景下的文化认同与自我成长。

第三章

第二语言教学与习得理论

在当今全球化的背景下，第二语言的掌握已成为连接不同文化、促进国际交流的重要桥梁。无论是出于学术、职业、社交的目的还是个人兴趣，越来越多的人投身于第二语言的学习之中。这一趋势不仅推动了语言教育的革新与发展，也促使教育者和研究者深入探索更为高效、科学的第二语言教学与习得理论。本章将聚焦于这一领域，旨在为读者提供一个全面而深入的理解框架。

第一节　第二语言教学概述

第二语言教学作为一门专门的学科领域，致力于帮助学习者有效地掌握除母语之外的另一种语言，以促进跨文化交流、拓展个人发展机会以及增进国际理解与合作。

一　第二语言教学的主要目标

第二语言教学不仅仅是教授一门新的语言知识，更是一种涉及跨文化交际的复杂教学活动。语言作为文化的载体，承载着不同民族的价值观、思维方式和生活习惯等丰富的文化内涵。当学习者学习第二语言时，实际上也是在接触和了解另一种文化。因此，培养语言学习者的跨文化交际能力成为第二语言教学的核心目标之一。

自 20 世纪 70 年代起，随着全球经济的发展和国际交流的增加，人们逐渐认识到语言学习的目的不仅仅是掌握语法和词汇，更重要的是能够在实际生活中进行有效的交际。于是，培养交际能力成为第二语言教学的主要目标。在这个阶段，教学重点主要放在语言的实用性上，强调学习者能够运用所学语言进行日常交流、商务谈判、学术讨论等活动。然而，随着全球化的深入发展，人们在跨文化交际中遇到的问题越来越多，仅仅具备语言的交际能力已经不能满足现代社会的需求。在 21 世纪，培养跨文化交际能力成为第二语言教学的主要目标。跨文化交际能力要求学习者不仅能够在语法上正确地使用语言，还能够在不同的文化背景下得体地运用语言，避免因文化差异而产生的误解和冲突。①

人的语言行为是一个错综复杂的过程，它不仅要求语法正确，更需在语用层面做到恰如其分。语法正确仅是语言表达的基石，而语用得体则关乎语言在特定语境中的恰当应用。众多学者从教学视角对交际能力的内涵展开了深入探讨，其中，美国马里兰大学学者内尔卡纳（M. Canale）与加拿大多伦多大学教授斯温（M. Swain）于 1980 年提出的交际能力模式理论影响最为深远。他们指出，交际能力涵盖四大核心方面。首先是语法能力，即学习者对语言语法结构、词汇用法的掌握程度，这是构建正确句子、清晰表达意思的基础。其次是社会语言能力，涉及学习者对不同社会文化背景下语言使用规则的认知。不同文化中，语言的使用方式差异显著，如礼貌用语、称呼方式及禁忌话题等，掌握这些规则是交际得体的关键。再次是话语能力，指学习者理解和运用连贯话语进行交流的能力，包括对话题主题的把握、逻辑连贯性、上下文理解等。最后是策略能力，即学习者在交际遇阻时，运用各种策略解决问题的能力，如请求对方重复或解释、以其他方式表达未知词汇等。

进入 20 世纪 90 年代，西方第二语言教育学界提出了跨文化说话人的概念，强调在全球化时代，学习者不仅要掌握第二语言，更要成为能在不同文化间有效交流的跨文化说话人。因此，培养跨文化交际能力成为第二语言教学的主要目标。跨文化交际能力不仅体现语言能

---

① 白玉寒：《跨文化视角下的对外汉语教学研究》，中国水利水电出版社，2017，第 41 页。

力，更是一种涉及对他人行为和价值观的看法，以及以非价值判断态度与他人交往的技能。拜拉姆（Byram）在 1997 年对跨文化交际能力进行了深入分析，认为其包括态度、知识、解释与关联技能、发现与交往技能以及批判性文化意识等多个要素。[①]

　　语言与文化紧密相连，相互依存、相互影响。语言是文化的重要组成部分，反映了一个民族的历史、传统、价值观和生活方式等；同时，文化也影响语言的发展和使用。因此，文化教学是第二语言教学不可或缺的一环。西利（Seelye）在 1993 年出版的《教文化：跨文化交际的策略》一书中明确指出，跨文化交际是文化教学的目标。托马林（Tomalin）与斯坦普尔斯基（Stempleski）对西利的培养跨文化交际能力的教学目标进行了深入剖析，并将其细化为七大目标。一是使学生意识到人们的行为深受相关文化的影响，理解文化对行为方式和思维模式的塑造作用；二是让学生逐渐认识到行为受到年龄、性别、社会阶层和居住环境等多种因素的影响，以便在跨文化交际中更敏锐地理解和察觉他人的行为；三是深入了解目的语文化中人们的日常行为习惯和社交礼仪，帮助学生更好地融入目的语文化环境；四是让学生掌握目的语中词汇和词组的文化内涵，以更准确地理解和运用目的语；五是提高学生通过实例评价、概括目的语文化的能力；六是让学生掌握查找、整理目的语文化信息的技巧；七是激发学生对目的语文化的求知欲和情感共鸣，使他们更加积极主动地学习和了解目的语文化，从而提升跨文化交际能力。[②]

　　在 21 世纪以全球化和多元化为特征的第二语言教学环境中，培养跨文化交际能力成为更理想和更符合现实需求的教学目标。只有培养出具备跨文化交际能力的学习者，才能更好地适应全球化时代的需求，促进不同文化间的交流与合作。

---

① 　白玉寒：《跨文化视角下的对外汉语教学研究》，中国水利水电出版社，2017，第 42 页。
② 　白玉寒：《跨文化视角下的对外汉语教学研究》，中国水利水电出版社，2017，第 42 页。

二　第二语言教学的原则

（一）文化教学与语言教学相结合

在第二语言教学中，文化教学与语言教学紧密相连、不可分割。这种紧密的关系使得文化与语言在教学过程中相互依存、相互促进，共同为学生掌握第二语言和了解目标语言国家的文化发挥着关键作用。二者的完美结合可以通过两种切实可行的途径来实现。

第一，将文化因素视为语言教学中不可或缺的重要组成部分至关重要。在语言学习的旅途中，文化因素如影随形，它渗透并影响着语言的各个层面。举例来说，词汇作为语言的基本构成元素，往往蕴含着深厚的文化意蕴。同一个词语，在不同的文化土壤里，可能绽放出截然不同的意义之花。以"龙"字为例，在中华文化的浩瀚长河中，龙被赋予了权威、尊贵与吉祥的神圣意义，是神话传说中的至高存在；而反观西方文化，龙的形象则多被描绘为邪恶与力量的化身，两者形成了鲜明的对比。因此，深入理解这些词语背后的文化寓意，对于学生在语言运用中做到精准而贴切至关重要。再者，成语典故作为文化因素的又一重要载体，不仅是语言的瑰宝，更是民族智慧的结晶。成语往往源自历史故事、神话传说或经典文学作品，它们不仅承载着丰富的文化内涵，还反映了一个民族的价值观、思维方式与生活哲学。通过学习成语典故，学生不仅能够扩充词汇量，更能在字里行间领略到目标语言国家的文化精髓，从而加深对语言的理解与掌握。此外，语用规则作为文化教学的另一关键环节，其重要性同样不容忽视。不同的文化背景孕育了各具特色的语用习惯，包括问候方式、称呼规则、礼貌用语等。在某些文化语境中，直接坦率的表达方式被视为真诚与自信的体现；而在另一些文化中，则更倾向于采用委婉含蓄的表达方式，以彰显礼貌与谦逊。因此，学生只有充分掌握并灵活运用这些语用规则，才能在跨文化交际中做到得体而恰当，有效避免因文化差异而引发的误解与冲突。

第二，把文化当作话题来进行深入讨论。可以选择一系列与人们生活息息相关的文化主题，如充满魅力的旅游、丰富多样的饮食、温暖的家庭、至关重要的教育、备受关注的就业等。在学习和热烈讨论这些文化主题的过程中，能够巧妙地训练学生的听说读写能力。当学生围绕旅游主题进行交流时，他们需要运用所学的语言知识描述自己的旅行经历、介绍旅游景点、表达对不同地方的感受，从而锻炼口语表达和写作能力。在探讨饮食文化时，学生可以阅读有关美食的文章、听取关于饮食传统的介绍，从而提高阅读理解和听力理解能力。同时，还能通过对这些文化主题的讨论，培养学生描述文化现象的能力。学生可以用准确的语言描述不同国家的饮食文化特点、家庭结构差异、教育体系的不同等。概括文化特点也是重要的培养目标之一。学生需要学会从众多的文化现象中提炼出关键的文化特点，例如总结某个国家的教育理念是注重培养学生的创新能力还是传统知识的掌握。评价文化观念则要求学生能够以客观的态度对不同的文化观念进行分析和评价，既看到其优点，也认识到其不足之处。在比较文化差异方面，学生可以对比不同国家在家庭观念、就业观念等方面的差异，从而更好地理解文化的多样性，增强跨文化交际意识。

（二）课堂教学与课外文化实践相结合

在第二语言学习的征途中，课堂教学扮演着无可替代的奠基性角色。课堂是知识传递的核心舞台，教师在此通过条理清晰的讲解、形象生动的示范以及充满活力的互动，为学生精心构建起稳固的语言知识框架。从精准的语音指导、丰富的词汇积累到严谨的语法解析，教师确保学生能够在这一过程中掌握正确的发音技巧、拥有充足的词汇量以及准确的语法应用能力。此外，课堂上多样化的教学活动，如对话模拟、小组讨论及角色扮演等，为学生提供了宝贵的实践机会，助力他们提升语言表达与社交互动的能力。在这样的环境中，学生能够逐步熟悉并掌握目标语言的规则与特性，为后续的学习与实践奠定坚实的基础。然而，仅凭课堂教学之力，难以达到语言学习的全面深化。课外文化实践则为学生开辟了一片将课堂所学融入现实生活的广阔天地。这一领域活动多样，精彩纷呈，学生可加入语言交流俱乐部，与来自不同文化背景的伙伴用目标语言进行真实交流，从而在实战中锤炼口语，感受多元的语言风格与文化韵味。此外，参与文化体验活动，如探访博物馆、参观艺术展览及参加传统节日庆典等，也是极佳的选择。在这些活动中，学生能够亲身体验目标语言国家的文化精髓，深入了解其历史脉络、艺术瑰宝及风俗习惯。例如，博物馆之行可让学生洞悉目标国家的发展轨迹，加深对其文化背景的认知；而参与传统节日，则能让学生沉浸于当地的节日氛围，学习并实践相关的文化习俗与礼仪。

课外文化实践还包括阅读目标语言的文学作品、观赏电影及收听广播等多种形式。这些活动不仅能够提升学生的语言理解能力，还能拓宽他们的文化视野，激发对目标语言国家文化的浓厚兴趣与热爱。

课堂教学与课外文化实践的紧密结合，实现了两者间的优势互补，共同推动了第二语言教学的成效。课堂教学为课外实践提供了坚实的理论基础与明确的实践方向，而课外实践则以其生动的案例与丰富的体验，深化了学生对课堂知识的领悟与掌握。通过这种结合，学生能够更加全面、深入地学习并掌握第二语言，提升跨文化交际能力，为未来的学习、工作及生活铺设坚实的道路。

（三）教学过程中挑战与支持相结合

跨文化交际能力的学习在整个第二语言教学的过程中占据着至关重要的地位，而在这一学习过程中，应当在学习内容与学习过程之间努力达成一种挑战性与支持性的完美平衡。这一平衡的实现对于学生的学习效果和能力发展有着深远的影响。[①]

当学生面临的学习内容繁多或过程挑战性过高时，他们往往会因任务过于复杂艰巨而产生强烈的抵触情绪。这种情绪可能让学生感到力不从心，不知从何入手，进而对学习失去信心与热情。即便他们付出努力，也可能因难度过大而无法获得实质性的进步，最终导致学习成果寥寥。例如，当学习内容涉及深奥的文化理论与复杂的跨文化交际实例，且学习过程缺乏足够的指引与辅助时，学生极易陷入困惑与迷茫，难以有效掌握这些知识。相反，若学习内容与过程过于简单，学生可能会感到学习乏味，缺乏挑战与吸引力，进而丧失学习兴趣与积极性。当学习内容仅限于浅显的文化常识，且学习过程单调重复时，学生容易感到厌烦，难以集中精力投入学习。因此，在实际教学过程中，教师需根据学习内容的特性灵活调整学习过程与方法。对于复杂、抽象的学习内容，教师应采用更为直观、生动的教学方法，如通过案例分析、图片视频展示等手段，帮助学生理解深奥的概念与理论。同时，给予学生充分的指导与支持，引导他们逐步掌握知识。而对于相对简单的学习内容，教师应设计具有挑战性的学习过程，如通过小组讨论、角色扮演、项目式学习等方式，激发学生的思维活力，提升他们的综合能力。

唯有实现挑战与支持的平衡，学生方能真正学有所获，技能得以发展。当学习内容与过程既具挑战性又得到足够支持时，学生能在克服困难的过程中体验成就感，从而激发学习兴趣与动力。同时，在教师与同学的协助下，学生能够逐步掌握知识与技能，提升跨文化交际能力。

挑战与支持平衡的原则为教学者提供了宝贵的指导，帮助他们根据教学内容选择合适的教学活动与方法。教学者需深入分析学习内容

①　祖晓梅：《跨文化交际》，外语教学与研究出版社，2015，第255页。

的难度与复杂性，据此设计相应的学习过程与方法。例如，对于复杂的学习内容，可采用循序渐进的教学策略，从基础概念入手，逐步引导学生深入理解；对于简单的学习内容，则可设计富有挑战性的任务，激发学生的思考与创新能力。

（四）认知学习与体验学习相结合

认知导向的文化教学模式在第二语言教学的文化教学范畴内占据重要地位，它主要遵循"讲授—阅读—讨论"的框架。在这一框架下，教师首先通过精心策划的讲授，全面地向学生介绍目标语言国家的文化知识，包括历史、传统、价值观及风俗习惯等多个方面。教师运用形象生动的语言和多样化的视觉辅助材料，如图片和实例，帮助学生初步了解和感知这些文化知识。随后，学生进入阅读阶段，通过阅读多样化的文化材料，如书籍、文章及专业资料，进一步深化对文化知识的理解。阅读材料的设计兼顾了不同语言水平的学生，确保每个人都能从中受益。最后是讨论环节，学生在教师的悉心引导下，就阅读内容及讲授中的文化议题展开深入探讨。讨论形式灵活多样，可以是小组讨论，也可以是全班共同交流，学生积极发表见解，分享心得，这一过程极大地促进了文化知识的内化与深化。

除了"讲授—阅读—讨论"模式，体验型文化学习活动同样丰富多彩，包括自我反思、问卷调查、角色扮演、团队协作及案例分析等。自我反思活动让学生审视自己对目标语言国家文化的认知与态度，识别个人优势与待改进之处。问卷调查则收集学生对特定文化现象的观点，为教师提供宝贵的反馈。角色扮演活动模拟真实文化场景，让学生在体验中感受目标语言国家的文化习俗与社交礼仪，提升跨文化交际能力。团队协作活动促进学生间的合作与交流，共同完成学习任务，培养团队精神。案例分析则通过分析真实文化案例，帮助学生运用所学知识解决实际问题，锻炼分析与解决问题的能力。

高效成功的跨文化交际培训需将认知与体验模式相结合。一般而言，认知学习法更适合教授客观文化内容，如目标语言国家的历史、地理、政治及经济等相对固定明确的知识；而体验学习法则更适合主观文化和语言中文化因素的学习。主观文化涉及价值观、信仰及态度等抽象主观内容，需通过亲身体验来领悟。[①] 语言中文化因素则涵盖词汇的文化内涵、语用规则及修辞技巧等，需在实际语言运用中体会和掌握。[②] 通过角色扮演、团队协作等体验学习活动，学生可以更深入地理解主观文化和语言中的文化因素，有效提升跨文化交际能力。[③]

然而，无论采用何种教学模式，学生参与讨论与互动都是不可或缺的环节。讨论与互动能激发学生的思想碰撞，提升学习兴趣与积极性。在互动中，学生分享观点，倾听他人意见，拓宽视野，深化对文化知识的理解。同时，教师可通过学生的讨论与互动，及时了解学习情况与需求，调整教学策略，优化教学效果。此外，讨论与互动还能锻炼学生的表达能力、沟通技巧及合作精神，为学生的全面发展奠定坚实基础。

三　第二语言教学的影响因素

（一）学习者因素

1. 年龄因素在语言学习中的影响

在语言学习的征途中，不同年龄段的学习者呈现出鲜明的特点和优势。儿童时期，孩子们的语言习得能力尤为突出，他们的大脑仿佛一块充满吸力的海绵，能够迅速吸纳并内化新的语言信息。在这一成

---

① 赵娟：《对外汉语教学传播路径与跨文化交际模式探究》，中国水利水电出版社，2019，第 63~64 页。

② 赵娟：《对外汉语教学传播路径与跨文化交际模式探究》，中国水利水电出版社，2019，第 61 页。

③ 赵娟：《对外汉语教学传播路径与跨文化交际模式探究》，中国水利水电出版社，2019，第 66 页。

长阶段，孩子们的大脑正经历着快速的发育，对周遭的声音和语言展现出极高的敏感度和强烈的好奇心。他们擅长迅速模仿所听到的语言，通过不断的尝试与自我修正，逐步掌握语言的精髓。无论是发音的精准度，还是对语言节奏与语调的拿捏，儿童都展现出了令人惊叹的天赋。他们勇于尝试用新学到的词汇和句型表达自己的想法和感受，即便犯错也毫不怯懦或气馁。这种勇于探索、不畏失败的精神，为他们在语言学习的道路上铺设了快速进步的基石。

相较于儿童，成人在语言学习过程中展现出更为成熟且系统化的特点。他们凭借更为强大的逻辑思维能力与多样化的学习策略，能够深入探索语言的内在构造与规则，以更为有序和系统的方式推进语言学习进程。在学习过程中，成人会充分利用自身丰富的经验和知识储备，将新习得的语言知识与既有的知识体系相融合，构建出更为全面且深刻的语言认知框架。此外，成人还会积极主动地探寻各种学习资源，包括语法书籍、语言学习视频教程、专业课程等，并精心规划学习计划，有意识地采用多样化的学习策略来提高学习效率。他们学习目标清晰明确，学习动机强烈而持久，这种勤奋努力、专心致志的学习态度，使他们在语言学习的征途中能够不断收获新的成果，实现自我超越。

2. 学习动机是影响语言学习成效的关键

学习动机是左右语言学习成效的重要因素。具备强烈学习动机的学习者，会以更为积极和主动的姿态投入语言学习，从而收获更加突出的学习成果。学习动机主要划分为内在动机与外在动机两大类型。

内在动机源于学习者对语言的浓厚兴趣与热爱。这类学习者被语言的独特魅力所吸引，他们渴望探索多元的文化，与全球各地的朋友建立联系，并享受语言所带来的情感共鸣与思维碰撞。对他们来说，学习语言并非单纯为了达成某个具体目标，而是源自对语言的由衷喜爱。这种内在动机使学习者在学习过程中始终保持高度的热情与专注，他们会主动寻找学习契机，不断挑战自我，致力于提升语言水平。例如，有的学习者因热爱外国电影和音乐而对英语产生浓厚兴趣，进而开始努力学习英语。他们会主动观看英文原声电影、收听英语广播、阅读英文原著等，通过多种途径提升自己的语言能力。

外在动机则是指学习者为了达到某个特定目标而学习语言。这些目标可能包括升学、就业或旅游等。以升学为目标的学习者需要通过语言考试进入心仪的学校，因此他们会针对性地学习语言知识，参加各类培训课程，并努力提高考试成绩。以就业为目标的学习者则希望通过掌握一门外语来提升自身竞争力，从而获得更好的职业发展机会。他们会学习与职业相关的语言知识和技能，以增强在工作中的语言运用能力。而以旅游为目标的学习者则希望能够在旅行中与当地人顺畅交流，了解当地文化和风俗习惯。因此，他们会学习一些常用的旅游用语和表达方式，以便在旅行中更好地沟通。

3. 学习风格是影响语言学习效果的要素

学习者的学习风格多种多样，主要分为视觉、听觉和动觉三大类型。[①]

视觉型学习者擅长通过视觉信息来吸收语言知识，他们偏爱阅读书籍、观看教学视频和浏览图片等学习方式。为了迎合这类学习者的偏好，教师可以准备丰富的视觉教学素材，如精美的图片、直观的图表和生动的幻灯片，以此激发他们的学习兴趣，帮助他们更好地理解和记忆语言知识。

听觉型学习者更倾向于通过听觉来感知语言，他们喜欢听录音、参加讲座和与他人进行口语交流等学习方式。为了满足这类学习者的需求，教师可以为他们提供更多的听力训练机会，如播放英语广播、

---

① 闻亚兰：《论情感因素与大学英语自主学习环境建设》，《江苏技术师范学院学报》2010年第4期。

组织听力竞赛等，以此锻炼他们的听力理解能力，提升他们的语言感知能力。

动觉型学习者则需要通过身体的运动和实际操作来掌握语言，他们热衷于参与角色扮演、小组活动和实地考察等互动性强的学习方式。为了迎合这类学习者的特点，教师可以设计一系列具有实践性的教学活动，让学生在亲身参与中学习和掌握语言，通过实际操作来加深对语言的理解和记忆。

在教学过程中，教师应充分了解每位学生的学习风格，并据此采用多样化的教学方法和教学材料。同时，结合视觉、听觉和动觉等多种教学手段，为学生提供多元化的学习体验，以满足不同学习风格的需求。此外，教师还可以根据学生的学习风格，为他们提供个性化的学习建议和指导，帮助他们更好地发挥自身优势，从而取得更加优异的学习成果。

4. 语言基础是影响第二语言教学效果的关键因素

学习者的语言基础对第二语言教学效果具有深远的影响。具备良好语言基础的学习者，在学习新语言时会更加游刃有余。他们可能已经掌握了一些高效的语言学习方法和技巧，对语言的结构和规律有了初步的了解。例如，那些已经学过一门外语的学习者，在学习另一门外语时，往往能够发现许多语言现象是相通的，因此能够更快地融入新的语言学习环境。此外，良好的语言基础还体现在他们丰富的词汇、精准的语法掌握以及出色的听说读写能力上。这些基础为学习者在学习新语言时提供了坚实的支撑，使他们在学习过程中表现得更加自信且从容。然而，对于语言基础相对薄弱的学习者来说，他们需要付出更多的时间和精力。他们可能需要从最基本的发音、词汇和语法开始，逐步构建和提升自己的语言能力。面对这类学习者，教师需要展现出更多的耐心和关怀，帮助他们树立学习语言的信心。教师可以采用适合基础薄弱学习者的教学策略，如重复练习、情景模拟和游戏化学习等，以营造轻松愉悦的学习氛围，激发他们的学习兴趣。同时，教师还可以为他们提供丰富的学习资源和支持，如学习辅导资料、在线学习平台等，以帮助他们迅速夯实语言基础，提升学习效果。通过这些措施，即使是语言基础薄弱的学习者也能在教师的引导下，逐步提升自己的语言能力，取得显著的学习成果。

（二）教师因素

1. 教师语言素养对教学质量的影响

教师的语言素养是衡量教学质量高低的重要标尺。一位合格的教师应具备深厚的语言功底，能够精准、流畅地运用目标语言进行授课。唯有如此，教师方能为学生提供标准的语言范例，助力学生精准掌握发音、语法及词汇等语言要素。倘若教师的语言水平欠佳，发音含混不清，语法错误频现，那么学生在学习过程中势必会受到负面影响，难以习得正确的语言知识与技能。

拥有良好语言素养的教师，不仅能精准传授语言知识，还能灵活运用多样化的语言表达，使教学内容变得生动有趣。他们善于运用丰富的词汇与优美的语句描绘事物，激发学生的学习兴趣。同时，在与学生的互动交流中，他们能够敏锐捕捉学生的语言问题，并给予及时且准确的指导与纠正。此外，教师的语言素养还体现在对语言文化的深刻理解上，他们能够向学生生动展现目标语言国家的文化背景、风俗习惯及价值观念，从而帮助学生更好地领悟与运用语言。

2. 教学方法的多样化与针对性

教师需掌握多种教学方法，并根据教学内容及学生特点灵活选用，以提升教学效果。不同的教学方法适用于不同的教学内容与学生群体。例如，在讲解语法知识时，可采用讲解法、练习法及归纳法等；在培养口语表达能力时，可运用情景教学法、角色扮演法及小组讨论法等；

在阅读与写作教学中，则可尝试阅读分析法、写作指导法及范文赏析法等。

在选择教学方法时，教师应充分考虑学生的年龄、学习动机、学习风格及语言基础等因素。对于年龄较小的学生，可采用游戏教学法、歌曲教学法等寓教于乐的方式，激发他们的学习兴趣；对于学习动机强烈的学生，则可运用任务驱动法、项目教学法等，让他们在完成任务的过程中不断提升语言能力；对于视觉型学习者，应多使用图片、图表等视觉材料，采用直观教学法；而对于语言基础较为薄弱的学生，则可运用重复练习法、循序渐进法等，帮助他们逐步夯实语言基础。

3. 教学态度对学生学习积极性的影响

教师的教学态度对学生学习积极性的激发具有不可估量的影响。一位卓越的教师应当满怀激情、极具耐心且充满责任心，不仅要关注学生的学习进展，还要关心他们的日常生活，致力于营造一个积极向上、充满活力的教学氛围。

热情洋溢的教师能够激发学生的求知欲，让学生在轻松愉悦的学习氛围中领略知识的无限魅力。他们运用富有激情的语言和生动的表情进行授课，让学生深切体会到学习的乐趣。耐心且细致的教师会给予学生充分的成长空间和时间，对学生的错误持宽容态度，不会急躁或不满。相反，他们会耐心引导学生，逐一克服学习障碍，助力学生不断取得新进步。

认真负责的教师会密切关注每位学生的学习进展，及时给予反馈和积极的鼓励。他们会根据学生的具体情况，精心设计个性化的学习计划，以提升学生的学习效率。此外，教师还需了解他们的兴趣爱好和需求，以便更好地与学生沟通交流，建立起深厚的师生关系。良好的师生关系能够增强学生的信任感，使他们更愿意听取教师的指导和建议，从而进一步激发他们的学习动力。

教师可以通过组织课外活动、与学生进行轻松愉快的交谈等方式，深入了解学生的日常生活，增进彼此之间的情感交流，使教学更加贴近学生的实际需求。这样的教学方式不仅能够提高学生的学习成效，还能够培养他们的学习兴趣和自主学习能力，为他们的未来发展奠定坚实的基础。

4. 教师的跨文化交际能力

教师应当拥有跨文化交际能力，这意味着他们需要深入研究和理解目标语言国家的文化背景、风俗习惯及价值观念，以便在教学活动中有效地融入跨文化教育，从而培养学生的跨文化交际意识和能力。语言与文化密不可分，学习一门语言的同时，必须对其背后的文化有深刻的认识。只有这样，学生才能真正掌握并灵活运用语言，避免在跨文化交际中产生误解或冲突。

具备跨文化交际能力的教师，能够在教学过程中自然地融入多元文化元素，引导学生认识到不同国家间的文化差异。他们可以通过讲述丰富的文化故事、展示多彩的文化图片、播放特色文化视频等多种教学手段，让学生直观感受不同文化的独特之处。同时，教师还可以策划并组织跨文化交际的实践活动，如模拟国际会议、文化交流晚会等，让学生在亲身参与中锻炼和提升跨文化交际能力。

此外，教师还可以引导学生对不同文化进行对比分析，培养他们的文化敏感度和批判性思维能力。通过对比不同文化间的差异，学生能够更深入地理解文化的多样性和复杂性，从而在跨文化交际中表现得更加自如和得体。这样的教学方式不仅有助于学生掌握语言技能，还能培养他们的全球视野和跨文化沟通能力，为未来的国际交流与合作奠定坚实基础。

（三）教学环境因素

1. 优化课堂环境

课堂环境是一个多维度的概念，涵盖了教室的物理布局、教学设施的完善程度以及课堂氛围的营造。一个优质的课堂环境对于激发学生的学习兴趣和积极性至关重要，同时也是提升教学效果的关键因素。

在教室布置方面，应追求简洁、美观与舒适度的和谐统一。可以通过张贴与教学内容紧密相关的图片、海报等视觉元素，营造出一种浓郁的学习氛围，使学生能够在潜移默化中受到启发。同时，教学设施的配备也不容忽视，如投影仪、电脑、音响等现代化教学工具应一应俱全，以便教师能够充分利用这些资源，提升教学的互动性和趣味性。

课堂氛围的营造同样重要。一个轻松愉快、积极向上的课堂氛围能够让学生在互动中享受学习的乐趣，同时增强彼此之间的合作与竞争意识。教师可以通过组织丰富的小组活动、游戏竞赛等方式，激发学生的参与热情，让他们在轻松愉快的氛围中收获知识与技能。此外，鼓励学生积极发言、表达观点，也是营造民主、平等课堂氛围的重要手段。

2. 营造有利的社会环境

社会环境在语言学习中扮演着至关重要的角色，其中语言环境和文化氛围是两个重要因素，对语言学习产生着深远的影响。

语言环境指的是学习者在日常生活中频繁接触并能实际应用目标语言的多样化场景与机遇。在语言环境丰富的社会里，学习者能在诸如商场、餐厅、公园等多种场合自然地聆听并尝试运用目标语言，这样的实践机会对语言学习至关重要。此外，通过积极参与语言交流会、观赏外语影片、聆听外语广播等多种途径，学习者能进一步拓宽语言视野，提升语言运用的熟练度和灵活性。

文化氛围则彰显了一个社会对多元文化的接纳与尊重程度。在文化氛围浓厚的社会中，人们对各国文化怀有浓厚兴趣和敬意，这种氛围有助于学习者更深入地领会并融入目标语言的文化背景。例如，一些城市定期举办的国际文化节、艺术展览等活动，不仅为人们搭建了了解多元文化的桥梁，还促进了文化的交流与融合，为语言学习者提供了更为丰富的学习资源和平台。在这样的社会环境中，学习者能更全面地体验和领悟目标语言的文化内涵，从而更有效地掌握和运用这门语言。

第二节　第二语言教学法

一　传统的教学法

（一）语法翻译法

语法翻译法是以系统的、条理清晰的语法知识教学作为纲领，将其贯穿于整个教学过程之中。它紧密依靠学习者所熟悉的母语，借助母语的桥梁作用，通过翻译这一重要手段，着重致力于培养学习者第二语言（外语）书面言语技能，尤其是读和写这两个方面的能力。这种教学法在第二语言教学领域具有独特的地位和深远的影响。

语法翻译法是最为古老的第二语言教学法，其历史源远流长。在欧洲，它用于古典语言（即充满着深厚文化底蕴和历史价值的古希腊语和拉丁语）的教学已有一千多年的漫长历史。历经岁月的洗礼，在文艺复兴之后兴起的"现代"语言（如富有浪漫气息的法语、充满艺术魅力的意大利语和在全球广泛使用的英语）教学中，仍然沿用了这一经典的方法。18~19世纪，德国语言学家塞登斯图克、奥伦多夫等人凭借其深厚的学术造诣和敏锐的洞察力，对这一方法进行了全面而深入的理论上的总结和阐述，使其不再仅仅是一种零散的教学实践，而是最终发展成为一种具有完整体系的第二语言教学法。有趣的是，事实上，美国人起初就因其独特的起源和特点将其形象地称为"普鲁士法"。

语法翻译法的语言学基础是历史比较语言学。这一具有重要影响力的语言学流派认为，人类语言尽管在表现形式上多种多样，但它们都起源于同一种原始语言。在这种原始语言的基础上，不同语言之间的结构规律是相互贯通的，词汇所代表的概念本质上也是相同的，唯一的区别在于词汇的表征形式，也就是语音和书写方面存在差异。因此，学习者可以通过两种语言词汇的相互翻译以及语法关系的巧妙替换，逐步理解和掌握另一种语言的奥秘。

语法翻译法的心理学基础是德国哲学家沃尔夫首创的官能心理学。这一心理学流派提出了一种独特的观点，认为人的心灵虽然在整体上是统一的，但可以细致地划分出不同的官能或能力，比如认识、情感、意志等。而且，不同的官能或能力可以分别通过专门的训练而得到有效的发展。在这种理论背景下，复杂而严密的拉丁文语法被视为一种理想的训练工具，因为它恰恰可以被用来训练学习者的记忆力和思维力，通过对这种语法的学习和运用，进而促使学习者的智力得以全面发展。①

（二）直接法

直接法亦称"改革法"或"自然法"，是与语法翻译法截然不同的教学途径，它倡导以口语为核心，模拟婴幼儿自然习得母语的进程，在教学第二语言时，直接通过目的语与意义建立联系，无须依赖母语翻译作为中介。

19 世纪中叶，随着西欧国家工业革命的推进和海外贸易的蓬勃发展，各国间的政治、经济交流达到了前所未有的频繁程度，对外语口语能力出众的双语或多语人才的需求急剧增加。然而，传统的语法翻译法在这一背景下显得力不从心，无法满足培养高水平外语人才的需

---

① 刘珣：《对外汉语教育学引论》，北京语言文化大学出版社，2000，第 237 页。

求。因此，在 19 世纪末，一场旨在改革第二语言（外语）教学的运动应运而生。这场运动起源于德国和法国，随后迅速波及整个西欧，并持续了半个世纪之久。改革的最终成果便是直接法的诞生，这也是其得名"改革法"的原因。

直接法的理论奠基人是德国语言教育家维艾特，他的著作《语言教学必须重新开始》为直接法奠定了理论基础。而在实践层面，德国人伯利兹在世界各地创办外语学校，法国人古因则通过其著作《语言教授法与学习法》以及创造的"系列法"，为直接法的实施提供了重要参考。直接法的经典教材之一是由英国人埃克斯利编写的《基础英语》。

直接法的语言观认为，语言是习惯，其运用依赖于感觉和记忆，而非思维过程。随着语言学的深入研究，人们发现不同语言的语法结构和词汇之间并不存在完全的对等关系，这一发现动摇了语法翻译法的理论基础。同时，语音学的发展，特别是国际音标（International Phonetic Alphabet，IPA）的制定，为口语教学提供了有力支持。此外，儿童语言发展的研究成果也影响了直接法的教学过程，即模仿婴幼儿自然习得母语的过程，这也是直接法被称为"自然法"的原因。

从心理学角度来看，直接法基于联想主义心理学，认为人的学习方式与动物相似，是刺激与反应之间的直接联结，意识在这一过程中并不起主导作用。因此，直接法强调在词语与意义之间建立直接联系，无须通过母语作为中介。学习者通过联想在新旧语言材料之间建立联系，并通过不断地学习和巩固来掌握第二语言。[①]

（三）情景法

情景教学法，也被称作口语路子，它是在 20 世纪 30 年代至 60 年代期间，由英国那些富有探索精神的应用语言学家历经不断摸索而总

---

① 刘珣：《对外汉语教育学引论》，北京语言文化大学出版社，2000，第 238~239 页。

结出来的一种专门针对外语（尤其是英语）的教学方法。在这一教学法的发展过程中，涌现出了一系列具有代表性的教材，其中像《流线英语》，以其独特的内容编排和教学引导方式，为学习者提供了一种新颖的学习体验；《走进英语》则凭借其丰富的情景设置和生动的语言素材，吸引了众多学习者的目光；而亚历山大编写的许多教材更是在教学实践中发挥了重要作用，它们以各自的特色和优势，为情景教学法的推广和应用提供了有力的支撑。

早在 20 世纪 20 年代，帕尔玛、弘贝等英国学者就怀着对语言教学创新的追求，开始积极寻求一种全新的语言教学路子。他们深入研究并涉及了"选择"（词汇和语法内容）、"分级"（内容的组织与排序）和"呈现"（呈现与操练语言项目的技巧）等方面的系统性原则。这些学者们经过深入探讨和实践检验所达成的共识，或者说这种具有总体性指导意义的原则，便被人们形象地称为语言教学的"口语路子"。随着时间的推移，到了 20 世纪 50 年代，这种先进的思路和科学的做法已经逐渐被应用到英国广泛的英语教学实践当中。1950 年，弘贝在具有重要影响力的《英语教学》杂志上发表了系列论文，在这些论文中，他创新性地使用了"情景法"这一名称，为该教学法赋予了一个明确的称谓。其后，"结构-情景法"和"情景语言教学"的名称便在教育领域被人们广泛使用起来。在 20 世纪 60 年代，澳大利亚学者皮特曼等人更是积极投身于教学法的实践与创新，他们开发出了基于情景法的系列教材《情景英语》。这套教材以丰富多样的情景设置、生动有趣的对话内容以及科学合理的教学编排，进一步推动了情景教学法在英语教学领域的广泛应用，为学习者创造了更加真实、有效的语言学习环境，促进了学习者语言运用能力的提升。

（四）听说法

听说法是在 20 世纪 40 年代应运而生的一种具有独特性的第二语

言教学法，它起源于美国，因其最初主要应用于军队领域，故而被形象地称作"军队法"。同时，又由于该教学法格外强调句型结构的反复操练，以达到让学习者熟练掌握语言结构的目的，所以也被称为"句型法"或"结构法"。

第二次世界大战时，美国在珍珠港事件后毅然向德、意、日宣战，这使得美国同时面临着欧洲和太平洋两个重要战场的严峻挑战。在这样的形势下，美国迫切需要在极为有限的时间内培养出一大批具备基本外语口语交流能力的军事人员，以满足战争时期的各种沟通需求。于是，语言学家布龙菲尔德等人肩负起了重大的使命，他们受美国政府的郑重委托，凭借着深厚的专业知识和丰富的教学经验，精心制订出一套专门针对这种特殊需求的语言速成培训课程。

1943 年前后，为了确保这一培训计划的顺利实施，各种相应的外语训练中心如雨后春笋般纷纷建立起来。这些训练中心开办了 20 多种不同语言的训练班，著名旅美语言学家赵元任先生是参与者之一，他主持了哈佛大学陆军特别训练班中文部的教学工作，涵盖了多种在战争中可能涉及的重要语言。每个训练班都有着严谨的教学安排，一期通常为 6~9 个月的时间，每周上课天数达 6 天，每天的学习时长至少保证 5 个小时，以充分利用时间提高学习效率。每个班级的规模控制在 8~10 人，这样既能保证教师能够关注到每个学员的学习情况，又能营造出良好的互动学习氛围。而且，这些训练班均由母语使用者担任教师，他们能够为学员提供最纯正的语言示范和最准确的语言指导。在教学过程中，使用专门编写的教材，采用突击式、强化式以及"沉浸式"的教学方式，着重对学员的听说技能进行全方位的训练，让学员在高强度的学习环境中迅速提升外语口语能力。[①]

战争结束后，美国的众多研究机构和语言学家并没有忽视这些在

---

① 刘珣：《对外汉语教育学引论》，北京语言文化大学出版社，2000，第 248~249 页。

战时积累下来的宝贵外语教学经验。他们以严谨的态度对这些经验进行了全面、深入的总结和检讨，从教学方法、课程设置、教材编写到教学效果评估等各个方面进行了细致的梳理和分析。经过不懈的努力，终于在 20 世纪 50 年代成功形成了一整套科学、系统且行之有效的培养学习者听说口语能力的方法体系。为了便于称呼和推广，将其正式命名为"听说法"。随后，这一先进的教学法在高校和中学的外语教学中得到了大力推广，为美国的外语教育带来了新的活力和变革，培养了大批具备良好口语能力的外语人才，对美国的教育事业和国际交流产生了深远的影响。

二 现代的教学法

在 20 世纪 50 年代末至 60 年代初，语言学领域发生了显著变革，转换生成语法理论强势崛起，取代了结构主义语言学的主导地位。与此同时，在心理学领域，认知学派亦成功颠覆了行为主义学派的主导地位。两大理论学派的相互融合，催生了一门崭新的交叉学科——心理语言学。以此为基础，外语教学领域涌现出一种全新的教学方法流派——"认知法"。①

20 世纪 60 年代末至 70 年代初，随着社会语言学这一新兴学科的诞生，"交际能力"的理念逐渐深入人心。在此背景下，外语教学领域又迎来了一种创新的教学方法流派——"交际法"。

综上所述，"认知"与"交际"已成为现代第二语言教学法探索进程中的两条重要主线和理念。

（一）第一条思路：认知

认知法，又被恰如其分地称为"认知-符号法"，它在第二语言教

① 柯文雄、杨峻茹、龙仕文：《从认知法角度看高级英语教学》，《西南民族大学学报（人文社会科学版）》2012 年第 S1 期。

学领域倡导一种全新的理念，即充分发挥学生智力的关键作用，高度重视学生对语言规则的深入理解、自主发现以及富有创造性的运用。其目标是让学生在听、说、读、写各个方面都能够扎实地掌握语言，实现语言能力的全方位提升。①

认知法诞生于 20 世纪 60 年代的美国。当时的美国涌现出了一批杰出的代表人物，其中最为著名的当数心理学家卡罗尔和布鲁纳。他们以敏锐的洞察力和深厚的学术造诣，为认知法的发展奠定了坚实的基础，引领着这一教学方法在语言教育领域不断探索前行。

认知法的理论基础深厚而多元，其中转换生成语言学和认知心理学起着至关重要的支撑作用。转换生成语言学的创始人是美国杰出的语言学家乔姆斯基，他的理论犹如一颗璀璨的明珠，为语言学习研究照亮了新的道路。该理论深刻地认为，人的语言能力并非后天完全习得，而是与生俱来的。每个人的头脑中都仿佛预设有一部神秘而精妙的普遍语法，就如同人类语言能力的基因密码一般。在后天与某种具体语言的接触过程中，通过普遍语法与外在语言的巧妙磨合，人们逐渐学会该种语言。学习语言绝非简单的模仿和机械的记忆过程，而是一种充满意识和创造性的活用过程。因此，深受转换生成语言学理论启发的认知法，在教学实践中竭尽全力地调动人的语言潜能和内在能力。教师在教学过程中扮演着重要的引导者角色，他们引导学生凭借自己的智慧去发现隐藏在语言背后的规则，为学生精心提供活用语言规则的丰富机会和真实情景，使学生能够运用已学过的有限的规则，在各种具体情景中触景生情地说出和创造出自己内心想要表达的话语，真正实现语言的灵活运用和创造性表达。

认知心理学的创始人是瑞士著名心理学家皮亚杰（Jean Piaget），他的理论为认知法注入了另一股强大的动力。该理论坚信人是具有非

---

① 吴勇毅等编著《对外汉语教学理论与语言学科目考试指南》，华语教学出版社，2003，第 63 页。

凡智慧的生命体，人类对外界刺激所做出的反应绝非被动接受，而是具有能动性的。因此，学习是一种内在的、由个体主动发起和参与的过程，而非仅仅依赖外在的灌输。认知心理学坚决反对将学习简单地看作是"刺激-反应"的机械过程，它认为人具有一种独特的认知结构，学习实际上是一个包含感知、记忆、思维、想象等多个维度的复杂过程，同时也是一个不断调整和优化认知结构的动态过程。在语言学习方面，认知心理学强调语言学习是有意义的学习，绝不是毫无意义的机械死记硬背。学生需要通过深入理解来掌握语言规则，并进行有意义的操练，只有这样，运用语言的能力才会随着语言在富有意义的情景中的持续使用而得到逐步培养和有效发展，从而使学生真正掌握语言的精髓，实现语言能力的质的飞跃。①

（二）第二条思路：交际

1. 交际法

交际法的根基深植于社会语言学领域。1972 年，美国社会语言学家海姆斯（Dell Hymes）在其著作《论交际能力》一文中，针对乔姆斯基提出的"语言能力"观念，明确指出："离开语言使用的规则，语法规则便毫无意义。"基于此，他主张交际能力是"语法、心理语言、社会文化与或然性能力系统相互作用的结果"②。

1976 年，英国语言学家威尔金斯（Edward Arnold Wilkins）在其出版的《意念大纲》一书中，揭示了传统语法大纲和情景大纲的局限性，并详细列举了语言交际中涉及的意念（例如时间、空间、数量、频率等）和功能（如请求、道歉、同意、许可、赞美、申诉、劝说等）。

---

① 徐正龙编《对外汉语教学理论与语言学应试指南》，东南大学出版社，2005，第 84 页。
② Hymes, D., "On Communicative Competence," in J. B. Pride and J. Holmes, eds., *Sociolinguistics* (Middlesex: Penguin Books, 1972).

到了 1980 年，卡内尔与斯维恩在他们的长篇论文《第二语言教学和测试的交际路径之理论基础》① 中，对交际教学法的理论探索进行了全面总结，并提出了构成"交际能力"的三个核心要素：语法能力、社会语言学能力和策略能力。其中，语法能力主要涉及词汇、词法、句法、词义与语音等方面的知识；社会语言学能力关注使用语言时应遵循的社会文化规则和语篇规则；而策略能力则是指在交际过程中，为了确保交流顺畅而采取的语言和非语言的交际策略，比如如何开始和维持对话、请求重复、澄清信息、打断对方以及结束对话等。

自此以后，关于交际能力的讨论大多遵循了这一理论框架，而外语教学中的交际法也普遍以此作为教学大纲的主要参考依据。

为了达成培养学生运用目标语言进行有效交流的长远目标，交际法教学坚定地秉持"以学习者为核心"的基本原则。在教学活动正式展开之前，会精心设计与执行一项全面而细致的学习者需求分析调研。此调研旨在深入、全面地了解学生的学习期望、兴趣点，以及他们未来在实际生活中可能遇到的语言应用场景和功能需求，为后续教学活动的实施提供明确的方向和坚实的基础。

在教学实践过程中，交际法会根据学习者的实际需求，提供主题丰富、语境多元、语言形式灵活多样的语言材料。这些材料强调真实性和实用性，旨在拓宽学生的语言认知边界，使他们能够接触并掌握更加丰富的语言内涵。同时，在教学过程的每一个环节，都高度重视学生对学习内容的深度理解和积极投入。无论是知识的传授、练习的设计，还是互动的组织，都始终围绕激发学生的内在学习动机展开，鼓励他们在主动参与中深化对语言的理解与掌握，进而提升语言运用能力。

交际法的教学大纲独具特色，采用"意念-功能"大纲。这种大

---

① Canale，M. and Swain，M.，"Theoretical Bases of Communicative Approaches to Second Language Teaching and Testing," *Applied Linguistics*，（1980）：1.

纲并非单纯以语法结构或词汇量为编排主线，而是围绕着语言所要表达的意念和实现的功能进行组织。教材的选择也别具一格，使用自然、地道、真实的原文材料。这些原文通常是精心从图书杂志上节选的具有代表性的文章，或者是从电影、电视和电台报道中截取的生动片段。这些真实的语言材料能够让学生接触到原汁原味的目的语，感受其在实际语境中的运用方式和表达习惯，从而更好地培养他们的语言交际能力。

交际法积极鼓励学习者在实际生活中学习和使用目的语。它充分认识到学习者在学习过程中必然会产生习得偏误，而对于这些错误，交际法采取了宽容和理解的态度。它认为错误是学习过程中的自然现象，是学习者不断尝试和探索的表现。因此，交际法给予学习者足够的空间去犯错，并通过积极的引导和反馈帮助他们逐渐纠正错误，不断提高语言运用的准确性和流利度。

交际法的具体方法丰富多样，然而其基本精神始终贯穿于各种教学活动之中，那就是开展师生之间和生生之间富有意义的对话或讨论，即"意义协商"活动。在课堂教学中，经常采用两人结对子的对话形式，让学生在一对一的交流中相互倾听、表达和反馈，锻炼口语表达能力和互动沟通技巧；也会组织4~6人的小组活动，促使学生在小组合作中共同探讨问题、分享观点，培养团队协作能力和集体思维能力；还会开展全班讨论，让每个学生都有机会参与到大规模的语言交流中，拓宽思维视野，增强自信心和表达欲望。

为了构建更加贴近真实的语言交际环境，交际法教学巧妙地运用了多媒体手段。通过播放视频、音频等多媒体素材，为学生打造出身临其境般的语言场景，使他们能够更直观、更深入地理解和运用语言。此外，交际法还积极邀请母语者与学生进行面对面的交流甚至辩论。这种直接与母语者互动的方式，让学生沉浸在最地道的语言交流环境中，深入了解目的语国家的文化背景和语言习惯，从而有效提升他们的交际能力和跨文化交际意识。

值得强调的是，交际法并未忽视语法教学在语言学习中的关键作用。它深知语法是语言学习不可或缺的组成部分，但并未将其视为教学的唯一焦点或孤立内容。相反，交际法巧妙地将语法教学融入整个交际能力的培养体系中，把语法当作一种实用的手段来加以运用。通过在实际的语言交流活动中讲解和练习语法知识，使学生在充分理解语言意义和功能的基础上，更加扎实地掌握语法规则。这样一来，学生便能够更加准确、流畅地运用目标语言进行沟通交流。

2. 功能法

功能法，亦被称作"意念-功能法"，它是一种在语言教学领域具有独特理念和重要影响力的教学法。功能法教学可以看作是交际法教学思想内的一种较具体的方法。这种教学法以语言功能和意念项目作为教学的核心纲领，其核心目标在于精心培养学习者在特定的社会语境中能够熟练且自如地运用语言进行有效交际的能力。它不仅仅关注语言知识的传授，更侧重于培养学习者在实际情景中运用语言实现沟通交流的实际能力。

功能法的语言学基础扎根于 20 世纪 60 年代兴起并在 70 年代蓬勃发展的社会语言学这一深厚的学术土壤之中。在这一领域，尤其是海姆斯的交际能力理论，为我们揭示了语言在实际交际中的多维度能力要求，强调语言不仅仅是语法规则的集合，更是在社会交往中实现有效沟通的工具。韩礼德的功能语言以及话语分析理论，深入剖析了语言的功能多样性以及在不同话语情景中的运用方式，让我们认识到语言的结构是其功能和交际用途的生动反映。威多森的语言交际观也为功能法提供了重要的理论支撑，他强调语言交际的实际情景和目的。社会语言学认为，语言是一个用于表达意义的复杂系统，其最基本的功能便是在社会交往中发挥桥梁作用，实现信息的传递和情感的交流。语言的基本单位不仅仅体现其语法结构的特征，更涵盖了话语中所蕴含的功能和交际意义。因此，在语言研究的过程中，不能局限于对语言形式结构的分析，更需要高度关注语言在实际运用中所要完成的社会功能以及各种语用因素。对于第二语言教学而言，其目的不仅仅是让学习者熟练地掌握语言的规则，从而能够在形式上正确地使用目的语，更为重要的是，要引导学习者深入理解和掌握目的语的使用规则，以便在不同的社会情景和交际场合中，能够合适、得体地运用目的语进行交流，真正实现语言的交际价值。

功能法的心理学基础得益于人本主义以及 20 世纪 60 年代末兴起的心理语言学。以人为本的心理学强调"学习者中心"的重要理念，这就要求在教学过程中，深入细致地分析学习者对第二语言的实际需求。通过全面的需求分析来精准确定教学内容和科学合理的教学方法，从而使教学更加贴合学习者的实际情况和学习目标。在教学体系设计上，除了设置人人必学的共核单元，以确保学习者掌握基本的语言知识和技能外，还充分尊重学习者的个体差异和个性化需求，让学习者能够根据自己的兴趣和实际需要选择单元进行学习，通过积攒一定的学分达到规定的水平，这种"单元-学分体系"为学习者提供了更加灵活多样的学习路径和选择空间。同时，对于学习者在学习过程中出现的错误（偏误），功能法秉持着宽容和理解的态度，并不苛求。因为从学习的本质来看，错误是一种不可避免的现象，我们更应该将其视为学习者在探索和学习过程中的自然表现。心理语言学的研究成果表明，人们在言语交际的实际过程中，首先需要明确自己要表达的核心内容，也就是功能和意念，然后才会根据这些内容去选择合适的语言表达形式，包括语法结构和具体的语句。基于这一研究发现，第二语言教学应该遵循从功能意念到结构形式的教学思路。在教学实践中，先引导学习者理解和确定在特定情景中想要表达的意义和功能，然后再逐步引导他们学习和运用相应的语言结构来达到准确地表达的目的，这样的教学顺序更加符合语言学习和使用的自然规律，能够更好地帮助学习者提高语言运用的能力和交际的效果。

3. 任务法

任务法，亦称任务型教学法、任务教学法，是在教育领域持续进步与创新的过程中，吸纳了现代外语教育学理论的最新精髓，逐渐演变而成的一种富有创新性和前瞻性的教学方法。它的诞生为外语教学引入了全新的理念和实践路径，旨在更高效地提升学习者的语言综合应用能力和实际交流能力。

1998年，斯基汉（Peter Skehan）在其颇具影响力的著作《语言学习的认知路径》中，以严谨的学术精神和深入的分析，客观地总结了"任务"所具备的四大核心特征。

首先，任务教学法着重强调信息传达的实效性，并不拘泥于某种特定的语言形式。在执行任务的过程中，学习者可以自由地运用其已掌握的语言知识和技巧，以确保信息的有效传递。这一理念鼓励学习者发挥主动性，根据具体的交流情景和需求，灵活选择最适合的表达方式，从而有效地锻炼其语言运用能力和随机应变的能力。

其次，任务教学法的核心在于解决实际问题。在教学实践中，教师会设计一系列具有明确目标和问题导向的任务，引导学习者通过思考、探索和协作等多元化的方式，来探寻问题的解决方案。这种方式能够激发学习者的学习热情和积极性，使他们在解决问题的过程中深入理解和实践语言知识，同时培养逻辑思维和问题解决能力，使学习更具目的性和效果。

再次，任务教学法强调与现实世界的紧密结合。它认为语言学习不应局限于课堂内的模拟情景，而应与现实生活中的实际场景紧密相连。通过设计与现实生活相关的任务，学习者能够更好地理解语言在实际应用中的方式和意义，增强语言学习的真实感和归属感。这种联系还有助于学习者将所学知识应用于现实生活，提高在真实场景下运用语言进行交流和解决问题的能力。

最后，任务教学法以任务完成的质量作为评估的重要基准。这种评估方式更注重学习者在实际任务中的表现和成果，而非仅仅考查语言知识的记忆和掌握程度。通过对任务完成情况的评估，教师可以全面了解学习者在语言运用、问题解决、团队合作等方面的能力发展情况，为教学指导和反馈提供有力的依据。同时，这种评估标准能够激励学习者更积极地参与任务，努力完成各项要求，从而增强学习动力和成就感。

第三节　语言习得的理论基础

语言习得是一个引人入胜且极为复杂的过程，它关乎人类如何获取和掌握语言这一至关重要的交流工具。深入剖析语言习得的理论基础，不仅有助于我们洞悉人类语言能力发展的奥秘，还能为语言教学与学习策略的制订提供坚实的科学依据。本节将全面且深入地探讨几种具有重要影响力的语言习得理论，包括行为主义理论、先天论、认知相互作用论以及社会文化理论，旨在清晰地呈现它们各自的核心观点、主要贡献以及不可忽视的局限性。

一　行为主义理论

（一）核心观点

行为主义理论将语言视为一种受外部环境刺激驱动的行为反应模式。它认为语言习得是一个逐步建立习惯的过程，通过刺激—反应—强化这一连串环节来实现。在儿童语言学习的初始阶段，他们所处的语言环境不断向他们发送各种语言刺激。比如，当周围人说出某个词语或句子时，这些声音信号作为刺激输入到孩子的听觉系统中。孩子会尝试模仿这些声音，并做出相应的语言回应。如果孩子的语言回应得到了成人的正面反馈，如表扬、奖励或微笑等肯定性回应，这便构成了强化环节。这种强化机制会激发孩子继续重复类似的语言行为，进而逐渐巩固并形成一种稳定的语言习惯。例如，当孩子第一次清晰地喊出"妈妈"时，如果妈妈给予热情的拥抱和夸奖，这会极大地增强孩子使用"妈妈"这个词语的动力，促使他们在后续的交流中更频繁地使用这个词。

（二）主要贡献

1. 环境作用与教学策略的启示

行为主义理论深刻揭示了环境在语言习得中的核心作用，为语言教学实践提供了切实可行的策略启示。它启示教育者，通过构建富有启发性的语言学习环境，并科学规划反复练习与即时强化环节，能够有效助力学习者逐步培养扎实的语言技能。在语言课堂上，教师不妨采用频繁的口语对话、句型模式训练等教学手段，为学生提供丰富的语言实践机会，同时对学生的正确回应给予即时的肯定与鼓励，从而促进学生良好语言习惯的逐步养成。

2. 推动对可观察行为的深入研究

该理论还极大地推动了对语言学习过程中可观察行为的系统研究。它引导研究者们将研究焦点转向学习者外在的语言表现，促使语言教学更加注重实践训练与行为表现的观察评估。通过对学习者语言行为的细致观察与深入分析，教师能够更精确地把握学生的学习动态与潜在问题，进而精准调整教学策略，以期实现教学成效的显著提升。

（三）局限性

1. 忽视内部心理因素与认知能力

行为主义理论过度侧重于外部环境和机械训练的作用，在一定程度上忽视了学习者内部的心理因素和认知能力在语言习得中的重要影响。它将学习者视为被动接受环境刺激的个体，而忽略了学习者自身的主动认知加工、思维能力以及情感因素等对语言学习的积极推动作用。实际上，学习者在语言习得过程中并非仅仅是对外部刺激的简单反应，他们会主动地对语言信息进行理解、分析和整合，这些内部心理过程对于语言的真正掌握和灵活运用至关重要。

2. 不能解释语言的创造性和生成性

行为主义理论在解释语言的创造性和生成性方面显得力不从心。儿童在语言习得过程中常常能够创造出他们从未直接接触过或听过的新句子，展现出语言的创造性运用能力。然而，行为主义理论基于刺激-反应的模式，难以充分解释儿童这种超越既有语言经验的创造性语言表达是如何产生的。它无法说明儿童是如何在有限的语言输入基础上构建出无限多样且富有创新性的语言表达方式的。

二　先天论

（一）核心观点

先天论的核心观点以乔姆斯基提出的语言习得机制（Language Acquisition Device，LAD）为代表，强调人类天生就具备一种内在的、专门用于学习语言的能力，这种能力是由遗传因素预先决定的。乔姆斯基认为，儿童在接触到语言环境时，其大脑中内在的语言习得机制会被自然激活。这一机制如同一个内在的语言"蓝图"，为儿童提供了一种先天的语言学习能力和对语言普遍规则的预设认知。即使儿童在成长过程中所接触到的语言环境存在差异，他们也能够凭借这种内在机制快速而自然地习得语言的基本规则和结构。

（二）主要贡献

1. 揭示语言能力的先天性与普遍性

先天论为我们深入理解语言习得的本质提供了全新且独特的视角。它强调了人类语言能力的先天性和普遍性，即人类在出生时就已经具备了学习语言的潜在能力，这种能力是人类物种所共有的特征之一。这一观点打破了以往单纯从外部环境和学习经验来解释语言习得的局限，让我们认识到语言习得不仅仅是后天学习的结果，更是人类内在生物学基础所支持的一种本能。它为进一步研究人类语言能力的起源和发展提供了重要的理论起点，促使研究者们从更宏观的人类进化和遗传角度去思考语言习得的问题。

2. 阐释语言的生成性与创造性

先天论成功地解释了儿童在语言习得过程中所表现出的语言生成性和创造性。儿童能够在有限的语言输入情况下，创造出无数新颖、独特的句子，这种现象用后天的学习经验难以完全解释。先天论认为，这是由于儿童内在的语言习得机制赋予了他们对语言规则的先天敏感性和理解能力，使他们能够根据已掌握的有限语言规则进行创造性的组合和运用，从而生成新的语言表达。这种解释为我们理解语言的本质特征以及人类语言能力的独特性提供了深刻的见解，也为语言教学中激发学生的语言创造力提供了一定的理论启示。

（三）局限性

1. 缺乏实证研究支持机制运作细节

尽管先天论提出了语言习得机制这一具有创新性的概念，但对于该机制在大脑中的具体运作方式以及如何与实际的语言学习过程相互作用，目前仍然缺乏足够详细和确凿的实证研究支持。乔姆斯基的理论在一定程度上更多地基于逻辑推理和理论假设，对于语言习得机制的神经生物学基础、认知心理学过程以及其在不同年龄段和语言环境下的具体表现形式等方面，还需要更多的跨学科研究来进一步验证和完善。这使得先天论在实际应用和进一步发展中面临一定的挑战，需要更多的实证研究来填补理论与实践之间的差距。

2. 相对忽视环境因素作用

先天论在强调人类先天语言能力的同时，相对忽视了环境因素在语言习得过程中的重要作用。虽然它承认语言环境是激活语言习得机制的必要条件，但在理论阐述中往往将环境因素置于次要地位，过于简化了环境与先天因素之间的复杂互动关系。实际上，语言环境不仅仅是提供语言输入的来源，它还在塑造语言习惯、文化认知以及语言运用的社会情景等方面发挥着不可替代的作用。儿童在语言习得过程中，不仅受到内在机制的引导，也会受到家庭、社会、文化等外部环境因素的深刻影响。因此，单纯强调先天因素而忽视环境的作用，可能会导致对语言习得过程的片面理解，也在一定程度上限制了该理论在实际语言教育和教学实践中的应用和推广。

三　认知相互作用论

（一）核心观点

认知相互作用论主张，语言习得是一个错综复杂的过程，其根源在于儿童认知能力的发展与语言环境的交织互动。该理论着重指出，儿童认知能力的发展是语言习得的基石与先决条件。伴随儿童年龄的增长和认知能力的逐步增强，他们探索与理解世界的方式也在悄然演变。初始阶段，儿童或许仅能依靠直接感知具体事物来认识周遭世界，但随着认知能力的逐步提升，他们开始能够领悟抽象概念，进行逻辑思维，并有效解决问题。这种认知能力上的进步，为儿童把握和运用语言奠定了不可或缺的心理基础。

与此同时，语言学习也反哺于认知能力的发展，为其注入源源不断的活力。儿童在学习语言的过程中，借助语言这一桥梁，表达个人思想，理解他人意图，从而进一步拓宽思维视野，深化对世界的认知。例如，新词汇的学习让儿童能够更精确地描绘事物，领悟更复杂的概念，进而深化他们对世界的认知层次；而语法结构和逻辑规则的掌握，则有助于培养儿童逻辑思维能力，提升其问题解决能力。在这一过程中，语言与认知相辅相成，形成一种良性互动、共同发展的动态关系。

（二）主要贡献

1. 综合考量认知与环境因素

认知相互作用论的一个重要贡献在于它综合考虑了认知因素和语言环境因素在语言习得中的作用，为我们提供了一个更为全面和系统的语言习得解释框架。它克服了行为主义理论和先天论各自的片面性，强调了语言习得是一个内在认知发展和外部环境影响相互交织、共同作用的过程。这种综合视角使我们能够更准确地理解语言习得的复杂性和多样性，认识到语言学习不仅仅是语言技能的获得，更是与儿童整体认知发展紧密相连的一个过程。这对于制定科学合理的语言教育政策和教学方法具有重要的指导意义，提醒教育者在教学过程中既要关注儿童的认知发展水平，又要提供丰富多样的语言学习环境，以促进语言习得的顺利进行。

2. 强调语言与认知发展的紧密联系及教学启示

该理论深入剖析了语言与认知发展之间的紧密联系，为语言教育工作者提供了极具价值的指导原则。它强调，语言教学必须紧密贴合儿童的认知发展阶段，以确保教学的针对性和有效性。儿童在不同认知发展阶段，对语言的理解和接受能力会有所不同。因此，教师需根据儿童的认知特点，精心选择教学内容和教学方法。

在儿童认知发展的初级阶段，教学应侧重于利用具体实物、形象图片和简单游戏等直观手段，帮助儿童掌握语言，因为此时他们的认知主要依赖于直观感知和直接经验。随着儿童认知能力的逐步提升，教学内容可以逐渐引入抽象概念、复杂语法结构和逻辑推理等内容，以满足他们日益增长的认知和语言学习需求。

这种基于认知发展的语言教学模式，能够更有效地激发儿童的学习兴趣和主动性，促进他们语言能力的全面发展，从而提升语言教学的效果和品质。

（三）局限性

1. 认知与语言相互作用机制待明确

尽管认知相互作用论认识到了认知和语言之间存在相互作用的关系，但对于这种相互作用的具体机制和微观过程，目前仍然需要进一步深入研究和明确。我们虽然知道认知能力的发展会影响语言习得，语言学习也会促进认知发展，但对于其中具体的认知过程和语言学习过程是如何相互影响、相互转化的，还缺乏清晰而详细的了解。

2. 实践应用中面临挑战

在实践应用方面，认知相互作用论也面临着一些挑战。其中一个主要的挑战是如何准确地评估儿童的认知发展水平，并将其与语言教学有效地结合起来。虽然我们有一些关于儿童认知发展阶段的理论框架和评估工具，但在实际教学情景中，每个儿童的发展速度和特点都存在个体差异，准确判断每个儿童的具体认知水平并据此制订个性化的教学计划并非易事。此外，如何在教学过程中实现认知发展和语言学习的有机融合，使教学活动既能够满足儿童当前的认知需求，又能够有效地促进他们的语言习得，也是一个需要教师在实践中不断探索和解决的问题。这需要教师具备较高的教育教学能力和专业素养，能够根据学生的实际情况灵活调整教学策略和方法，以实现认知相互作用论在语言教学中的有效应用。

四 社会文化理论

（一）核心观点

社会文化理论着重指出，语言习得是在社会文化这一广阔背景下，通过个体间的互动与交流来实现的。该理论将语言视为一种超越个体范畴的社会文化现象，它不仅是个人认知能力和行为习惯的体现，更是人们在社会交往中用以沟通思想、表达情感和传承文化不可或缺的工具。儿童自降生起，便置身于特定的社会文化环境中，他们通过积极投身于各类社会活动，与周围的人进行密切互动，利用语言这一桥梁，实现与他人的沟通与协作。在这一过程中，儿童成为语言学习的积极参与者。他们不断地观察、学习和模仿周围人的语言表达模式，同时接收来自他人的指导与反馈，逐步构建起自己的语言能力。例如，在家庭这一温馨的社会单元中，儿童在与家人共进餐食、嬉戏玩耍、聆听故事的温馨时刻里，通过与家人的亲切对话与互动，自然而然地掌握了日常生活中的词汇、语法结构和表达方式。而在与同龄伙伴的欢乐游戏中，通过彼此间的交流与合作，他们学会了如何巧妙地运用语言来表达个人见解、协调团队行动和攻克难题。社会文化环境犹如一座丰富的语言宝库，为儿童提供了取之不尽、用之不竭的学习资源与实践契机。而人与人之间的互动与交流，则如同一股强大的驱动力，推动着儿童在语言习得的道路上不断前行。

（二）主要贡献

1. 关注语言习得的社会文化背景

社会文化理论的一大亮点在于它将语言习得这一复杂现象置于宏

大的社会文化背景之下进行深入探讨，揭示了语言与社会文化环境之间不可分割的紧密联系。这一理论让我们明白，语言习得绝非仅仅是个体心理认知层面的简单过程，而是一个深受社会文化因素制约与影响的社会性现象。在不同的社会文化环境下，各种独具特色的语言使用习惯、表达方式及文化内涵应运而生。以民族和文化群体为例，他们在语言禁忌、礼貌用语以及交际方式等方面均可能体现出鲜明的差异，这些差异正是社会文化在语言层面上的深刻印记。

深入探究语言习得的社会文化背景，能够使我们更全面且深刻地理解语言的多样性和复杂性，以及语言在不同社会文化环境中扮演的重要角色和传达的深远意义。这对于跨文化语言教学与研究具有极其重要的指导意义。它告诫我们，在进行语言教学与研究时，必须充分重视社会文化因素对语言习得产生的深刻影响，绝不能局限于对语言形式和语法结构的探讨，而忽视语言背后所蕴含的丰富的社会文化内涵。

2. 为情景化教学提供理论依据

该理论为语言教学领域引入了情景化教学的重要理念，为情景化教学提供了坚实的理论基础。它主张语言学习应当植根于真实的社会情景中，通过构建与现实生活紧密相连的语言交流场景，促使学习者在亲身实践中掌握并应用语言。情景化教学模式能够助力学习者深刻领悟语言的实际应用场景和内在价值，进而提升其语言运用技巧和社交沟通能力。

在语言课堂上，教师可以灵活运用角色扮演、小组讨论、实地考察等多种教学手段，精心打造一系列贴近生活的语言交际情景，引导学生在这些情景中灵活运用所学知识进行互动交流。这种寓教于乐的教学方式，不仅能有效激发学生的学习热情和主动性，使他们更加积极地投身于语言学习的浪潮中，还能在潜移默化中培养学生的跨文化交际意识与能力，为他们将来更好地融入并适应多元化的社会文化环境奠定坚实基础。

（三）局限性

1. 社会文化因素影响的微观过程需细化研究

虽然社会文化理论强调了社会文化因素对语言习得的重要影响，但对于这些因素如何具体影响语言习得的微观过程，还需要进一步细化研究。我们知道社会文化环境会对语言学习产生影响，但对于这种影响在语言习得的各个阶段是如何具体发生作用的，以及不同的社会文化因素（如家庭文化、学校文化、社会价值观等）是如何相互交织、共同影响语言习得的，目前还缺乏深入而细致的了解。例如，在儿童语言发展的关键阶段，家庭文化中的语言使用习惯及亲子互动模式，对儿童语言习得的具体影响机制尚需进一步探究。在学校教育环境中，教师的教学方法与班级文化氛围又如何促进学生语言学习与进步？这些议题均需通过更为精细、深入的研究来阐明，以助我们更精准地把握社会文化因素在语言习得过程中的作用机制与实践路径。

2. 不同文化背景下的影响差异有待探索

在多元文化交织的背景下，社会文化因素对语言习得的影响呈现出显著的差异性。尽管如此，当前关于此类跨文化差异的研究仍显薄弱，亟待深入挖掘与细致比较。各类文化体系下，语言观念、教育体系、社会结构及价值取向各异，这些要素均对语言习得产生着深远影响。以集体主义文化为例，语言学习更侧重于合作与交流；而在个人主义文化背景下，则更注重个体的表达与创新。此外，不同文化背景下的语言教学方法与学习策略亦存在差异。

鉴于此，我们必须深入推进跨文化研究，细致比较各类文化背景下社会文化因素对语言习得的影响特点与规律，从而为跨文化语言教育与教学提供更具针对性的建议和指导。这是一项富有挑战性的任务，需要我们充分发挥主观能动性，以严谨的态度、科学的方法，不断探索与实践，为提升我国跨文化语言教育水平贡献力量。

第四章

国际中文教育的课堂教学内容

在国际中文教育蓬勃发展的今天，课堂教学内容作为这一教育体系的核心要素，承载着传播中华文化、培养语言技能、促进跨文化交流的重要使命。它犹如一座桥梁，连接着不同文化背景的学习者与汉语这门古老而富有魅力的语言。国际中文教育的课堂教学内容并非单一孤立的存在，而是一个多元、丰富且相互关联的有机整体。它涵盖了语言知识的传授，包括语音、词汇、语法等基础要素，这些是构建语言能力的基石，为学生准确表达和理解汉语提供了必要的工具。同时，汉字具有深厚的文化底蕴和复杂的结构体系，汉字教学作为独特而关键的部分，成为教学内容中不可或缺的一环。

第一节　国际中文语音教学

一　国际中文语音教学的原则

在开展国际中文语音教学活动的过程中，为确保教学活动的顺利实施并达到预期效果，必须严格遵循一系列基本原则。这些原则主要包括以下几点。

（一）针对性原则

国际中文语音教学的针对性原则，在整个国际中文教学领域中占据着至关重要的地位。它意味着教师在开展国际中文语音教学的过程中，必须首先对汉语语音知识进行全面、深入且系统的梳理与把握。这不仅要求教师对汉语语音的声母、韵母、声调等基本构成要素有清晰的认识，还需深入理解汉语语音的发音规则、音变现象以及韵律特征等更为复杂和微妙的知识体系。只有在具备了这样扎实的专业知识基础上，教师才能够准确地传授汉语语音知识，帮助学生奠定坚实的语音基础。然而，仅掌握汉语语音知识是远远不够的。教师必须以学生个体差异为关键考量因素。学生来自不同的国家和地区，拥有各自独特的文化背景、语言习惯及学习模式。部分学生可能受到母语发音习惯的干扰，在某些汉语语音的发音上面临较大挑战；另一些学生则可能在语音感知和模仿能力上展现出不同特点。教育工作者应当具备敏锐的观察力和深入的分析能力，精准把握学生在学习汉语语音过程中的个体差异和潜在挑战。同时，汉语语音学习领域公认的诸多难点，也是教育工作者在制订教学方案时必须予以高度重视的关键要素。例如，汉语中的特殊韵母"ü"，对于许多外国学生而言可能极具挑战性，因其母语中可能未见此类发音方式。此外，汉语中的轻声、儿化等音变现象，亦需学生投入必要的时间和精力去理解和掌握。教育工作者应全面认识这些难点，并结合学生的实际情况，巧妙地将这些难点融入教学内容和教学方法的设计之中。

基于对汉语语音知识的精准把握以及对学生特点和学习难点的深入了解，教师要制订出科学、合理的教学方案。这个教学方案应涵盖明确设定的教学目标、精心选择的教学内容、巧妙运用的教学方法以及有效实施的教学评价等多个方面。教学目标要具有针对性，既能够满足学生的实际需求，又能够符合汉语语音教学的总体要求。教学内容要根据学生特点和学习难点进行合理编排，由易到难、循序渐进，确保学生能够逐步掌握汉语语音。

教学方法要利用图表、发音器官模型等直观教具，帮助学生理解发音部位和发音方法；运用音频、视频等多媒体资源，让学生多感官参与，增强学习效果；通过师生互动、生生互动，如角色扮演、语音游戏等，激发学生学习兴趣，提高参与度。教学评价要评估学生发音的准确程度、考查学生语音语调表达的流畅性和自然度等，根据评价结果，不断优化教学方案和教学方法，提高教学效果。

（二）实践性原则

国际中文语音教学的实践性原则，在整个国际中文教学体系中起着举足轻重的作用，它是确保学生真正掌握汉语语音、实现有效交流的关键要素之一。这一原则强调，在教师开展国际中文语音教学的过程中，必须精心规划和合理安排课堂教学与具体实践之间的比例关系。课堂教学固然重要，它为学生提供了系统的语音知识讲解、发音技巧示范以及错误纠正反馈等基础环节，但仅仅依靠课堂上的理论传授是远远不够的。

实践是检验真理的唯一标准，在语音教学领域内，这一原则尤为凸显。唯有赋予学生充分的语音实践机遇，方能促使他们将课堂理论转化为切实的语言运用能力。此类实践应渗透至教学的每一环节及多种场景中。譬如，在课堂上，教师可策划多元化的口语训练活动，包括对话模拟、角色演绎、朗诵竞赛等，使学生在近似真实的语言环境中运用语音知识，练习发音技巧，提高口头表达能力。同时，教师应激励学生踊跃参与课堂交流，勇于发声，对学生的实践偏差予以即时指正，并引领他们逐步构建准确的发音模式。

课堂之外的实践机会同样重要。教师可安排与生活紧密相连的语音任务，例如，让学生录制日常汉语交流的音频或视频，或要求他们在真实情景中（如与中国友人交谈、参与中文活动等）运用所学语音知识进行交流。此类课外实践有助于学生将汉语语音学习融入日常生活，增强其学习的自发性和能动性，同时也便于学生在更为自然、真实的语境中深化发音技能的掌握，培养良好的发音习惯。

良好的发音习惯并非一朝一夕能够养成，它需要学生在长期的实践过程中不断地积累和强化。通过持续的语音实践，学生能够逐渐熟悉汉语的语音系统和发音规律，提高自己的语音感知能力和发音准确性。

（三）持续性原则

对于学生而言，在短时间内就熟练掌握汉语语音几乎是一项无法完成的任务。其根本原因在于，国际中文语音的学习并非一个短暂的、阶段性的过程，而是如同一条绵延不绝的长河，贯穿于学生的整个学习旅程之中，甚至会延伸至他们的终身学习生涯。

汉语语音体系极其复杂且多变，涵盖了声母、韵母、声调等诸多组成部分，每一部分都蕴含着独特的发音规则与演变规律。此外，汉语中还存在广泛的音变现象，如轻声、儿化音、变调等，这些均要求学生投入大量的时间和精力去深入研习、掌握。短时间内集中学习，难以使学生全面且深刻地把握这些繁复的语音知识与技能。在汉语学习中，无论是日常口语交流、阅读理解，还是书面表达，都离不开坚实的语音基础。从最初接触简单词语的发音，到逐步掌握复杂句式的语调，再到能在不同语境中灵活选用恰当的语音表达方式，这是一个循序渐进且长期的过程。此间，学生需反复练习、不断巩固与提升，方能逐步精进语音水平。例如，在口语交流中，学生需精准发出每个音节，精准把握声调起伏，以确保表达清晰流畅。而在听力训练上，学生则需对各类语音现象保持高度敏感，方能准确捕捉对方意图。随着学习的深入，学生还将接触不同地域的汉语方言及富含文化意蕴的语音表达，这无疑进一步拓宽并深化了语音学习的范畴。

因此，在国际中文教学中，务必高度重视并严格执行持续性原则。教师不应将语音教学局限于课程初期，而应将其融入整个教学流程之中。在教学规划上，应科学分配各阶段的语音教学内容与时间，确保学生在各学习阶段都能接受连贯的语音训练与指导。

在教学策略上，应采用多元化的教学手段，以激发学生长期学习语音的热情与动力。如通过定期的语音复习、口语实践活动、语音错误反馈等，助力学生不断夯实已学知识，及时发现并修正问题。同时，教师还应引导学生在日常生活中主动关注汉语语音，鼓励他们多听、多表达、多模仿，培养良好的语音学习习惯，使语音学习成为其生活常态，从而实现真正的持续进步与成长。

只有遵循持续性原则，国际中文教学才能更好地满足学生长期学习汉语语音的需求，帮助他们逐步攻克语音难关，提高汉语综合运用能力，为他们在国际中文学习的道路上奠定坚实的基础，使他们能够在未来的学习和生活中更加自信、流畅地运用汉语进行交流和表达。

（四）对比性原则

在国际中文教学这一广阔而复杂的领域中，特别是在语音教学这个关键环节，对比所发挥的作用极其重要，甚至具有不可替代的关键地位。其重要性源于人类认知和学习的基本规律，当新的知识和技能与已有的认知经验形成鲜明对比时，往往能够在学习者的脑海中引发强烈的认知冲突，进而激发他们更为深入的思考和探索欲望。

在国际中文语音教学的舞台上，鲜明而强烈的对比仿佛拥有一股魔力，深深烙印在学生的心田，这种影响触及学生的认知核心，激发他们主动探索并深入理解汉语语音的独特韵味。借助对比，学生能够直观感受到汉语语音与自身母语或其他已习得语言在发音技巧、语音架构、声调特征等方面的显著差异。以汉语的声调系统为例，对于众多母语中缺乏类似声调概念的学生而言，这既是挑战也是魅力所在。当教师将汉语的四大声调（阴平、阳平、上声、去声）与学生母语中的语调或他种语言的音高起伏进行对比展示时，学生得以直观体悟到汉语声调的独特魅力，从而深化对汉语的认识。

这种深刻的印记与清晰的认知差异，为学生精准掌握、深刻理解及高效记忆汉语语音提供了坚实的支撑。在掌握层面，对比犹如明灯，照亮学习的重难点，指引学生有的放矢地进行练习与模仿。例如，通过对比汉语与英语中的辅音发音，学生能清晰辨识出汉语中如"q" "x"等辅音在英语中无直接对应发音的独特之处，进而集中精力攻克这些发音难关，提升发音精准度。在理解层面，对比促使学生跳出单一语言视角，以多元语言观审视汉语语音，更透彻地把握汉语语音系统的内在逻辑与规律。以汉语与日语的音节结构对比为例，学生能直观感受到汉语音节结构的丰富多样性，这为他们理解汉语词汇的构造与发音规则提供了有力支持。在记忆层面，对比所营造的鲜明差异成为学生记忆的高效线索。当回顾汉语语音时，学生可借助与母语或其他语言的对比，迅速唤醒对汉语语音的记忆，提升记忆的效率与准确性。

鉴于对比在国际中文语音教学中具有如此显著的优势和积极作用，在实际的教学过程中，教师务必高度重视并切实遵循对比性原则。这一原则要求教师在教学活动中，有意识地将汉语语音与学生的母语或他们熟悉的其他语言的语音进行全面、系统的对比。在对比的过程中，教师不仅要关注语音的基本要素，如声母、韵母、声调等的对比，还要深入语音的组合规则、连读变调、韵律特征等更细致的层面进行对比分析。例如，在对比汉语和韩语的元音系统时，教师可以详细讲解两种语言元音的发音特点、舌位高低前后的差异以及在不同词汇和语境中的发音变化情况。同时，教师还可以引导学生自己进行对比和分析，鼓励他们发现问题、提出疑问，通过互动式的教学方式，让学生更加深入地参与到对比学习中来，从而更好地掌握汉语语音，提高学习效果，实现事半功倍的教学目标。

（五）趣味性原则

从总体上来说，国际中文语音教学这一领域往往被视为较为枯燥乏味的，其单调性和重复性很容易使学生产生厌倦情绪，进而影响到他们的学习效果和持续学习的动力。因此，在设计和实施国际中文语音教学的过程中，必须深刻认识到这一问题的严重性，并努力寻求解决之道。

　　为了有效减轻学生的厌倦感，并激发他们的学习热情，提高他们的参与度，教师应当根据学生的国籍、认知层次、知识积累以及学习习惯等个性化因素，精心设计教学内容与活动。这要求教师要深入探索每位学生的独特之处，包括文化背景、语言偏好、思考模式等，从而为他们打造更具吸引力与针对性的学习材料。

　　在此基础上，教师需着重提升教学内容的趣味性。通过融入活泼有趣的语音训练、运用多元化的教学策略（例如游戏化学习、角色扮演、情景再现等）、结合前沿科技（如虚拟现实、增强现实技术）来丰富教学手段，让学习过程充满活力与趣味。同时，我们也可以策划一系列富有想象力与挑战性的教学活动，比如语音竞技、语音故事创作等，以此激发学生的探索欲与创造力，促使他们在轻松愉悦的氛围中主动学习、乐于参与。

（六）情感激励性原则

　　对于学生而言，发音的好坏不仅仅是一个语言技能掌握程度的问题，它更深层次地关联到学生的自我评价和自我形象构建。当一位学生能够较为准确地发出中文的每一个音节，流畅地表达自己的想法时，这不仅意味着他在语言学习上的进步，更重要的是，这种成功体验会极大地增强他的自信心。自信心作为个体心理结构中的重要组成部分，一旦得到正向的强化，就会促使学生更加积极地面对学习中的挑战，勇于尝试和突破自我限制。同时，良好的发音能力还能显著提升学生的自我形象。在国际交流日益频繁的今天，一口标准的中文发音往往被视为文化融入程度高、学习能力强的重要标志。这种正面的社会认同会让学生感到自豪和满足，进一步巩固和提升他们的自我价值感。随着自信心的提升和自我形象的改善，学生在学习过程中能够感受到更多的成就感。这种成就感进一步转化为持续学习的动力，形成一个积极向上的良性循环。

在开展国际中文语音教学时，教师不仅应关注语音技巧的传授，还应深入考虑学生这一特殊群体的情感因素。这表明，教学工作不仅需要注重语音知识的准确性和实用性，更应通过情感激励手段，挖掘学生的内在潜能，帮助他们树立积极的自我认知。

情感激励性原则要求教师在教学过程中，敏锐捕捉学生的进步，及时给予肯定和鼓励，使学生在每一次微小的成功中积累信心，逐步攻克发音难关，最终实现自我突破。

二 国际中文语音教学的方法

（一）直观法

国际中文语音教学中的直观法是一种高效且直观的教学策略，其精髓在于教师巧妙地融合各种直观素材与生动的板书设计，对发音部位与发音技巧进行形象具体的展示，从而助力学生直观、清晰地把握中文发音的精髓。这一方法显著降低了学习难度，使原本抽象的语音知识变得易于理解且便于记忆。

在实际操作中，教师可巧妙融合现代科技与传统教学工具，创造一系列直观的教学辅助材料。发音器官图便是其中极具实用价值的一种。通过展示口腔、鼻腔、喉腔等发音器官的结构，教师能直观地揭示不同发音时各器官的位置、形态及运动状态，帮助学生深入了解发音时身体内部的微妙变化。

在阐述发音部位时，教师可结合发音器官图，细致讲解元音、辅音发音时涉及的唇部、舌头、牙齿、软腭等发音器官的具体位置及功能。这种具象化的教学方式，使得发音部位的讲解变得直观易懂，学生能迅速根据图示与教师的指导，准确找到发音部位，并在实践中加以运用。

在解释发音原理时，教师同样可借助发音器官图，通过动画或动态演示，直观展示发音过程中气流在发音器官间的流动路径及变化，以及产生的不同音效。这种动态演示能让学生直观感受到发音时的气流运动与声带振动，从而更精确地模仿与练习发音。

此外，教师还可设计形象生动的板书，如利用简笔画、符号等描绘发音器官的关键特征，或将发音要领提炼成口诀、顺口溜等，与板书相结合，让学生在轻松愉悦的氛围中掌握发音技巧。

（二）模仿法

在国际中文语音教学中，模仿法扮演着基础且极为有效的角色。在进行发音模仿时，学生可以选择直接模仿，或者在充分理解之后再进行模仿。此外，模仿练习可以集体进行，也可以针对个别学生单独进行，以适应不同学习者的需求，提升教学成效。

1. 集体模仿

集体模仿，即全班学生或者一部分学生共同对教师的发音或者录音进行同步的重复。[1]

（1）集体模仿的优点

在国际中文语音教学的实际应用中，集体模仿具有显著的优势。其一，它能够有效地营造出一种积极的学习氛围，促使所有的学生都踊跃开口进行发音练习。在集体的环境中，学生们往往更容易受到同伴的带动和激励，克服自身的羞涩和胆怯心理，大胆地参与到发音练习中来。其二，这种形式能够极大地缓解学生在发音时可能产生的紧张感。当学生们作为一个集体进行发音时，个体的压力相对分散，他们会感受到一种集体的力量和支持，从而更加放松地进行语音模仿，有利于发挥出更高的发音水平。

（2）集体模仿的缺点

尽管集体模仿在国际中文语音教学中具有一定的应用价值，但在

---

[1]　王笑艳：《新时期对外汉语教学法专题研究》，中国水利水电出版社，2016，第39页。

实际运用中也展现出了一些局限性。当采用集体模仿的方式进行教学时，由于所有学生同时发声，声音相互混杂，教师往往难以清晰地分辨出每个学生的具体发音状况。因此这种方法为教师在辨识学生语音缺陷方面提出了严峻考验，导致教师在全面把握每位学生发音细节方面存在困难，难以精确捕捉学生在发音过程中可能出现的微小偏差和失误。

集体模仿教学方式的局限性，使教师在针对每位学生个性化问题的精准指导和纠正方面面临挑战。这可能导致部分学生错误发音得不到及时纠正，进而影响其后续学习中良好发音习惯的形成。一旦这种不良习惯根深蒂固，将削弱学生语音学习成果，甚至对整体教学成效产生消极影响。教师必须高度重视并改进这一问题，以确保教育质量的提升和学生全面发展的实现。因此，在使用集体模仿教学方法时，教师需要充分认识到其存在的局限性，并采取相应的补救措施，以确保每位学生都能获得精确且有效的语音指导，从而促进他们的全面发展。

2. 个别模仿

个别模仿是指学生单个地对教师的发音或者录音进行模仿练习。

（1）个别模仿的优点

在国际中文语音教学中，个别模仿展现出了诸多独特的优势。首要的是，它能够让教师对学生个体的发音情况有一个细致且全面的认识。教师可以集中关注单个学生的发音过程，清晰地捕捉到学生在发音时的每一个细微之处，诸如发音的准确性、清晰度、声调的拿捏以及可能存在的发音瑕疵等。凭借这种深入的了解，教师能够为学生量身定制个性化的指导和纠正策略，帮助他们精确地解决发音难题，实现发音技能的显著提升。

此外，个别模仿还带来了一种附加的教学效果。当一个学生进行模仿时，其他学生作为听众参与其中，进行听力训练。通过聆听同学的发音，他们能够更加敏锐地感受到正确发音与错误发音之间的微妙差别，进而更有效地对比和反思自己的发音情况。这一过程不仅加深了他们对语音知识的理解，还提高了他们的语音感知能力和辨别能力，为进一步提升语音水平奠定坚实的基础。

（2）个别模仿的缺点

在国际中文语音教学实践中，个别模仿教学法的应用亦需关注相关问题。在采用个别模仿的教学方法时，学生可能会因为要在教师和同学面前独自展示发音而感到紧张不安。这种紧张情绪源自对表现不佳的担忧，进而可能会影响学生发音的流畅性、自然性，甚至导致发音错误频发。因此，教师在执行个别模仿教学任务的过程中，必须密切关注学生的情绪反应，并采取有效措施缓解紧张情绪。例如，教师可以通过积极的语言激励、展现亲切友好的态度，以及营造轻松愉快的学习环境，使学生感受到教师的信任与支持，从而消除学生的紧张感，增强其发音模仿的信心与勇气。在实际教学中，教师可巧妙融合个别模仿与集体模仿，充分利用两者的优势，弥补各自的不足，以达到最佳的教学效果。在此过程中，教师需坚守几项关键原则。首先，教师应避免模仿学生的错误发音。对初学者而言，其语音辨别能力尚待提升，教师的错误模仿可能会引发学生的混淆，干扰其正确发音的认知与学习。其次，教师应对学生的每次模仿提出严格要求，不容许"差不多"的心态存在。教师应引导学生树立严谨的学习态度，强调语音准确的重要性，促使学生从一开始就养成良好的发音习惯。唯有如此，学生才能在语音学习的初级阶段奠定坚实的基础，为后续的语言学习和交流铺平道路。

（三）夸张法

在国际中文语音教学的独特领域中，夸张法作为一种别具匠心且行之有效的教学策略，发挥着独特而重要的作用。它主要体现在教师在向学生展示发音的部位以及发音的方法时，巧妙且适当地运用夸张的表现手法，其目的在于显著地加强学生对这些关键语音知识的印象，使其在脑海中留下更为深刻的记忆痕迹。

通常情况下，采用夸张法在国际中文语音教学中能产生一种独特效应，即显著扩大并凸显不同音素及声调间的差异。这种差异性的强化并非随意之举，而是基于教学实际需求和学生认知特性精心策划的结果。通过这种方式，那些原本在学生感知中可能较为微妙或易于混淆的语音差异变得清晰明了，为学生深入理解语音的本质和特性提供了强有力的支撑。当学生能够清晰分辨各种语音元素间的差异时，他们便能更精确地把握每个音素的发音精髓，从而更准确地模仿发音。

以汉语语音体系中的轻声音节为例，其特有的轻柔与短促特征在学习初期可能对学生构成一定挑战。因此，在教学过程中，教师可以巧妙地适度放大这一特征。在示范轻声音节的发音过程中，教师应突出其发音的柔和性与短暂性，以确保学生能够直观地认识到轻声音节与其他非轻声音节在发音上的明显区别。例如，在比较"妈妈"一词中两个音节的发音时，教师可以先正常发出第一个"妈"字的发音，然后在发第二个轻声音节的"妈"时，故意夸张地减弱发音力度并缩短发音时间，从而使学生能够清楚地观察到并听到这种变化。通过这种教学方法，学生能更深入地理解轻声音节的特性，并在后续学习和练习中更有效地掌握其发音技巧，从而避免在运用轻声音节时产生错误的发音。夸张法的运用不是仅限于轻声音节，对于其他具有特殊发音特点的音素或声调同样能发挥类似的良好教学效果，帮助学生顺利地克服国际中文语音学习中的难点，提升他们的语音学习质量和效率。

（四）对比法

国际中文语音教学中的对比法，是一项极为高效的教学策略。它侧重于运用对比分析的方法，助力国际学生更精准地把握并掌握汉语的语音特性。此法的精髓在于，教师在语音教学过程中，不仅聚焦于单个音素的精确发音，还特别重视将两个或多个音素、音节，乃至整个声调体系进行对比，从而揭示它们之间的相似性和差异性。此外，对比法还着重于将汉语的语音系统与学生的母语语音系统进行对比分析，以此为出发点，搭建起学习迁移的桥梁，进而减轻学习负担，提升学习效率。

以母语为泰语的学生为例，对比法在声调教学方面的应用尤为突出。泰语与汉语在声调上既存在共通之处，又有着明显的区别。泰语共有五个声调，而汉语普通话则包含四个基本声调，即阴平、阳平、上声和去声。在教学过程中，教师可以充分利用这两种语言声调系统的相似性，促进学生的正向学习迁移。举例来说，泰语的第一个声调（高平调）与汉语的阴平声调颇为相似；泰语的第二个声调（低降升调）尽管与汉语的阳平声调不完全吻合，但两者都具备上升的趋势，可以视为相近；而泰语的第四个声调（高降调）则与汉语的去声声调极为接近。

对于汉语的上声（即第三声，先降后升），由于泰语中没有直接对应的声调，可能会给泰语母语者带来一定的学习挑战。然而，教师仍可以巧妙地利用泰语的声调系统来辅助教学。泰语的第二个声调（低降升调）在降调阶段与汉语的上声前半段相似，教师可以以此为出发点，先让学生熟悉这个"半上声"的状态，然后逐渐引导学生将声调在降到底部后继续上升，完成整个上声的发音过程。通过这样的对比和过渡，学生可以更加直观地感受到汉语上声的特点，并在实践中逐步掌握。

此外，对比法还鼓励教师根据学生的具体情况，灵活调整教学策略。对于泰语母语者来说，教师可以利用他们对母语声调系统的熟悉感，设计一系列有针对性的练习，如声调对比朗读、声调识别游戏等，让学生在实践中不断巩固对汉语声调的理解和掌握。

（五）带音法

国际中文语音教学中的带音法，是一种巧妙利用学生已掌握的、发音部位相近的音素来引导学习新音素的有效方法。这种方法尤其适用于那些在学生母语中不存在，或发音难度较大的音素。以汉语中的ü音为例，这个音在许多其他语言中并不常见，因此学生在初次尝试发音时往往会感到困难重重。然而，通过带音法的运用，我们可以将这一难题化繁为简。

ü音是一个前高圆唇元音，其发音部位与另一个常见的、不圆唇的元音 i 完全相同。[①] 值得庆幸的是，i 音对于大多数学生来说都相对容易掌握。因此，我们可以利用 i 音的易发性，作为引出 ü 音的桥梁。

在具体实施带音法时，教师可以先让学生延长 i 音的发音，确保他们能够稳定地保持正确的发音部位和状态。随后，引导学生保持舌位不变，这是发音的关键所在。接下来，教师指导学生逐渐将嘴唇由扁变圆，这是一个细微但至关重要的调整过程。随着嘴唇形状的变化，学生会发现，原本熟悉的 i 音逐渐演变成了全新的、略显陌生的 ü 音。

通过这种循序渐进的方式，学生不仅能够更加直观地感受到 ü 音的发音特点，还能够在实践中逐步掌握这一发音技巧。带音法的优势在于，它利用了学生已有的发音经验，通过对比和迁移，降低了新音素的学习难度，提高了学习效率。同时，这种方法也增强了学生对发音部位和发音方法的感知和理解，为他们的语音学习奠定了坚实的基础。

三 国际中文语音教学的意义

在国际中文教育领域，语音教学发挥着至关重要的作用，具体体

---

① 王笑艳：《新时期对外汉语教学法专题研究》，中国水利水电出版社，2016，第 41 页。

现在以下几个关键方面。

（一）有助于学生更好地进行学习

外国学生在学习汉语这一复杂而丰富的语言时，其起点无疑是语言学习本身，而在这漫长的学习旅程中，语音学习占据了举足轻重的地位。这不仅是因为语音构成了语言交流的基础，更因为它在中文学习中既是挑战也是基石，对学习者整体语言能力的提升具有深远的影响。

语音学习之所以被视为中文学习中最困难的部分，原因在于汉语拥有独特的声调系统、复杂的元音与辅音组合，以及一系列区别于其他语言的发音规则。对于母语中没有类似发音系统的外国学生而言，掌握这些发音往往需要大量的练习和细致的指导。然而，正是这些看似艰难的挑战，构成了中文语音学习的独特魅力，一旦克服，便能开启一扇通往更深层次语言理解的大门。另外，语音学习也是中文学习中最为重要的一环。它是连接学习者与中文世界的桥梁，是理解、表达、交流的基础。良好的语音基础不仅能够帮助学生更准确地理解听力材料，提高听力理解能力，还能促进口语表达的自然流畅，增强语言表达的自信心。更重要的是，语音的正确性直接影响到词汇记忆、语法掌握以及汉字学习的效果。正确的发音能够帮助学生更好地记忆单词，理解词义，避免混淆；同时，准确的语调和节奏也是正确运用语法、表达情感的关键。

因此，国际中文语音教学在帮助学生更好地学习中文方面发挥着不可替代的作用。它不仅仅教授发音技巧，更引导学生理解中文语音系统的内在逻辑，培养他们的语音感知能力和发音准确性。通过系统的教学设计、多样化的练习方式以及个性化的指导，国际中文语音教学致力于构建一个既严谨又生动的学习环境，让学习者在享受学习过程的同时，逐步掌握汉语语音的精髓，为后续的词汇、语法、汉字学习打下坚实的基础。

（二）有助于培养学生的口语交际能力

凡是曾经涉足外语学习领域的人，无论是初学者还是有一定基础的学习者，都会深刻体会到发音质量对于语言表达和理解的重要性。发音的好坏、是否标准，不仅直接关系到个人口语表达的流畅度和清晰度，还深刻影响着信息传递和接收的有效性。

具体来说，发音不准确或不规范的学习者在尝试进行口语表达时会面临诸多困境。一方面，发音难题可能导致他们难以顺畅地组织语言，表达时显得断断续续，缺乏必要的自信。另一方面，即使勉强能够说出连贯的句子，不标准的发音也可能使听者难以准确把握他们的真实意图，从而引发沟通上的误解和障碍。这不仅会让学习者感到沮丧和失落，也会给与他们交流的人带来困扰和麻烦。

更为严重的是，发音问题还可能削弱学习者理解他人话语的能力。由于发音不准确，学习者可能难以正确捕捉并识别对方话语中的关键信息，从而导致理解上的偏差和遗漏。这种理解上的障碍会进一步加剧口语交际的困难，使得双方难以建立起有效的沟通，严重时甚至可能导致口语交际的彻底失败。因此，在中文教学中，语音教学应当占据举足轻重的地位。通过系统的语音训练，帮助学生掌握正确的发音方法和技巧，培养他们养成良好的发音习惯。只有这样，学生才能在口语交际中自信地表达思想和观点，同时准确理解他人的话语，实现真正的有效沟通和交流。

语音教学的重要性不仅体现在口语表达和理解能力的提升上，还对学生的整体语言学习产生着深远的影响。扎实的发音基础能够帮助学生更好地记忆词汇、掌握语法规则，以及提高阅读和写作能力。因此，我们应当对语音教学给予高度的重视，为学生的语言学习之路铺设坚实的基石，让他们在中文学习的道路上不断取得进步，收获更加优异的成绩。

（三）有助于培养学生的阅读能力

在现代汉语这个丰富而精妙的语言体系中，文字与语音之间存在着千丝万缕的紧密联系，它们相互依存、相辅相成，共同构成了汉语这一语言大厦的坚实基石。文字作为语言的视觉符号，承载着丰富的信息和意义，而语音则是文字的有声表达，赋予了文字以生命力和活力。如果我们不清楚文字的准确读音，那么阅读这一行为就如同在黑暗中摸索前行，无法顺利地进行下去。因为阅读不仅仅是对文字符号的视觉识别，更是通过声音的媒介，将文字所蕴含的意义在脑海中转化为具体的理解和认知。

对于外国学生而言，当他们踏上学习汉语的旅程时，如果仅仅聚焦于文字的学习，而忽略了发音的重要性，那么阅读将会成为一道难以跨越的障碍。汉语的文字系统博大精深，海量的汉字，每个汉字都拥有独特的形态与意义。然而，若外国学生无法准确读出这些汉字的读音，便难以真正领悟汉字在特定语境中的含义，也无法体会到汉语语言的韵律之美以及表达的流畅感。以简单的汉字"好"为例，它有多种读音和不同的含义，如"hǎo"表示优点众多、令人满意等意思，而"hào"则表示喜爱、偏好等意思。倘若学生仅认识这个字的字形，而不清楚其不同读音的区别，那么在阅读中遇到"好人"和"好学"这样的词语时，就极易产生误解，从而影响对整个句子乃至整篇文章的理解。

因此，在国际中文教学的过程中必须对语音教学给予特别的关注。语音教学不仅在于教会学生如何发出正确的音，更在于引导学生深入理解汉语语音的系统规律、声调的变化特点以及语音在不同语境中的具体运用。教师应采用丰富多样的教学方法和手段，如发音示范、听力训练、口语练习等，帮助学生敏锐感知和准确掌握汉语语音。同时，要将语音教学与文字教学紧密结合，让学生在学习文字的同时，不断巩固对其读音的记忆和理解，使文字和语音在学生的脑海中形成一个不可分割的整体。唯有如此，外国学生才能真正具备阅读汉语的能力，顺利开启探索汉语世界的旅程，深入领略汉语的独特魅力和博大精深，为他们在汉语学习的道路上奠定坚实的基础，实现有效的语言交流和文化沟通。

第二节　国际中文词汇教学

一　国际中文词汇教学的原则

在开展国际中文词汇教学活动的过程中，为确保教学目标的顺利实现，必须严格遵循一系列基本原则。具体而言，国际中文词汇教学应秉持以下几项基本原则。

（一）系统性原则

现代汉语中的众多词语彼此之间都蕴含着丰富的联系，这些联系不仅体现在词语本身的语义关联上，还深刻地与语音的韵律特征、语法的结构规则以及句子的组织方式紧密相连，共同构成了一个错综复杂而又井然有序的语言系统。在这个系统中，词语并非孤立无援的个体，而是相互交织、彼此影响的网络节点。每个词语都蕴含着丰富的语言信息和深厚的文化内涵，通过与其他词语的紧密关联，在语言实践中发挥着举足轻重的作用。因此，在进行国际中文词汇教学时，必须深刻洞察这一语言系统的整体性和关联性，严格遵循系统性原则。这不仅仅意味着要向学生传授单个词语的意义和用法，更重要的是要引导他们深入理解词语之间的内在联系。例如，辨析同义词、反义词、近义词之间的微妙差异，以及词语在不同语境下的灵活应用。同时，还需要将词汇教学与其他语言要素的教学相结合。

结合语音教学，让学生感受词汇发音的韵律美，以及如何通过语音的变化来传达不同的情感和语气；结合语法教学，帮助学生掌握词汇在句子中的正确位置、词性变化以及搭配规律，从而构建出语法正确的句子；结合句子教学，让学生在具体的语境中学习和运用词汇，使词汇学习不再是枯燥无味的记忆过程，而是充满生机的语言实践。通过这样的教学方式，我们能够更好地帮助学生掌握中文词汇，提高他们的语言运用能力。

只有这样，才能确保学生学到的词语不是孤立无援、零散无序的，而是能够灵活自如地融入语言系统之中，成为他们表达思想、交流情感的有力工具。这样的教学方式，不仅能够提升学生的语言学习效率，还能加深他们对汉语语言文化的理解和感悟，为他们的跨文化交流打下坚实的基础。

（二）分析性原则

国际中文词汇教学的分析性原则，是指教师在具体开展词汇教学活动时，应当细致入微地对构成词语的各个语素进行深入而恰当的分析，以此作为帮助学生全面、深刻理解词语含义的有效手段。[1] 这一原则的核心在于，通过分解词语的组成部分，揭示其内在的逻辑结构和语义关系，从而使学生能够更加清晰地把握词语的本质特征，提高词汇学习的效率和深度。

在实际操作中，教师需要具备扎实的语言学基础，熟悉汉语构词法的原理和规律，包括单纯词与合成词的区分、词根与词缀的功能、复合词的构成方式（如并列、偏正、动宾、主谓等）等。在讲解新词时，教师不妨先从语素入手，逐一解析每个语素的基本含义及其在构

---

[1] 王笑艳：《新时期对外汉语教学法专题研究》，中国水利水电出版社，2016，第45页。

成整个词语时所扮演的角色，这样不仅能够帮助学生建立起词汇与语素之间的联系，还能培养他们的词汇分析能力，使他们在遇到生词时能够尝试自行拆解、推测词义，实现自主学习。此外，分析性原则还强调在词汇教学中融入文化背景的讲解。许多汉语词语蕴含着丰富的文化内涵和历史积淀，通过对语素的分析，教师可以引导学生探究词语背后的故事、典故或文化习俗，从而加深他们对词语文化内涵的理解和认同，促进语言与文化学习的融合。

值得注意的是，分析性原则的应用需适度，避免过度分析导致学生对词汇学习产生厌倦感。教师应根据学生的接受能力和兴趣点，灵活调整分析的深度和广度，确保分析过程既富有启发性，又保持趣味性和实用性，真正达到辅助学生理解词语、提高词汇学习效率的目的。

（三）交际性原则

国际中文教学的终极愿景，是培养出能够熟练运用汉语进行高效、得体交际的学生。这一目标的实现，离不开词汇教学的坚实支撑，因为词汇是构成语言大厦的基石，是表达思想、传递信息的核心要素。为了达成培养学生汉语交际能力的最终目标，我们必须高度重视并有效实施词汇教学，以期大幅度增加学生的词汇量，使他们能够在各种语境中自如地运用汉语进行沟通交流。

在此背景下，交际性原则在国际中文词汇教学中的重要性愈发凸显。该原则的核心在于，将提升学生的汉语交际能力作为词汇教学的根本宗旨和核心使命，所有教学活动都应紧密围绕这一目标来设计和实施，确保词汇学习不仅仅是词语数量的简单增加，而且能够真正转化为实际交际中的得力助手。具体而言，贯彻交际性原则要求我们在词汇教学中，不仅要向学生传授词汇的基本含义和用法，更要着重于词汇在真实语境中的实际应用。通过模拟日常对话、商务洽谈、文化交流等多种实际场景，让学生在实践中学习和掌握词汇，从而增强他们的语言运用能力和跨文化交际能力。同时，教师应积极鼓励学生参与课堂讨论、角色扮演、小组协作等互动环节，通过实际的语言输出，深化对词汇的理解和记忆，逐步养成用汉语思考和表达的习惯。

此外，交际性原则还格外注重词汇教学的实用性和针对性。教师应当依据学生的实际需求和学习层次，精心筛选那些在日常生活中频繁使用、实用性强的词汇进行教学，避免盲目地追求词汇量的扩大，而忽视了词汇的深度学习和实际应用。与此同时，教师还需关注词汇所蕴含的文化内涵和社会背景，指导学生理解词汇在不同语境下的微妙差异，培养他们的文化敏感度和跨文化交际能力。

二　国际中文词汇教学的方法

（一）词汇展示法

1. 词汇展示法的内涵

词汇展示法作为一种创新的教学方式，通过丰富多彩的教学手段，生动、直观地展现汉语词汇，旨在使学生全面掌握词汇的基本义项，同时确保他们能够准确发音、规范书写，并在实际语境中实现灵活运用。该方法的核心目标在于提高学生的词汇学习效率，培养他们的语言交际能力，从而为提升学生的整体语言素养奠定坚实基础。

2. 词汇展示法的分类

（1）领读法

领读法作为词汇展示法中关键的教学方法，具有至关重要的地位。在这一教学环节中，教师首先会对生词进行标准的朗读示范，随后引导学生进行跟读练习。通过领读这一环节，学生能够迅速掌握词汇的正确发音，并提高语音语调的准确性。在领读过程中，教师需密切关注学生的发音情况，一旦发现发音错误，应立即进行纠正，特别是对于容易混淆或发音难度较大的词汇，教师应给予特别的重视和指导。

这种方法有助于学生在发音方面奠定坚实的基础，为后续的语言学习扫除障碍。

（2）猜词法

猜词法作为一种兼具趣味性和挑战性的词汇教学方式，充分调动了学生的学习热情和积极性。该方法可通过多样化的形式开展，例如，教师可向学生揭示词语的基本含义或展示例句，引导学生猜测相应的生词；亦可将学生合理分组，通过角色扮演的形式，依次进行猜词练习。此举不仅丰富了课堂氛围，更在潜移默化中提升了学生的思维品质和语言表达能力。

（3）认读法

认读法是在学生已完成充分预习或由教师进行领读之后，采用的一种引导学生对生词进行认读的教学方法。认读活动可以采取多种形式进行，比如，教师可以要求学生遮盖住汉字的拼音和注释，直接尝试读出汉字；还可以组织学生集体朗读或轮流朗读黑板上列出的生词。在进行认读的过程中，教师需要简要介绍词语的发音、字形以及意义，以此来帮助学生巩固记忆。此外，为了增强认读的趣味性和互动性，教师还可以借助一些富有创意的教学工具或设计一些活动，比如游戏、竞赛等，让学生在轻松愉快的氛围中完成认读任务，从而提升学习效果。

（二）词汇释义法

在国际中文词汇教学的广阔天地里，词汇释义法凭借其高效性和实用性，成为一种不可或缺且极具影响力的教学手段。

1. 词汇释义法的定义

词汇释义法，简而言之，就是在国际中文词汇教学中，教师通过深入细致地解释和阐述词汇的含义，帮助学生精确把握并牢固记忆词汇的一种教学方法。该方法的核心在于深入挖掘词汇的内涵，从而提升学生的词汇学习能力和语言运用能力。

2. 词汇释义法的多样化实践

词汇释义法在实践中展现出了其丰富多样的特点，以下是几种常见的实践类型。

（1）直观演示法

直观演示法利用实物、图片、幻灯片及肢体语言等直观的教学辅助工具，将词汇的含义以生动、直观的方式展现给学生。此法因其直观明了、形象生动的特性，能迅速抓住学生的注意力，激发他们的学习兴趣和热情。然而，它主要适用于解释具体、直观的词汇，对于抽象概念的词汇则效果有限。此外，随着学习层次的提升，直观演示法的作用会逐渐减弱。

（2）翻译对照策略

翻译对照策略通过将学生母语中的词汇与汉语词汇进行对应翻译，帮助学生快速掌握词汇的基本意义。在国际中文词汇教学的初期，翻译对照策略能有效缓解学生的焦虑情绪，加速他们对常用词汇的掌握。然而，随着学习的深入，教师应逐步减少对此法的依赖，鼓励学生依靠已学的汉语知识进行词汇理解和推测，以减少母语对汉语学习的潜在干扰。

（3）比较分析法

比较分析法在国际中文词汇教学中具有重要价值。它可以从汉语词汇内部的同义词对比以及汉语词汇与学生母语词汇的对比两个维度入手，帮助学生精确把握词汇的细微差别和用法。同义词对比可从意义、情感色彩、词性和使用情景等方面进行深入剖析；而学生母语与汉语词汇的对比则需细致辨别和分析对应词汇的异同，以避免产生负迁移。

（4）语素推导法

语素推导法利用汉语词汇的构成语素，通过推导的方式帮助学生理解新词汇的含义。此法适用于高年级、词汇量较大的学生。他们通常能够主动运用已有知识推测新词汇的意义，并在教师的指导下不断完善和深化对词汇的理解。

（5）列举与归纳法

通过具体列举并归纳各层级概念或整体与部分关系词的方式，旨在阐释上位概念或整体概念的内涵。该方法具有显著的易掌握性和实用性，然而，该方法对学生的词汇量储备提出了一定要求。在列举过程中，应尽量避免引入过多生僻词语，以减轻学生学习压力，同时避免挫败感的产生。

（6）同义反义联想策略

同义反义联想策略，即通过使用同义词或反义词来阐释词语的内涵和外延，有助于学生构建词语间的内在联系与对照体系，进而实现对词语意义的深度把握和灵活运用。但需注意，在运用此策略时，教师应审慎选择与学生认知水平相匹配的同义词或反义词，以避免不必要的学习负担和挫伤学生的学习热情。

总之，词汇释义法在国际中文教育领域具有深远的应用前景和实践意义。教师应紧密结合学生的学习诉求和实际学情，灵活运用各类释义手段，助力学生精准领会并稳固掌握汉语词汇，为他们的语言能力和跨文化交际能力的培养打下坚实基础。

三　国际中文词汇教学的注意事项

在开展国际中文词汇教学过程中，以下几点事项需特别予以重视和关注。

（一）要广泛运用词语集中强化训练

在当前国际中文词汇教学的实践中，一个显著的问题在于词汇学习往往显得孤立无援，学生难以将所学词汇融会贯通，导致学习效果不尽如人意。针对这一现状，教师应当积极采纳并广泛实践词语的集中强化训练这一高效教学策略。该策略的核心在于，通过特定的教学手段，将相关联的词语进行集中展示与训练，帮助学生更系统、更深入地学习和掌握词汇。例如，教师可以利用联想策略，引导学生由一个词语出发，联想到与之紧密相关的其他词语，从而构建一个词语的关联网络。在学习"苹果"一词时，可以启发学生联想到"水果""红色""甜"等词语，通过这样的联想，学生在脑海中就能形成一个词语的立体结构，加深对词语的理解和记忆。同时，教师还可以运用推理方法，鼓励学生根据已知的词语和语言规则，推导出新的词语或词组。比如，在掌握了"美丽"和"花朵"这两个词语后，可以引导学生推导出"美丽的花朵"这一词组，以此丰富他们的词语表达。

通过广泛实践词语的集中强化训练，不仅可以有效扩大学生的词汇量，还能提升他们对词汇的掌握程度，进而显著增强他们的汉语交际能力。在实际教学中，教师应根据学生的实际水平和需求，灵活运用各种联想和推理方法，设计生动有趣的教学活动，让学生在轻松愉悦的氛围中快乐学习词汇，不断提升自己的语言能力。

（二）要以科学理论为基础

各种语言均拥有其独树一帜的特色，对于学习国际中文的学生而言，汉语与他们的母语之间存在着显著的差异。这种差异不仅反映在语言的形式构造与句法结构上，还深深植根于语言的文化底蕴与表达习惯之中。举例来说，汉语中的汉字以其独特的形态与结构著称，其发音与意义之间的对应关系颇为复杂；同时，汉语的语法体系也与诸多其他语言大相径庭，尤其是汉语的语序安排与虚词的灵活运用，常常令学生感到棘手。此外，汉语中丰富的词汇以及成语、俗语等富有特色的表达方式，需要学生投入大量的时间与精力去钻研与领悟。

鉴于上述差异的存在，国际中文词汇教学必须建立在坚实的科学理论基础之上。唯有以科学的理论为指引，教师方能深入洞察学生的学习特质与需求，从而制订出切实可行的教学方案与教学策略，助力学生攻克学习难关，提升学习效率。科学的理论为教师提供了教学的指南针与工具箱，使教师能够精准地捕捉教学的核心要点与难点，实施有的放矢的教学。例如，语言学理论能够助力教师洞悉汉语词汇的构成机理与发展脉络，心理学理论有助于教师把握学生的学习心理与认知历程，而教育学理论则为教师设计高效的教学活动与教学策略提供了有力支撑。唯有以科学理论为基础，国际中文词汇教学方能取得显著成效，让学生真正驾驭汉语词汇，进而提升汉语语言能力。

（三）要注意主次分明

在从事国际中文词汇教学的过程中，教师需明确并聚焦于教学重点，避免盲目地追求词汇的全面覆盖。考虑到汉语词汇浩如烟海，而课堂教学时间有限，试图在短时间内传授所有词汇既不切实际，也缺乏效率。这种做法极易导致教学重点模糊，进而影响整体的教学质量。同时，教学内容过于宽泛还会加重学生的学习负担，使他们感到疲惫和困惑，从而削弱其学习动力。因此，教师必须具备筛选和聚焦教学重点的能力，在讲解词汇时做到精准而高效。

在选择重点词汇时，教师应综合考虑教学大纲的指引、学生的实际语言水平和学习需求，以及词汇在日常生活和阅读中的实际应用频率和重要性。对于每课的生词，应优先讲解那些在日常交际和阅读中频繁出现、对学生语言表达和理解能力至关重要的词汇。

在讲解这些重点词语时，教师应注意使用简明扼要且深入浅出的教学方式。不仅要清晰地阐述词汇的基本含义和用法，还要结合具体的语境，展示词汇在实际应用中的多样性和灵活性。通过提供丰富的例句和练习，教师可以帮助学生更好地理解和掌握这些词语，从而增强他们的语言运用能力。

对于非重点词汇，教师可以采用更为灵活多变的教学方法。例如，简要介绍这些词语的基本含义，或者鼓励学生通过课外阅读、练习等自主途径进行拓展学习。这样既能确保教学重点的突出，又能为学生提供接触和了解更多词语的机会，帮助他们逐步扩大词汇量。

通过这种有针对性的教学策略，教师可以更有效地提升学生的词汇学习效果，为他们的语言学习和跨文化交流打下坚实的基础。

第三节　国际中文语法教学

一　国际中文语法教学的原则

在开展国际中文语法教学活动时，必须严格遵循一系列基本原则，具体而言，主要包括以下几个方面。

（一）循序渐进原则

国际中文语法教学所依据的循序渐进原则，强调的是在这一教学范畴内，必须精心策划和编排教学内容，严格遵循从简单到复杂、从易到难的逻辑次序来推进。该原则的核心精神在于，学习者应首先接触并牢固掌握那些直观性强、结构简明、易于领悟的语法要点。基础性的语法知识，如基本的句子构造、常见的词类运用以及简单的时态和语态变换等，构成了中文语法大厦的根基，是进一步探究更高级语法内容不可或缺的基础和先决条件。

在牢固掌握这些基础语法点后，教学将逐渐转向更为复杂和抽象的语法现象，如条件句、比较句、被动句以及各种复合句型的运用等。在这一阶段，学习者需在理解的基础上，灵活运用所学语法规则进行表达，不仅要求表达的准确性，还追求语言的多样性和地道性。

循序渐进的教学原则同样体现在语法点的引入方式上。教师应采用逐步深入、层层递进的教学方法，借助例句分析、情景模拟、练习巩固等多种教学手段，帮助学生逐步构建起对中文语法体系的全面认知。这样的教学方式旨在确保学生在每个学习阶段都能有所收获，感受到成就感，从而激发他们的持续学习动力。通过这一原则的指导，国际中文语法教学能够更加系统、高效地进行，为学生的中文学习之路铺设坚实的基石。

（二）实用性原则

在进行国际中文语法教学时，教师需具备高度的敏感性，精准识别并优先关注那些对学生而言最容易产生混淆和偏误的内容。这不仅要求教师对中文语法的复杂性和独特性有深刻的理解，还要能够洞察不同母语背景的学生在学习过程中可能遇到的特定挑战。为了帮助学生克服这些难点，教师应特别注意将这些易错内容的基本形式、最常见用法，以及在不同语境下的适用条件和限制条件，进行详尽而清晰的讲解。这种讲解应当既准确又生动，能够引导学生深入理解每个语法点的本质，从而在实际语言运用中准确无误地运用这些知识。

遵循实用性原则意味着在教学内容的选择上，要紧密贴合学生的日常交流需求和实际应用场景。那些能够鲜明体现汉语语法特点的难点，如动词的复杂搭配、虚词的多义性和用法灵活性、离合词的拆分与组合规则、固定词组的特定含义和用法，以及句法层面的语序调整、多重修饰成分的排列顺序、补语的多样功能、特殊句型的变换使用、动作形态的细腻表达、口语中常见格式的掌握，还有多重复句内部复杂的语义关系解析等，都是教学中应当着重强调和深入剖析的部分。

这些难点之所以成为教学重点，是因为它们不仅反映了汉语语法的独特性，也是学生在实际交流中频繁遇到并需要准确运用的内容。例如，动词的搭配问题往往涉及词汇的丰富性和表达的精确性，虚词的使用则直接关系到句子的连贯性和语气的微妙变化；离合词和固定词组的学习，能够让学生更地道地表达日常概念和情感；而句法方面的难点，如"把"字句等特殊句型的掌握，则是提升语言表达能力和句子构建能力的关键。

（三）实践性原则

学生学习汉语的核心动力源自利用这一语言进行流畅、有效的交际。因此，在国际中文教学的广阔领域中，对学生的汉语交际能力进行重点培养，不仅是教学目标的核心所在，也是衡量教学效果的重要标尺。这一培养目标深刻体现了语言学习的本质——语言不仅是知识的载体，更是沟通思想的桥梁，是文化交流的媒介。

国际中文语法教学作为汉语学习的重要组成部分，其根本目的并非单纯地教授语法规则本身，而是通过这些规则，引导学生准确、得体地运用汉语进行交际。换言之，语法教学的侧重点不应仅仅停留在句子的结构是否合乎语法规范上，而应深入句子的意义及实际用法之中。这意味着在教学过程中，教师需要超越语法结构的表面形式，深入探讨每个语法结构所承载的具体意义、适用场景以及如何在不同语境中灵活运用。

为了实现这一目标，在进行具体的国际中文语法教学时，遵循实践性原则显得尤为重要。实践性原则要求教师在教授语法项目时，不仅要进行生动的展示、准确的语义分析，以及详尽的语用条件说明，更要注重为学生构建一个贴近现实、富有情景感的交际环境和语境。这样的环境不仅能够帮助学生直观理解语法点的实际应用，还能激发他们的学习兴趣，增强语言运用的自信心。[①]

---

① 王笑艳：《新时期对外汉语教学法专题研究》，中国水利水电出版社，2016，第57~58页。

在实际操作中，教师可以通过角色扮演、情景模拟、小组讨论等多种互动方式，将语法知识融入生动的交际场景中。例如，在讲解"把"字句时，可以设计一系列与生活紧密相关的对话练习，让学生在模拟购物、点餐、搬家等情景中反复练习，从而深刻体会"把"字句在表达动作对受事影响时的独特作用。同时，教师还应鼓励学生积极参与课堂内外的语言实践活动，如语言角、文化交流活动等，以拓宽语言实践的渠道，进一步巩固和提升他们的汉语交际能力。

（四）简化性原则

在进行国际中文语法教学时，一个尤为棘手的挑战在于，如何采用学生能够轻松听懂、理解且易于接受的通俗语言，以及恰当的教学方法，将深奥复杂的语法知识讲解得清晰明了。面对这一难题，教师必须对繁杂且抽象的语法内容进行一番精心处理，即运用浅显易懂、具体生动的语言将其简化、条理化、形象化，力求避免或尽量少用专业术语，以降低学习难度。

要在国际中文语法教学中实现这一目标，教师首先需要经历一个深入钻研汉语语言本质的过程，通过反复咀嚼和内化，将所教授的内容进行科学而巧妙的浅化和简化。这包括在语法项目的展示上追求感性化、条理化、公式化、图示化，使抽象的概念变得直观可感；在语法内容的取舍上实现层级化、合理化，根据学生的认知水平和学习需求，循序渐进地安排教学内容；在学术概念和定义的处理上力求简省化、具象化，用生活化的例子和形象的比喻替代晦涩难懂的术语，让语法知识更加贴近学生的生活实际。①

这一系列处理方式的背后，离不开教师对理论语法知识的深厚积累和深入研究。只有具备扎实的语法理论功底，教师才能将复杂的语法现象融会贯通，以深入浅出的方式传授给学生。同时，教师还需具

---

① 王笑艳：《新时期对外汉语教学法专题研究》，中国水利水电出版社，2016，第58页。

备灵活变通的教学智慧，能够根据不同的教学对象和场景，灵活调整教学策略，使语法教学既精准到位又生动有趣。

二　国际中文语法教学的内容

在一般情况下，国际中文语法教学的内容，应当涵盖语素、词、词组、句子和语篇这五个层级的语法单位。①

（一）语素

随着国际中文语法教学领域的持续深耕，语素作为语法教学中一个不可或缺的要素，其重要性愈发得到广泛认同。学生唯有精准掌握语素，方能对汉语语法规则产生深刻而全面的理解，因此，在国际中文语法教学的版图中，语素无疑占据着举足轻重的地位。

1. 语素的定义

语素，简而言之，是语言结构中的基石，它代表了最小的音义结合体，即那些既包含声音又蕴含意义的、无法再进一步分割的单位。这一特性使得语素成为语言分析中最基础的语法单元。

2. 语素的多元功能

语素在汉语中的作用广泛而深远，具体体现在以下几个方面。

（1）构词基石

语素是构建词汇大厦的砖石。一方面，它可以单独存在，直接构成一个完整的词，这类词被称为单纯词，如"人"字。另一方面，语素也能与其他语素携手，遵循特定的构词规律，共同组合成合成词，如"人缘"一词便由"人"与"缘"两个语素结合而成。

（2）语素组的构成元素

在更为复杂的词汇结构中，语素还能组合成"语素组"，这些语

---

① 王笑艳：《新时期对外汉语教学法专题研究》，中国水利水电出版社，2016，第54页。

素组作为词的一部分，虽不直接对应独立词语，却在词语内部发挥着关键作用。例如，在"形声字"中，"形声"便是一个典型的语素组，它揭示了汉字的一种造字法；同样，"林荫道"中的"林荫"也是一个语素组，用以描绘一种特定的道路景象。

综上所述，语素不仅是汉语语法体系的基本构成单元，更是连接词汇与语法规则的桥梁。在国际中文语法教学中，深入挖掘语素的内涵与功能，对于帮助学生掌握汉语精髓、提升语言运用能力具有不可估量的价值。

（二）词

在国际中文语法教学的广阔领域里，词占据了重要地位。词，这一语言单位，被定义为最小的能够独立运用的音义结合体，在语言交流中扮演着至关重要的角色。与语素相比，词的最大特征在于其独立性，能够单独使用；而与词组相比，词则不可再细分为更小的独立运用单位。

从词的层面深入国际中文语法教学，词类问题构成了教学的核心内容。具体来说，词类问题涵盖以下三大方面。

首先，是词类的划分，这是一个基础而关键的任务。它要求我们能够准确地将词分为动词、名词、形容词、副词等不同的词类，这是理解词在句子中作用的前提。

其次，词性的确定同样重要。词性，即词的功能类别，决定了词在句子中扮演的角色，如主语、谓语、宾语等，这对于构建正确、通顺的句子结构至关重要。

最后，兼类词的辨认也是词类教学中的一个难点。兼类词，即那些能够同时属于两个或更多词类的词，如某些名词可以兼作动词，形容词可以兼作副词等。正确识别兼类词，有助于我们更灵活地运用语言，使表达更加丰富多样。

（三）词组

在现代汉语语法体系中，词组占据着举足轻重的实际中心位置，因此，在国际中文语法教学中，词组这一关键内容绝不容忽视。

1. 词组的定义

词组，简而言之，是由多个词按照既定的句法规则相互结合，形成的比单个词更大且能独立运用的音义结合体。它不仅承载着丰富的意义，还具备独立的语法功能，是构成句子和表达完整思想的重要基础。

2. 词组的分类

现代汉语中的词组，依据不同的划分标准，可以分为多种类型。一般而言，基于词组的句法功能，可以将其分为名词性词组、动词性词组、形容词性词组等，这些不同类型的词组在句子中扮演着不同的角色，如名词性词组常作主语或宾语，动词性词组则多作谓语。从词组的结构关系出发，词组又可分为主谓词组、偏正词组、介宾词组、方位词组等。主谓词组由主语和谓语构成，表达一个完整的主谓关系；偏正词组则由修饰语和中心语组成，形成修饰与被修饰的关系；介宾词组则通过介词引导宾语，表达某种关系或状态；方位词组则用来指示方向或位置。[①]

（四）句子

在国际中文语法教学的广阔天地里，最核心的目标莫过于让学生流畅地说出并深刻理解汉语的句子。因此，句子教学是国际中文语法教学中不可或缺的一环。

句子这一语法单位，以其特有的前后大停顿、一定的句调以及所表达的相对完整的意义，构成了语言中表达思想、传递信息的基本单

---

① 王笑艳：《新时期对外汉语教学法专题研究》，中国水利水电出版社，2016，第55页。

位。在汉语中，句子如同由词组这一建筑材料精心搭建的桥梁，绝大多数句子都是词组在添加了适当句调后形成的。

从句子的维度深化国际中文语法教学，需涵盖以下教学内容。

第一，句子的构造法则。这涵盖了如何恰当地挑选并组合词语，以及如何利用语法原则来构建出符合汉语表达特点的句子架构。对这些法则的深刻理解和熟练掌握，是学生能够精确传达思想、构造流畅句子的基础。

第二，句子间的逻辑关系。这包括识别并理解句子之间存在的逻辑纽带，例如因果、并列、转折等，以及利用连词、标点符号等工具来精确表达这些逻辑关联。这对于增强学生的阅读理解能力和写作能力具有关键作用。

第三，句子与篇章的关系。在实际的语言交流中，句子并非孤立无援的，而是作为篇章的组成部分，与其他句子共同编织成完整的交流内容。因此，需要教导学生领悟句子在篇章中的位置和功能，以及通过句子间的衔接来构建富有意义的篇章。

（五）语篇

根据丰富的实践经验，我们深刻认识到，在国际中文语法教学中，针对高年级学生开展语篇教学具有极其重要的意义。通过语篇教学，高年级学生能够逐步构建起系统的语篇结构意识，从而更加自如、准确地运用汉语语法进行表达。

语篇教学不仅可以帮助学生理解单个句子的语法结构，更重要的是，它能够引导学生把握句子之间的逻辑关系，理解段落之间的衔接与连贯，以及整个篇章的结构布局。这种系统性的学习，能够显著提升学生的汉语综合能力，使他们在写作和口语表达中更加得心应手，能够清晰地阐述观点、流畅地表达思想。

三　国际中文语法教学的方法

在国际中文教学领域，我们秉持严谨的教学态度，采用了一系列科学有效的方法来引导学生掌握中文语法。以下是常运用的几种主要教学方法。

（一）演绎法

演绎法作为一种重要的逻辑推理方法，其核心在于从普遍适用的一般性原理出发，经过深入细致的分析，进而推导出适用于特定情景的特殊性结论。这种方法具有严谨的逻辑性和广泛的应用领域，在国际中文语法教学中更是发挥着独特的作用。

在国际中文语法教学中运用演绎法时，首先会明确地向学生呈现语法规则。这些语法规则犹如构建语言大厦的基石，是经过系统归纳和总结的一般性原理。例如，在讲解汉语的基本语序时，会告知学生汉语一般遵循"主语+谓语+宾语"的结构规则。然后，为了帮助学生更好地理解和掌握这些规则，会紧接着举出具体的例子进行说明。比如，"我吃饭"这个简单的句子，"我"是主语，表示执行动作的人；"吃"是谓语，描述动作本身；"饭"是宾语，是动作的对象。通过这样直观的例子，学生能够清晰地看到语法规则在实际语言运用中的体现，从而加深对语法规则的理解和记忆。这种先理论后实践的教学方式，能够让学生在掌握语法规则的基础上，更好地运用到实际的语言表达中，提高他们的语言运用能力和逻辑思维能力。

（二）类比法

类比法作为一种基于事物间相似性的推理手段，在国际中文语法教学中展现出了独特的价值和应用魅力。该方法的核心在于，它依据两个或两类事物在某些性质上的相似性，推断出它们在其他性质上可能也具备相似之处。在国际中文语法教学的实践中，类比法的运用尤为注重从具体的语言实例出发，进行比较分析。

在教授汉语中表示比较的语法结构时，类比法的应用尤为显著。教师可以先呈现一个具体的句子，如"我比他高"，作为教学的起点，然后引导学生观察并分析另一个结构相似的句子，如"苹果比梨大"。通过这两个句子的对比，学生可以清晰地发现它们共有的结构特征，即"A 比 B+形容词"的比较句式。这种基于特定对象间比较的方法，利用结构和语义上的共同点，帮助学生推导出一类与另一类相同的语法规则，即"比"字句的基本用法。

采用类比法教学，不仅有利于学生运用已积累的语言知识和经验，深入理解和掌握新的语法知识，而且有助于在学习过程中提升他们的观察力和类比推理能力。通过此种教学方法，学生在学习语法时将更为灵活和主动，能够自主地从具体的语言实例中提炼出普遍的语法规律，进而深化对汉语语法体系的理解和掌握。

（三）情景法

情景法是一种注重语言学习环境与实际应用场景相结合的教学方法，它通过构建句子及更广泛语言单位出现的真实或模拟情景，为学生打造一个生动且贴近现实的语言学习场景，使学生在情景中自然而然地学习和掌握语法。

在国际中文语法教学领域，情景法的运用形式多种多样，极大地丰富了教学方法和内涵。具体来说，我们可以通过人际情景、物体情景和动作情景等多种路径来辅助教学。

在人际情景的构建方面，教师可以设计与学生日常生活紧密相关的场景，并安排学生分角色扮演进行对话演练。例如，在模拟餐厅点餐情景中，学生可以运用准确的语法结构来表达饮食偏好，如"我想要一碗牛肉面"或"请帮我倒一杯冰红茶"。此类练习不仅有助于学生巩固语法知识，还能提升口语表达与交际能力。

物体情景则是通过图片、实物或视频等媒介，引导学生运用恰当的语法来描述物体特征和关系。例如，在展示校园风景图时，学生可以运用所学语法来描绘校园景色，如"校园里绿树葱茏，花香袭人"或"教学楼巍峨挺立，气势非凡"。

动作情景则是让学生通过实际动作表演来学习语法。在学习"现在进行时"这一语法点时，教师可以让学生边做动作边说句子，如"我正在写字"或"他正在打篮球"。

总体而言，情景法在国际中文语法教学中的应用，使学生将抽象的语法知识与具体生活场景相结合，既提升了语言学习的趣味性和实效性，又增强了学生在实际生活中运用语言的能力和自信心。通过多样化情景创设和生动实践活动，学生在轻松愉快的氛围中掌握了语法知识，提升了语言技能，为未来语言学习和跨文化交流奠定了坚实基础。

第四节　国际中文汉字教学

一　国际中文汉字教学的原则

在开展国际中文汉字教学活动的过程中，为确保实现既定目标，必须严格遵循一系列基本原则。具体而言，国际中文汉字教学的原则包括但不限于以下几点。

（一）针对性原则

在国际中文教育的广阔舞台上，学生群体展现出了显著的多元化特征，他们源自不同的文化背景，各自有着独特的文化印记和认知框架。这种文化的多样性对学生汉字认知能力的影响深远，导致了学生在汉字学习上存在显著差异。因此，在推进汉字教学活动时，我们必须深刻认识到学生个体差异和文化背景的重要性，以学生的文化圈归属和汉字认知能力为基石，精心策划汉字教学的内容、方法及策略。具体而言，学生在不同文化背景下的汉字认知与接受程度，深受其所属文化圈特性的影响。例如，来自拥有象形文字传统的文化区域的学生，可能对汉字的象形特征具备更为独到的洞察力；而来自以拼音文字为主导的文化圈的学生，在汉字的发音和声调学习上则可能遭遇更多障碍。

鉴于这些差异，教师在设计教学内容时，需充分考虑不同文化圈学生的认知特性，选取与他们文化背景和认知习惯相契合的汉字实例进行阐释。

在教学策略上，更应遵循因材施教的原则。对于汉字认知能力较强的学生，教师可采取更为深入和宽泛的教学方式，不仅要传授汉字的基本含义和用法，还应引导他们深入挖掘汉字背后的文化意蕴和历史脉络，从而增强他们对汉字的全面理解和灵活运用能力。而对于汉字认知能力稍弱的学生，教师则需更加注重基础教学，如汉字的笔画顺序、结构布局等。为了助力他们更好地掌握汉字，教师可借助图片、动画等多媒体资源，将汉字的构造和意义以直观、生动的方式呈现，从而降低学习难度，提升学习效果。

（二）数量适宜原则

在国际中文汉字教学中，教学大纲所涵盖的汉字数量颇为可观。然而，我们必须清醒地认识到，并非所有这些汉字都需要通过专门的教学手段传授给学生。在实际教学过程中，只需将那些使用频率较高的最基本汉字作为重点教学内容传授给学生即可。这是因为，语言学习是一个循序渐进的过程，学生的时间和精力有限，难以一次性掌握大量的汉字。而且，从语言的实际运用角度来看，高频使用的基本汉字能够满足学生在日常生活和基本交流中的大部分需求。一些常用的表示人物、动作、事物、情感等方面的汉字，如"人""走""书""爱"等，在日常交流和书面表达中出现的频率极高，学生掌握了这些基本汉字，就能够初步构建起语言表达的基础框架。

（三）与汉字规律相符合原则

汉字作为中华文化的璀璨明珠，具有独特的魅力和鲜明的特点。它是形、音、义的有机统一体，这与目前世界上绝大多数国家民族使用的表音文字有着本质的区别。这种特殊性决定了国际中文汉字教学不能简单地照搬英语教学法中随文识字的方式。[①]

当前，国内学校在国际中文汉字教学上采取了两种独具特色的途径。第一，汉字课严格遵循汉字自身的教学规律，进行集中且系统的汉字教学。在这一模式下，教师会详尽解析汉字的笔画、结构、部首等构成元素，引领学生全面把握汉字的构造与演变脉络，从而系统性地掌握汉字的读写及理解。例如，在教授"日""月""水""火"等象形字时，通过展示这些汉字从古代形态到现代形态的演变过程，让学生直观感受到汉字与现实世界的密切联系，深化对汉字形义的认识。第二，精读课则采用随文识字的方法，在词汇学习的过程中引导学生识记汉字。这种方法将汉字置于具体的语言环境中，使学生在理解文本的同时，自然而然地掌握汉字的读音与用法。例如，在讲述自然风光的文章中，学生在学习"山川""河流""树木"等词语的过程中，能够同时认识和理解这些词语中包含的汉字。

然而，海外的中文教学受限于课程设置与时间安排，并未设立专门的汉字课。汉字、词汇及语法的教学均融入综合课中，主要依赖随文识字的方式。在此情况下，如何确保汉字教学时间的充足，以及在综合课中如何更好地体现汉字教学的规律，成为亟待解决的难题。此

[①]　王笑艳：《新时期对外汉语教学法专题研究》，中国水利水电出版社，2016，第61页。

外，国内的汉字课如何与读写课紧密关联并有效衔接，也是值得深入探讨的领域。例如，可以设计一系列与汉字课内容相契合的读写练习，让学生在实践中巩固所学的汉字知识，提升汉字的运用能力。同时，还应注重培养学生的自主学习能力，鼓励他们在阅读和写作中主动探索汉字的奥秘。

（四）多读少写原则

汉字作为世界上历史最为悠久的文字之一，其形体结构既复杂又多变，有着独特的韵味。汉字具备高度的区别性，有很高的辨识度和区分度，学生能够较为轻松地辨认出不同的汉字。然而，当涉及汉字的书写时，情况就变得相对复杂了。汉字的笔画组合方式繁复多样，结构要求严谨，这无疑为学习者设置了不小的障碍。

在国际中文汉字教学的实践中，我们必须清醒地认识到，要求学生全面掌握每一个所学汉字的认、读、写、用是不切实际的，也是不必要的。因此，在进行国际中文汉字教学时，我们可以巧妙地运用"多读少写"的原则。

遵循"多读少写"的原则，能够大幅度降低汉字教学的难度，并带来诸多教学上的益处。通过激励学生广泛涉猎汉字材料，让他们在多样化的语境中频繁地与汉字接触，将有助于他们更深刻地领悟汉字的读音和内涵，从而增强阅读能力和对语言的敏感度。与此同时，适度放宽对书写训练的严苛要求，可以有效缓解学生的书写压力，防止他们因沉重的书写任务而产生畏惧心理，进而提升学习效率。这一调整策略能够让学生在更为轻松的学习氛围中专注于理解和运用汉字，避免被枯燥的书写练习所羁绊。

此外，"多读少写"的原则还能有效激发学生的学习兴趣。当学生能够轻松地阅读包含大量汉字的文本时，他们将有机会在阅读过程中感受到汉字背后丰富的文化内涵和动人的故事。这不仅能够拓宽他们的视野，还能点燃他们对汉语学习的热情，激发他们的探索欲望。通过这种方式，汉字教学将变得更加生动有趣，学生的学习体验也将得到显著提升。

（五）先认后写原则

国际中文汉字教学肩负着培养学生全面认知、准确朗读及熟练书写汉字的重任。然而，在教学实践中，我们面临着一个严峻的现实：要求学生同时提升听、说、读、写汉字的能力往往难以实现。原因在于，一般而言，人们能够认识的汉字数量通常远超过其能够书写或口头表达的汉字量。加之信息技术的迅猛发展，汉字输入方式愈发便捷，导致人们在日常生活中对书写汉字的依赖逐渐减弱，甚至出现了离开电子设备便难以书写的现象。

鉴于当前形势，在国际中文汉字教学领域，识字的重要性日益凸显。因此，我们应当坚持"先认后写、多认少写"的教学原则。在教学过程中，首要任务是培养学生对汉字的识别能力。这可以通过多样化的教学方法来实现，例如使用汉字卡片进行直观展示、提供与学生水平相适应的阅读材料、播放生动有趣的汉字教学视频等，让学生在频繁的接触中熟悉汉字的形态、发音及含义。在学生具备一定的识字基础后，逐步引导他们进行书写练习，循序渐进地提高书写技能。

这种教学安排有助于减轻学生的学习压力，使他们在轻松愉快的环境中逐步掌握汉字，同时激发他们的学习热情和自信心。当学生能够识别并理解大量汉字时，他们在阅读和日常交流中将更加顺畅，从而获得成就感，进一步积极地投入汉字学习中。此外，"先认后写、多认少写"的教学原则为学生的后续学习奠定了坚实的基础，使他们在深入汉语学习及跨文化交流时更加从容不迫。[1]

---

① 周小兵主编《国际汉语》第一辑，中山大学出版社，2011，第2页。

二　国际中文汉字教学的方法

在开展国际中文汉字教学活动的过程中，我们应积极运用科学合理的方法，以确保教学目标的高效达成。目前，以下几种教学方法在国际中文汉字教学领域被广泛采用。

（一）字音法

所谓字音教学法，是指借助汉字的读音来进行汉字教学的一种策略。汉语中存在大量的同音字，这些同音字构成了国际中文汉字教学中的一个显著挑战。当学生掌握了一定数量的基础汉字后，他们在学习过程中遇到的主要问题往往不再是笔画顺序的错误，而是容易混淆同音但意义不同的字，即同音别字现象。

采用字音教学法，特别是结合形近同音字的对比教学，可以在一定程度上缓解由同音字引发的困扰。这种方法通过强调汉字读音的同时，也关注字形上的细微差别，帮助学生区分那些发音相同但意义迥异的字，从而有效减少同音别字的使用错误，提升汉字学习的准确性和效率。

（二）汉字解析法

所谓汉字解析法，指的是通过拆解汉字构成的组成部分来开展汉字教学的一种手段。简而言之，该方法是将一个复杂的汉字分割成若干个相对独立且易于辨识的构字单元，例如将"要"字分解为"西"和"女"这两个组成部分。

在国际中文汉字教学的实践中，应用汉字解析法时必须谨慎，避免对汉字进行无根据的随意拆分，同时也要确保学生能够利用已经掌握的汉字元素（即字素）来理解和书写新的汉字，从而确保汉字学习过程具备一定的逻辑性和系统性。

（三）偏旁部首法

所谓偏旁部首教学法，是指通过分析汉字的字形结构来进行识字教学的一种方法。偏旁，作为汉字结构的组成部分，传统上指位于字左侧或右侧的构件；而部首，则是基于汉字形义关系分析得出的，用于表示汉字所属义类的构形单元。同一部首下的字，其字义往往与某一特定事物相关联。例如，以"木"为部首的字，多与树木、木材相关，如"松、柏、杨、柳"代表不同种类的树，"枝、条、根、杈"描述树木的某个部位，"桌、椅、床、梳"则是木制用品。掌握汉字的偏旁部首，有助于理解字义、记忆字音，是提升国际中文汉字教学效率的有效途径。

偏旁部首教学法还能结合形声字的声旁进行识字教学。声旁，作为形声字的表音部分，多由表意字演变而来，其读音用于提示形声字的读音。掌握一定数量的常用声旁，对形声字的学习大有裨益。尽管因语音演变，现代形声字的声旁准确表音率有所降低，但仍能大致提示汉字的读音。在国际中文汉字教学中，利用声旁教学，首先要掌握那些能完全表音的声旁，声旁相同则字音相近或相同。将同一声旁的字归纳学习，认识声旁即可推测字音。例如，认识"马"作为声旁，就能大致读出"妈、吗、骂、码、蚂"等字的读音。对于不完全表音的声旁，也存在一定规律，如"方"构成的形声字（除"旁"外），如"房、访、放、防、仿"等，其声韵大多相同。在利用声旁教学时，应选用构字能力强且本身是常用字的声旁，如"者、皮、分"等，同时需引导学生了解声旁表音的多样性，避免过度依赖。[1]

此外，偏旁部首教学法可与形声字教学相结合。形声字在现代汉字中占比较大，是汉字学习的重点。运用偏旁部首教学法学习形声字，应先以形旁为线索，因为形旁的意义对大多数形声字的字义具有提示

---

[1]　王笑艳：《新时期对外汉语教学法专题研究》，中国水利水电出版社，2016，第64~65页。

作用，有助于理解字义。

对于高年级学生，偏旁部首的学习还可与工具书使用教学相结合。尽管现代工具书检字部首与文字学部首存在差异，但二者多有重合，因此偏旁部首的学习也为学生查阅字典打下了基础。

（四）汉字直观展示法

所谓汉字直观展示法，是指通过直接呈现并展示需要学习的汉字来进行汉字教学的一种方法。在国际中文汉字教学中，采用这一方法不仅能够清晰地展示汉字本身，还能够动态地展现汉字的书写过程，从而有助于学生更加深入地理解和掌握所学的汉字。

（五）字义教学法

所谓字义法，即通过汉字的含义来进行汉字教学的方法。在国际中文汉字教学中，字义法的应用主要表现为以下几种方式。①

首先，语境系联法是其中一种重要的教学手段。这种方法通过精心挑选的词语、句子和短文来系联汉字。与传统的随文识字不同，这里的语境是根据汉字教学的特定需求来设计的，而非仅仅依据语法或功能。

其次，语义场系联法也是常用的一种教学方法。这种方法将意义相关的汉字放在一起教学，让学生通过意义的联系来加强记忆。语义场系联法包括三种类型：同义系联，如低与矮、父与爸、房与屋等；反义系联，如多与少、好与坏、正与反等；同类联想系联，如数字、颜色、餐具等类别的汉字。通过这样的分类教学，学生能够更好地通过联想来记忆和理解汉字。

（六）字源法

所谓字源教学法，是指借助古文字形具备的象形特征来辅助现代

---

① 王笑艳：《新时期对外汉语教学法专题研究》，中国水利水电出版社，2016，第66页。

汉字字形教学的一种方法。汉字作为现存最古老的文字体系之一，其现代形态源自古代汉字。尽管古今汉字在形态上经历了显著变化，但在结构上仍保留了许多共通之处。因此，从汉字形态的起源入手开展教学，不仅能让使用拼音文字背景的学生对汉字的历史背景有所了解，还能使他们深刻认识汉字的结构特性，进而帮助他们逐步构建起学习汉字的认知框架，更有效地理解和运用汉字。[①]

通常而言，字源教学法特别适用于象形字、指事字和会意字这类表意文字的教学。

（七）汉字描述法

汉字描述法，即通过详尽描绘汉字的形态特征来开展汉字教学活动。以"江"字为例，在教学过程中，我们可将其巧妙地解析为：左侧是三点水波纹，右侧则是工业的"工"字。如此一来，学生便能更为轻松地把握"江"字的精髓，从而有效提升其汉字认知能力。

三　国际中文汉字教学的技巧

国际中文汉字教学在具体实施时，通常会分为汉字知识教学、汉字认读教学、汉字书写教学和汉字记忆教学四个方面进行。因此，这里在分析国际中文汉字教学的技巧时，也分别从这四个方面进行。[②]

（一）国际中文汉字知识教学技巧

在国际中文汉字教学中，我们的目标远不止于教授单个汉字的形体、读音和意义，更重要的是传授与汉字相关的规律性知识。这一做法对于显著提升教学效率与成果，以及培养学生自主学习汉字的能力，具有举足轻重的意义。因此，强化汉字知识教学在国际中

①　王笑艳：《新时期对外汉语教学法专题研究》，中国水利水电出版社，2016，第65~66页。
②　王笑艳：《新时期对外汉语教学法专题研究》，中国水利水电出版社，2016，第67页。

文教育中显得尤为重要。为了更有效地进行这一教学，以下策略可供借鉴。

1. 精练讲解，强化实践

国际中文汉字教学的核心在于提升学生的识字能力。将理论知识转化为实际应用能力，最直接且高效的方式便是做大量的练习，包括书写、记忆和实际应用。教师在授课时，应力求讲解精练，为学生留出更多时间进行实践操作，通过多写、多记、多用，真正掌握所学内容。

2. 例字引导，发现规律

国际中文汉字知识往往蕴含规律性，涉及专业的文字学理论和术语，这对于学生来说可能构成一定的理解障碍。此时，采用例字展示的方法尤为有效。即从学生已掌握的汉字中挑选出能够体现汉字规律的实例，引导学生通过观察和分析，自主发现汉字的构造规律和演变特点。这种方法不仅能激发学生的学习兴趣，还能有效提升他们学习汉字知识的主动性和积极性。

（二）国际中文汉字认读教学技巧

1. 图片辅助象形字教学

象形字作为汉字的基础，直观描绘了人们熟知的具体事物，如"人""衣""鱼""犬"等，这些结构简单、独立成体的象形字，是初学者踏入汉字世界的起点。在国际中文汉字认读教学中，巧妙地先展示这些事物的图片，随后引出对应的象形字，不仅能让课堂变得生动有趣，激发学生浓厚的学习兴趣，还能帮助学生直观理解汉字的字义与特征，从而扎实掌握汉字知识。但需注意的是，图片应尽量贴近字形，确保学生易于理解，这一方法尤其适用于汉字初学者。

2. 卡片教学法

卡片在国际中文汉字认读教学中扮演着重要角色。一面标注生字，另一面则写上拼音或其他文字的注释，或结合拼音与图画，甚至只展示图画与注释，为生字提供多维度的解读。通过卡片的分面展示，学生可以清晰地看到汉字的形、音、义，逐步养成将三者联系起来的习惯，进而深化对汉字的理解与掌握。

3. 板书直观呈现

板书是汉字认读教学中不可或缺的一环。教师在课前或课程开始时，将即将学习的生字工整地写在黑板上，这种传统的教学方式虽简单，却极为有效。它要求教师精心设计板书布局，确保重点突出，难点清晰，使学生在视觉上得到直观的学习支持。

4. 偏旁归类法

对于合体汉字，偏旁成为认读和区分形近字、同音字的关键。在国际中文汉字认读教学中，运用偏旁归类法，不仅有助于学生快速识字，还能让他们在阅读中有效避免形近字、同音字的混淆。通过偏旁的辨识，学生能够更加准确地认读汉字，提升阅读效率和准确性。

（三）国际中文汉字书写教学技巧

在国际中文汉字教学中，汉字书写占据着举足轻重的地位。为了更有效地指导学生书写汉字，可以采取以下技巧。

1. 板书临摹法

板书临摹作为汉字书写教学的重要手段，既简便又高效。该方法要求学生在教师的示范下，细致入微地观察笔画的书写技艺、笔顺的先后规律、运笔的技巧以及整体结构的精心布局。通过这一方式，学生能够在潜移默化中受到汉字书写的影响和系统训练，逐步提高书写技能。

2. 填空练习法

填空练习是另一种在汉字书写教学中非常实用的技巧。它不仅能够帮助学生进行写字练习，还能够检验学生对生字掌握的情况。具体操作时，教师可以给出拼音，让学生根据拼音填写对应的汉字。这种方法既能巩固学生的生字记忆，又能锻炼他们的书写能力，达到一举两得的效果。

（四）国际中文汉字记忆教学技巧

1. 游戏化教学提升汉字记忆

我国很多富有特色的文字游戏，曾是封建社会士大夫阶层的消遣方式。如今，这些游戏被赋予了新的生命，成为国际中文汉字教学中的得力助手。字谜，作为古老文字游戏的代表，在国际中文课堂上焕发了新的活力。通过巧妙利用字形结构设计的字谜，如"'没'字'又'用'口'代替"（谜底：沿），不仅能极大提升学生的学习兴趣，还能有效调节课堂氛围。但需注意，字谜仅为课堂游戏，用以复习巩固已学字形，而非主要教学方法。

此外，现代对外汉字教学者还根据汉字形体特点，设计了一系列汉字游戏，如笔画变形、部件添加、拼字扑克、生字开花、组词接龙等，旨在活跃课堂气氛，加深学生对汉字形、音、义的感知，同时避免机械抄写的枯燥。

2. 听写练习

在国际中文汉字教学中，听写练习扮演着至关重要的角色。它将汉字的读音作为关键点，激发学生的字义记忆，进而引导他们准确书写出字形，实现汉字形、音、义的完美融合。这一练习不仅能够显著加深学生对汉字的记忆，还能让教师准确评估学生对新学汉字的掌握情况。然而，在进行听写练习时，教师需要合理控制生字的数量，并优先选取常用和基础汉字，以避免给学生带来过大的学习负担，从而保护他们的学习积极性。

3. 字理分析

字理分析是一种通过分析汉字内部形、音、义之间的关联来辅助记忆的高效方法。它就像一把神奇的钥匙，能够帮助学生通过某个核心点联想到汉字的其他组成部分，从而深化对汉字的记忆。但值得注意的是，并非所有汉字都适合进行字理分析。对于那些难以解释或无理可循的汉字，这一方法可能并不适用。因此，教师在运用字理分析时，需要事先判断汉字是否具备可解析性，以确保教学效果。

4. 奇特联想记忆

奇特联想记忆法旨在帮助学生攻克那些难以通过字理分析或无理可解的汉字记忆难题。它巧妙地利用同音或音近字的意义进行联想，或者从字形特征、形近字的区别等角度进行创意联想。这种联想方式虽然具有很大的灵活性和个性化特点，但往往蕴含着一定的逻辑和合理性，便于学生理解和记忆。通过这种方法，学生能够在轻松愉悦的学习氛围中掌握汉字，显著提升学习效率，让汉字记忆变得更加生动有趣。

第五章

国际中文教育的言语技能教学

在国际中文教育的广袤天地中，言语技能教学宛如一座精心构建的大厦，承载着培养学习者有效运用汉语进行交流的重任。言语技能，作为语言学习的核心要素，涵盖了听、说、读、写等多个维度，它们相互交织、相互促进，共同构成了语言沟通的桥梁。

第一节　国际中文听力教学

一　国际中文听力教学的任务

对学生开展听力教学，其重要目标在于显著提升他们的听力技能。听力能力并非单一维度的能力，而是综合了听力速度、记忆、判断、概括等众多关键因素的复杂能力体系，本质上是对语音、语法及词汇的综合运用能力的全面体现。鉴于此，为切实提高学生的听力水平，对外汉语的听力教学应致力于培养学生以下多个方面的重要能力。

（一）记忆储存的能力

听力理解是一个涉及注意、记忆、思考及综合判断等多个认知环节的复杂活动。在这一过程中，学生聆听由词语和语法结构构成的新信息，并将其与大脑中已存储的信息紧密相连，从而深刻领悟信息的含义。其中，记忆扮演着至关重要的角色。

记忆主要划分为短时记忆与长时记忆两大类别。通过运用有效的再现与重复策略，学生能够成功地将所接收的听力材料转化为长时记忆，使其稳固地存留在大脑中。这些已存储的信息会再次参与到信息的解码与重新编码过程中，并在这一持续循环的过程中，推动学生听力能力的不断进步。举例来说，在听力练习中，针对常见的词汇组合、句型结构等内容，学生通过反复聆听与记忆，可以逐步将其内化为长时记忆。当日后再次遇到相似的语言结构时，他们能够更为迅速地理解并处理，从而提升听力理解的效率与准确性。

（二）捕捉主要信息的能力

听力教学的关键任务之一是引导学生精准地认识汉语意义表达的内在规律，帮助他们从纷繁复杂的听力材料中筛选出核心信息以及有用信息，进而准确抓住话语表达的关键意思。在汉语中，要准确捕捉话语信息，名词和动词起着最为主要的作用，其次是虚词。例如，在"请你把门打开"这句话中，"打开"这个动词清晰地表达了动作要求，"门"这个名词明确了动作的对象，而"把"这个虚词则进一步强调了处置的方式，通过这几个关键元素，学生能够很容易地理解话语的核心意思。

从语用角度来看，汉语属于"话题话语倾向型"语言。这意味着在日常交流中，说话者往往会将重点信息率先表达出来，居先的话题通常承载着核心信息。例如，"你要的那本杂志我给你买来了"，"那本杂志"就是核心话题，传达了关键信息；"那姑娘，模样长得俊，心眼又挺好"中，"那姑娘"是话题的核心，后续的描述都是围绕这个核心展开的。同时，教师还应注重培养学生领会言外之意的能力。汉语语言丰富多样，很多时候话语的真正含义不仅仅局限于字面表达，还蕴含着深层的文化内涵和语境意义。例如，当听到"你可真行啊！"这句话时，需要根据说话者的语气、表情和语境来判断其是真正的赞扬还是略带讽刺的意味。①

---

① 白玉寒：《跨文化视角下的对外汉语教学研究》，中国水利水电出版社，2017，第204页。

（三）联想猜测和预测的能力

在听力理解的过程中，猜测、估计与想象起着举足轻重的作用。因此，为了有效提升学生的听力能力，我们不仅要引导他们积累丰富的词汇和扎实的语法知识，还应教会他们运用联想、猜测与预测的策略来理解听力内容，这是听力理解的一项基本技能。[①] 举例来说，当学生在听力训练中听到"虽然"这个词时，基于他们对汉语表达习惯的了解，可以合理推测接下来的内容会有转折，从而提前做好心理准备，以便更好地理解。

此外，学生还应学会根据上下文的语境进行猜测。在听力材料中，如果遇到一些不熟悉的词语或表达，他们可以通过分析前后文的内容，推测出这些未知词语或表达的大致意思。比如，在一段关于旅游的听力材料中，如果提到"我们在山顶上看到了一种很奇特的植物，它的叶子形状很特别，像某种常见物品，枝干则很粗壮……"，即便学生不知道"某种常见物品"具体指的是什么（如"扇子"），但通过对"叶子像……"的描述以及后续对枝干的阐述，他们仍然可以大致想象出这种植物叶子的特征。

（四）听音辨调的能力

听音辨调，即精准区分并深入理解汉语中每一个音节的声母、韵母、声调以及音节间的和谐搭配，进而准确把握其对应的词语内涵。通过系统性的听力强化训练，学生应能够透彻解析连续音节流动中的各个词语。鉴于汉语中广泛存在着同音词和近音词的现象，这无疑给外国学生在掌握具体语境下的词语含义方面带来了重大挑战。例如，他们可能会将"饱"（寓意为满足）误听为"跑"（寓意为奔腾），或将"汽车"（一种交通工具）误听为"骑车"（一种活动），从而导致

[①]　白玉寒：《跨文化视角下的对外汉语教学研究》，中国水利水电出版社，2017，第 205 页。

对整个句子意义的曲解。因此，听力教学的核心任务之一便是提高学生们对汉语语音的极致敏感性，增强其听觉系统对汉语语音的精细辨析能力。

此外，重音与语调在汉语中扮演着至关重要的角色，是语义区分的关键所在。词句中重音的巧妙变化，能够传达迥异的语法信息，具备丰富的语义辨析功能。以"他是英国人"为例，当重音落在"他"上时，询问的是"谁是英国人"的问题；而当重音落在"英国人"上时，则回应的是"他是哪国人"的疑问。语调的抑扬顿挫则能够细腻地反映出说话者的情感状态或意图，保障言语交流的顺畅进行。以"你喜欢他吗?"为例，同样的"我喜欢他"在不同语境下，通过降调表达的是肯定的认同，而升调则可能传递出否定、质疑或惊讶的情绪。因此，在实际的听力教学过程中，教师必须紧密结合具体语境，对学生进行针对性的训练，使他们能够敏锐捕捉汉语口语中的重音、语调及节奏变化，从而准确领会说话者的真实意图，防止因语音语调的误读而影响听力理解的准确性。

（五）语流切分的能力

语流切分的主要目的是帮助学生更好地理解义群、识别句中停顿。同样一句话，有时仅仅由于停顿的不同，所表达的意义可能会完全不同。例如，"广东队打败了，八一队获得冠军"与"广东队打败了八一队，获得冠军"，这两句话因为停顿位置的差异，表达了截然不同的比赛结果。在理解一些长句时，学生往往由于不能正确切分语流而产生疑惑。例如，对于"我一九九六年去过美国，这是第二次去"这句话，如果学生将"一"跟"我"连在一起理解，就可能会对"我第一次去美国是哪一年?"这样的问题不知如何作答。因此，教师在听力教学中要引导学生掌握正确的语流切分方法，培养他们对句子结构和语义的敏感度，使其能够准确理解听力材料中的句子含义，避免因语流切分错误而导致的理解偏差。[1]

（六）抓细节以及精听的能力

在学生能够准确捕捉核心信息的基础上，教师应引导学生对语言中关键的、具体的信息进行准确听辨，从听力的形式上进行区分，即精听。听话人所听到的材料往往是与具体的人物、语境、时间、地点等要素相联系的，只有准确把握这些细节性信息，准确把握论述的论据、事例等内容，才能全面准确地理解材料想要表达的核心内容。而要获取这些细节性信息，学生既要能够准确听辨、识别语音，还要不断提升记忆能力和记录速度。因此，在听力教学中，教师要注重培养学生边听边记的良好习惯，指导他们采用最快捷、高效的方式迅速记录下关键信息。例如，可以教授学生一些简单的速记符号和方法，如用缩写、符号代替常用词汇，用线条、箭头表示逻辑关系等。同时，通过大量的精听练习，让学生逐渐熟悉不同类型听力材料中的细节信息分布规律，提高他们对细节信息的敏感度和捕捉能力，从而进一步提升听力理解的准确性和完整性。[2]

（七）对句法结构认知的能力

虽然学生对句法结构知识的掌握主要是通过综合课来完成的，但听力教学在强化学生对所学语法知识的理解与运用方面具有不可忽视的作用。与英语等语言不同，汉语由于不存在形态上的变化，而是主要通过语序与虚词来实现不同语法意义的表达，在听力教学中必须对这一特点予以充分重视。例如，"我告诉他"与"他告诉我"仅仅因为词序的不同，表达的意义就完全相反；"我买的苹果"与"我买苹果"由于虚词"的"的有无，所表达的句法意义也截然

---

[1]　白玉寒：《跨文化视角下的对外汉语教学研究》，中国水利水电出版社，2017，第203页。
[2]　白玉寒：《跨文化视角下的对外汉语教学研究》，中国水利水电出版社，2017，第205页。

不同。①

此外，汉语中修饰语通常都放在被修饰的成分之前，且考虑到短时记忆的限制，中心语前面的修饰语不宜过多、过于复杂。为了提高学生的听力能力，教师应引导学生对汉语的句法结构有一个全面而深刻的认识，通过丰富多样的听力练习和实例分析，不断丰富学生的语言经验，使他们能够在听力过程中迅速识别和理解不同的句法结构，准确把握句子的含义，从而提高听力理解的效率和准确性。

（八）快速反馈的能力

听力理解的过程不仅涉及意义的构建，而且在这一构建过程中，理解活动并不会终止，它要求听者能够基于对语言的理解迅速做出反馈。若话语本身包含判断性信息，听者应将其作为新信息存储于记忆中，以备后续的理解和应用。例如，当听到"今天天气很好"这样的判断性信息时，学生需记住它，并在后续的交流或思考中灵活运用这一信息。若话语是要求听者做出判断或回应的，听者则需将新信息与记忆中已存储的信息迅速整合，从而做出相应的回答。例如，在面对"你认为该影片如何？"这类问题时，学生应依托自身对影视作品的深刻理解，融合过往的观影经历等已有信息，敏捷地组织言辞，准确表达个人观点和评价。因此，在听力教学过程中，教师应采取多样化的方式，提升学生的快速反应能力。例如，可以设计互动式的听力练习环节，让学生在听完问题或对话后，立即进行回答或讨论，激励他们积极思考，迅速调动已有知识和经验进行反馈。同时，教师应及时给予学生反馈和指导，帮助他们不断提升快速反应的准确性和流畅性，以便更好地适应实际的语言交流场景，全面提升听力理解和语言运用的综合能力。

---

① 白玉寒：《跨文化视角下的对外汉语教学研究》，中国水利水电出版社，2017，第203～204页。

二　国际中文听力教学的过程

国际中文听力教学作为汉语教学的重要组成部分，对于学生汉语语言技能的提升和语言交际能力的培养具有关键作用。其教学过程主要可划分为听前准备、边听边做、听后练习三个紧密相连且各具特色的阶段，每个阶段都有其独特的目标和实施方法，共同致力于提高学生的听力理解能力和综合语言运用能力。

（一）听前准备

听前准备阶段是听力教学中不可或缺的重要环节，旨在充分激活学生已有的知识体系，激发他们的思维活力，使他们对即将聆听的材料进行合理的预测和推断。这一过程仿佛为学生即将踏上的听力之旅铺设了一座坚实的桥梁，助力他们跨越可能遇到的认知障碍，顺利抵达理解的彼岸。以"丝绸"为听力素材，教师可在聆听前向学生概述丝绸作为重要材料的核心地位。此番提示能迅速激活学生的关联思维，使他们回顾起与丝绸相关的各类知识，例如丝绸的产地特色、制作工艺的精湛、用途之广泛以及深厚的文化内涵等。如此，在听力过程中，学生将能更有针对性地抓住关键信息，从而提升理解的精确度和效率。相反，若听力素材中充斥着学生不熟悉的信息，且教师在聆听前缺乏足够的引导和铺垫，学生在听力练习过程中可能会感到困惑和迷茫，难以把握材料的主旨和细节。这不仅会削弱学生的学习热情，还会影响听力教学的整体效果。因此，聆听前的准备阶段至关重要，是保障听力教学顺畅进行、提高学生听力理解能力的关键所在。

一段优质的听力材料，其难度应设置得恰到好处。要让学生能够借助已掌握的知识，以及运用猜测等技能，较为准确地理解其中所传达的意思。这就需要教师在选择听力材料时，充分考虑学生的现有水平和实际需求，确保材料既具有一定的挑战性，能够激发学生的学习动力和潜能，又不会过于困难，使学生望而却步。如果一段听力材料学生基本上无法听懂，那么这样的听力练习就失去了其应有的意义，这只能说明所选材料不符合学生的当前听力水平，需要进行调整或更换。①

在听前准备阶段，教师还可以引导学生通过观察听力材料的标题、图片、关键词等线索，对听力内容进行初步的猜测和想象。通过听前准备活动，学生能够在心理上和知识上做好充分的准备，更加积极主动地参与到听力学习中，提高听力理解的效果和质量。

（二）边听边做

边听边做阶段是学生亲身接触并处理听力素材的关键环节。在此阶段，听力教学主要通过面听、机听、视听三种形式展开，其中机听方式尤为普遍。

面听是指教师亲自朗读听力材料，学生聆听。这种方式具备相当的灵活性，教师能依据学生的即时反馈，灵活调整语速、语调等，确保学生紧跟听力节奏。同时，在朗读过程中，教师可通过表情、肢体语言等为学生提供额外的信息提示，助力学生深入理解材料内容。然而，面听方式相对传统，受限于教师个人的发音与语速，可能难以完全模拟真实的语言环境。

机听则是借助录音或广播等设备进行的听力练习。这种方式资源丰富、内容多元、语音标准，能为学生提供更为真实且丰富的语言输入。学生可以反复聆听同一材料，深化对内容的理解与记忆。此外，机听设备便于控制播放速度，有暂停、重复等功能，可以满足不同学生的学习需求。在实际教学中，教师可依据教学目标和学生实际，选取合适的录音材料，如对话、短文、新闻报道等，供学生进行听力训练。

---

① 白玉寒：《跨文化视角下的对外汉语教学研究》，中国水利水电出版社，2017，第206页。

视听教学法，作为一门融合了视觉与听觉的听力教学艺术，通过视频与音频的有机结合，极大地丰富了学生的学习体验。在这一教学模式下，学生不仅能够接收语音信息，更能直观地领略相关场景、人物表情及动作等视觉元素，从而对听力内容有更为深刻的理解。此种教学方式有效激活了学生的多重感官，增强了学习的趣味性和吸引力，进一步激发了他们的学习热情。

以中国旅游题材的纪录片为例，学生在观看过程中，能够借助画面深入了解各个景点的特色风貌和游客的活动实况，同时通过解说词，学习相应的汉语表达。视听教学法尤为擅长处理那些情景丰富、文化内涵深厚的听力材料，它助力学生更深入地领悟汉语背后博大精深的文化。

在实际教学过程中，教师应根据听力材料的难度和长度，科学调整听的次数。通常情况下，三遍左右的次数较为适宜，既能保证学生对材料有初步的整体感知，又能在后续阶段有针对性地筛选关键信息。第一遍听力主要目的是让学生初步把握材料大意。第二遍则要求学生在任务指引下，有目的地筛选重要信息，深化理解。此时，学生可在第一遍的基础上修正听辨错误，进一步完善对材料的理解。教师应在学生第二遍听力时适度给予提示和指导，助力他们更好地完成任务。第三遍听力主要用于检验任务的正确性，学生需细致核对并检查答案的准确性和完整性。教师亦可借此机会对学生答题情况进行统计和分析，了解他们在听力理解过程中的共性问题和个性差异，以便在后续教学中开展更有针对性的辅导和训练。

（三）听后练习

在听力教学的听后练习阶段，学生能够进一步巩固和拓展他们对听力材料的理解，同时促进听力技能向其他语言技能（如口语和写作）的转化，这对于提升学生的语言综合运用能力至关重要。在听力学习的起始阶段，学生的注意力主要集中在完成听力理解任务上。而听后练习阶段则为学生提供了深化理解并实践所学知识的机会。这些练习包括对听力材料内容的复述、总结和讨论，以及对听力中出现的关键词语和语法结构的练习，还包括基于听力材料的写作练习等。例如，教师可以引导学生用自己的话复述听力材料中的关键信息，或者组织小组讨论，深入探讨听力材料中的主题，从而提高学生的口语表达和批判性思维能力。教师还可以设计填空、造句、翻译等练习，针对听力中的关键语言点进行强化。此外，要求学生根据听力材料撰写短文或日记，也是提高其写作能力和语言综合运用能力的有效方法。

在中高级听力课程中，听后练习通常会将听力内容与口语或写作活动相结合，更加注重提升学生的语言综合运用能力和创造性思维。通过角色扮演，学生可以模拟真实的交流场景，运用在听力练习中学到的知识和技能，提高口语表达的流畅性和准确性。或者，教师可以提出一个与听力材料紧密相关的话题，鼓励学生进行口头演讲或书面创作，要求他们结合个人见解和听力材料，灵活运用词汇、语法和表达方式，表达自己的观点。这种听后练习不仅能够检验学生对听力内容的理解程度，还能培养他们的独立思考和创新能力，为学生的语言学习和实际应用打下坚实的基础。

三 国际中文听力教学的方法

在语言学习的广袤领域中，听的过程是至关重要的语言输入环节。在这一过程里，学习者往往处于相对被动接受的状态，宛如一艘在知识海洋中航行的船只，顺着外界传来的语言声波前行。因此，国际中文听力教学必须采取行之有效的方法，以激发学生学习的积极主动性。概括而言，这些方法主要涵盖以下几个方面。

（一）听说结合法

实践有力地证明，听力表现出色的学生通常口语能力也较为出众，反之，听力欠佳的学生口语往往也不尽如人意。由此可见，听和说这两种言语技能宛如紧密相连的孪生兄弟，关系极为密切。在对外汉语的教学实践舞台上，必须将听和说巧妙地结合起来，进而孕育出听说结合的听力技能训练妙法。听说结合法又可进一步细化为听后回答、听后模仿、听后总结等具体形式。

1. 听后回答

听后回答犹如一场知识的问答盛宴。教师精心挑选一段材料播放给学生，随后学生依据所听到的内容回答相应问题。这种方式在语法阶段和短文阶段的听力教学中应用广泛，同时也适用于言语操练领域。教师所提出的问题恰似一把精准的钥匙，其难度务必能够精准开启体现听力技能训练重点的大门。

2. 听后模仿

听后模仿仿佛是一场对言语原声的复刻。收听者对听到的言语信息进行悉心模仿，而后再将其复述出来。在语音阶段，主要聚焦于对汉语声母、韵母、声调的听后模仿，如同在音乐的基础音阶上精雕细琢。而在语法阶段，除了句子本身，听后模仿还拓展到对句子的停顿、重音、语气和语调的细腻模仿，宛如为句子赋予了灵动的韵律。此外，听后模仿还可以巧妙地融入一些主动性成分，进而衍生出替换性模仿和添加性模仿。替换性模仿，先让学生聆听一句话，再给出一个词，要求学生用这个词替换句子中可对应的词，为语言学习增添了一份趣味与挑战。添加性模仿，则像是在语言的画布上添彩，学生在听到言语信号后，依据一定的语法规则添加适当的成分再说出来，激发了学生的创造力和对语法的深入理解。[①]

3. 听后总结

听后总结是指收听者在听到材料后，用自己的语言简述材料的内

---

① 范丽莉、刘宇、李松梅主编《对外汉语教学理论与实践研究》，吉林大学出版社，2012，第 188 页。

容。这种方法通常在语法阶段显现优势，若材料中出现较长、较复杂的句子，对学生而言犹如攀登陡峭的山峰，存在一定难度，这时便可尝试引导学生说出关键词或句子的主干。待进入短文阶段，便鼓励学生说出所听短文的关键句子或中心思想。

（二）听读结合法

听和读皆为输入言语信号的奇妙过程，如同两条汇聚的溪流，共同滋养着语言学习的大地。将这两种同属语言交际中接收理解型的能力紧密结合，能够显著加强接收的效果，促进理解的深度挖掘。听读结合法主要包含听后朗读与听后阅读两个内容。

第一，听后朗读。听后朗读恰似一场语音语调的演奏会，主要致力于练习对言语中语音、语调、语气的精准把握，让学生在声音的旋律中感受语言的魅力。

第二，听后阅读。听后阅读仿佛是一座桥梁，通过语音信号与视觉符号的双重刺激，有力地促进言语信息在大脑中的稳固储存，如同在大脑中构建一座知识的宝库。

需要着重指出的是，听读结合法在实际运用时将重心稳稳地放在听上面，要以听来引领读的节奏，用读来强化听的效果。因为在听的过程中，能够消除来自读和其他方面因素的干扰，而读的作用主要在于对听进行有力补充。①

（三）听写结合法

听与写的结合，既可以是严谨的听写，也可以是灵活的边听边记，还可以是听后书面完成任务，比如回答问题、写出大意等。相关理论深刻指出，听写不仅仅关乎写汉字这一表面形式，更蕴含着对理解的

---

① 王笑艳：《新时期对外汉语教学法专题研究》，中国水利水电出版社，2016，第145～146页。

深度考量，例如词界的切分问题等，如同解开语言密码的关键环节。句子和段落应成为听写的重点区域，听的方式（教师念或是放录音）和语速则需循序渐进。边听边记主要是捕捉大致的要点，比如故事的大致情节、文章的主要意思、关键的要点等。需要格外注意的是，理解是"记"的坚实基石，只有深刻理解了，才能精准抓住要害，如同射箭时瞄准靶心。这种练习能够为学生日后从事高层次专业的学习和工作奠定坚实基础。

（四）听做结合法

听做结合法，恰似一场充满活力的互动游戏，学生依据听到的言语指令，迅速做出所要求的动作。听做结合不仅能够活跃课堂气氛，提高学生的学习兴趣，还能够加深学生对语言要素的深刻理解。实际上，在学习某些特定语言要素时，听和做都是不可或缺的。

（五）视听结合法

随着时代的车轮滚滚向前，多媒体设备逐渐普及，在听力教学能力训练的广阔天地中也融入了多媒体的精彩成分，从而催生出视听结合法。视听结合法通过信息对视觉器官的强烈刺激，能够显著强化在脑中的印象，并且对于没有听清楚的信息进行巧妙弥补，从而在一定程度上缓解学生面对听力学习时的害怕心理。①

需要明确指出的是，在运用这一创新方法时，仍要坚定不移地以"听"为焦点。另外，由于视听结合在一定程度上会降低听的难度，教师在视听教学中不能仅仅满足于播放视听材料，而应以训练听力技能为目的精心设计各种丰富多彩的练习。因此视听结合法作为听力教学的一种辅助性方法，为听力教学的天空增添了一抹别样的光彩。

---

① 马莹：《对外汉语教学创新研究》，哈尔滨工业大学出版社，2019，第156页。

第二节　国际中文口语教学

一　国际中文口语教学的原则

若教师对国际中文教学的原则缺乏深刻理解，在教学实践中便可能误入歧途，导致努力与成效不成比例。因此，明确并掌握国际中文口语教学的核心原则显得尤为重要。具体而言，这些原则涵盖以下几个方面。

（一）合作原则

在国际中文口语教学中，由于学生在汉语水平、语言能力、文化背景及对话题的兴趣和了解程度上存在差异，教学面临诸多挑战。为此，教师需全面考虑学生的知识水平、信息接受能力和社会语境，秉持合作原则，采用个性化教学策略，如因材施教和分层教学，以满足不同学生的需求。通过多样化教学方法，如互动教学和情景教学，激发学生参与的兴趣，增强口语实践能力。同时，注重文化敏感性，通过文化导入与对比，帮助学生理解文化差异，提升跨文化交际能力。建立有效的沟通与反馈机制，及时给予学生具体反馈与鼓励，增强其学习信心。此外，通过小组合作和师生合作，营造积极的学习氛围，共同提升教学效果，从而有效应对教学挑战，促进学生口语能力与综合素质的全面发展。

（二）强化语句重现与复现

尽管学生在阅读和听力训练中能够理解某些词语和句子，但在口语表达中却未必能自如运用。这可能是由于这些词语和句子尚未在学生语言体系中稳固建立，或在形、音、义、用的结合上存在不足。因此，在口语教学中，教师需着重加强常用口语语句的重现与复现，通过大量听说练习，帮助学生掌握具体词语和句子的语用技巧，进而提升其口语表达能力。

（三）要重视两种语言的转换

在国际中文口语教学中，教师需要关注学生的口语产生过程以及目的语口语的培养。加速母语口语和目的语口语之间的转换过程，是口语教学的主要任务之一。通过运用实用性、交际性的训练内容，帮助学生从母语思维表达逐步过渡到母语和目的语合用，最终基本用目的语来思维和表达。①

（四）要有充分的时间予以训练

语言的学习和应用是一个不断推敲、斟酌词句的过程，需要足够的时间进行训练。对于非母语的汉语学习者而言，需要花费更多时间进行口语训练。因为用目的语说话需要经历对应转译的环节，停顿、断续、重复、插入的情况更为复杂。同时，口语从心理词汇和句子模式中匹配、提取的过程也比阅读、听力理解的匹配、提取更为困难。因此，在口语教学中，教师需要为学生留出足够的时间进行操练，以确保他们能够逐步提高口语表达能力。②

二　国际中文口语教学的过程

概括而言，国际中文口语教学是一个系统且有序的过程，主要涵盖以下几个关键方面。

---

① 白玉寒：《跨文化视角下的对外汉语教学研究》，中国水利水电出版社，2017，第212页。
② 张宁：《语用视角下的对外汉语应用研究》，中国纺织出版社，2017，第117页。

（一）明确教学目标

这是口语教学的起始环节，具有至关重要的引领作用。在此过程中，教师肩负着向学生清晰陈述和展示口语教学目标与内容的重任，其目的在于吸引学生的注意力，使他们明确自身的学习任务和方向。这一过程可通过多个维度得以实施。

首先，助力学生明晰学习任务。教师需运用多样化的方式，向学生阐明所学内容将在何种具体的情景或场合中得以应用。例如，当开展"假日旅行"相关口语材料的教学时，教师应预先告知学生，此次学习究竟是侧重于订票、订房等程序性用语的掌握，还是聚焦于度假方式等相关话题的探讨。这一明确的指引有助于学生在学习过程中更好地理解学习内容的实际应用场景，从而增强学习的针对性和实用性。

其次，呈现需学习的话语材料。教师可采用多种形式来展示学习材料，如通过文字阅读材料，包括精心挑选的课文、范文等，让学生从书面文字中感受语言的结构和表达方式；利用录音资料，使学生能够直观地聆听标准的语音、语调、语速以及自然的口语表达习惯；借助视听媒体的演示，如生动的视频、丰富的音频－视频结合资源等，为学生营造更加真实、直观的语言环境，激发学生的学习兴趣和积极性；通过现场表演的方式，让学生身临其境地感受口语交流的魅力和情景，加深对语言运用的理解。

最后，激发学生对过往学习的回忆。教师需充分了解学生在与所学项目相关的学习记忆中，是否已经储备了足够的支持性信息。与此同时，教师应通过适当的方式给予学生刺激，例如采用提问的方式，引导学生回顾与之相关的背景信息和语言信息，促使他们从自身的记忆库中提取已有的知识和经验。这不仅有助于巩固学生已学的知识，还能为新知识的学习搭建起有效的桥梁，实现知识的迁移和整合，促进学生对新知识的理解和吸收。[①]

（二）练习和运用

在这一环节中，教师充当着关键的指导者角色。在口语教学的不同阶段，教师会根据教学目标和学生的实际水平，布置相应的练习任务。

在口语教学的起始阶段，语音与语调的训练显得尤为重要。教师通常会精心设计并安排一系列机械性的模仿练习，旨在引导学生精准模仿标准发音与语调，通过反复不断地操练，及时纠正学生的发音偏差，从而培养其良好的语音习惯。此类模仿练习不仅有助于学生构筑坚实的语音基石，更为其日后口语表达能力的提升奠定坚实基础。

随着学生学习的深入，进入稍高阶段，情景对话练习则会更多地被运用。情景对话练习能够让学生在模拟的真实场景中进行口语交流，锻炼他们运用所学语言知识进行实际沟通的能力。在这一过程中，我们必须清晰地认识到，操练意义上的"说"与交际意义上的"说"存在本质的区别。操练意义上的"说"主要侧重于语言形式的练习，而交际意义上的"说"则是出于真实的交际目的，且说话双方存在着信息差，即双方拥有未知信息，故而需要进行交流。国际中文口语教学的最终目标并非仅仅停留在形式操练阶段，而是要使学生能够在实际生活中自如地进行表达与交际，真正具备运用中文进行有效沟通的能力。[②]

（三）反馈和评估

这一过程主要聚焦于对学生知识和技能掌握情况的全面检验，同时对学生口头表达的质量进行科学、合理的评价。其目的在于及时发现学生在学习过程中存在的问题，并给予适当的纠正；对于学生表现

[①] 陈昌来主编《对外汉语教学概论》，复旦大学出版社，2005，第202页。
[②] 白玉寒：《跨文化视角下的对外汉语教学研究》，中国水利水电出版社，2017，第214页。

正确的方面，则予以鼓励和肯定，从而进一步强化正确的话语形式，同时对学生缺漏的知识进行有针对性的补充。

反馈和评估的方式丰富多样。教师可以通过简单而直观的肢体语言，如点头表示认可、摇头表示否定、微笑给予鼓励、皱眉传达关切等，向学生传递即时的反馈信息。此外，语言说明也是一种重要的反馈方式，教师可以详细地指出学生的优点和不足之处，为学生提供具体的改进建议。在这个过程中，给出正确的反应是至关重要的，它能够让学生明确自己的学习成果和需要改进的方向。同时，教师还应格外注重维护学生开口说话的积极性，避免因过度批评或不当反馈而挫伤学生的学习热情和自信心。通过积极的反馈和鼓励，激发学生的学习动力，让他们在口语学习中不断进步。

（四）保持和迁移

这一过程的目的在于帮助学生巩固并维持对所学知识的记忆，同时促使他们能够将所学的口头表达技巧与方式灵活地应用于相似的语境之中，实现知识与技能的有效迁移。一般而言，迁移的水平越高，反映出学生对知识的掌握与理解越深刻，从而能够更好地维持所学内容。

在实际的教学活动中，保持与迁移主要通过复习与课外实践两大途径来达成。复习是对已学知识的加强与巩固，教师可以指导学生定期回顾所学的口语知识点、对话模式、表达手法等，借助重复记忆与练习，深化学生对知识的印象，提升知识的留存率。

课外实践则为学生提供了将所学知识应用于现实生活的舞台，例如组织学生参与中文口语角活动、与以中文为母语的人士进行实际交流、参加中文演讲比赛或戏剧演出等。这些课外实践活动能够让学生在真实的语言情景中运用所学的口语技能，不仅能够锤炼他们的语言运用能力，还能激发他们的学习兴趣与自信心，进一步推动知识的保持与迁移，使学生真正掌握实用的国际中文口语表达能力，为跨文化交流搭建稳固的桥梁。

三　国际中文口语教学的方法

国际中文口语教学作为汉语教学的重要组成部分，旨在培养学生运用中文进行口头交流的能力，使其能够在实际情景中准确、流利地表达自己的想法和观点。为了实现这一目标，教师们采用了丰富多样的教学方法。以下将对这些主要方法进行详细阐述。

（一）模拟法

模拟法在语言教学中极为常用。在国际中文教学领域，模拟法的核心在于让学生置身于现实社会场景的模拟情景中，扮演不同的社会角色，进而展开相应的口头交际活动。通过这种方式，学生能够深入体验不同角色的身份和情感，揣摩其中所蕴含的不同社会意义，从而更为深刻地了解和掌握不同社会角色在语言使用上的特点和差异。在开始进行模拟活动时，教师需要精心做好一系列的组织准备工作。首先，要向学生清晰地说明模拟的场景，让学生对即将进入的情景有一个明确的认知，例如是在餐厅点餐、医院看病还是在学校讨论学习问题等场景。其次，要详细介绍模拟的对象，即学生需要扮演的角色，包括角色的身份、特点、职责等，使学生能够更好地理解和诠释角色。再次，教师要明确提出任务要求，告知学生在模拟情景中需要完成的具体任务和目标，如完成一次成功的购物交易、解决一个学习上的问题等。最后，为了支持学生顺利进行模拟交际，教师还需提供相关的语言结构和功能知识，以及丰富的词语支持，帮助学生构建起准确、流畅的表达框架。

（二）直观描述法

直观描述法在国际中文口语教学中是一种既简洁又高效的策略。

在教学环节中，教师会指导学生直接对图片、实物或影视片段进行描述，以此来锤炼他们的口头表述技巧。例如，当展示一幅展现中国传统节日——春节的图片时，教师会鼓励学生用中文详尽描绘图片中的场景，包括人们身着的新装、门上张贴的春联、夜空中绽放的烟花以及围坐一堂的家人等，同时分享他们从中感受到的节日氛围与文化深意。通过对具体实物的描述，如一件精美的中国手工艺品，学生能够学习如何用中文细腻地刻画物体的外观形态、色彩搭配、材质质感及制作工艺等细节。而对于影视片段的描述，则要求他们能够敏锐捕捉画面中的关键要素，包括人物的动作举止、面部表情、对话内容及剧情推进等，并准确无误地用中文复述出来。

这种方法巧妙地激活了学生的视觉感知与思维能力，促使他们在细致观察的基础上迅速整合语言，进行条理清晰的表达。由于描述的对象是直观可见的，学生更容易找到表达的起点与素材，从而有效提升自信心，激发口语表达的积极性与准确性。

（三）情景对话法

情景对话法在国际中文教育领域中深受广大教师的喜爱，该教学方法注重实践性与应用性。教师首先为学生精心设计一个贴近生活的场景或明确一项具体任务，随后引导学生围绕这一情景或任务展开对话，旨在通过对话锤炼学生的口头表达能力。例如，教师可以模拟火车站购票场景，让学生分别扮演乘客和售票员的角色，通过询问车次、时间、票价、座位类型等信息以及购票操作的对话，提升学生的语言应用能力。此外，教师还可以布置组织班级聚会的任务，让学生们围绕聚会的时间安排、地点选择、活动内容规划以及邀请人员名单等话题展开讨论与对话，从而培养学生的团队协作精神和实际操作能力。

在运用这种教学方法时，情景的构思需力求贴近现实生活，兼具实用性和趣味性，以充分激发学生的参与意愿和学习热情。同时，教师还可以根据学生的实际语言水平和既定的教学目标，灵活调整情景的难度和复杂度，循序渐进地帮助学生提升口语表达能力和在不同情景下的交际能力。

以上提到的模拟法更侧重于让学生深入体验不同社会角色的语言使用特点，而情景对话法则更注重通过实际对话提升学生的语言应用能力。模拟法的场景设计可能更复杂，涉及更多的社会角色和任务，而情景对话法的场景通常更贴近日常生活，注重实用性和趣味性。

（四）互动问答法

问答作为口头交际得以生成的最基本手段，是交际得以延续的必要形式，也是在实际交际中最为频繁发生的言语行为，因此成为普遍采用的口语教学方式之一。互动问答强调的是师生之间、学生之间的双向互动作用，打破了传统教学中单向传授的模式，营造了一个更加活跃和开放的口语学习环境。[①]

在互动问答中，问题的发起者可以是老师、学生，也可以是学生之间相互提问。老师问学生，能够检验学生对知识的掌握程度，引导学生思考和表达；学生问老师，有助于学生解决心中的疑惑，增强学习的主动性；学生问学生，则促进了学生之间的交流与合作，培养了他们的互动能力和团队精神。

问题的设计可以灵活多样，既可以以语言结构为纲，如围绕某一语法点设计问题，让学生在回答过程中巩固和运用语法知识；也可以以话题为纲，选择学生感兴趣或与生活实际密切相关的话题，如美食、旅游、文化等，激发学生的表达欲望。学生之间的问答形式也丰富多样，可以是交叉式的，即不同学生之间相互交叉提问和回答；也可以

---

① 白玉寒：《跨文化视角下的对外汉语教学研究》，中国水利水电出版社，2017，第214～215页。

是循环式的，每个学生依次向下一个学生提问，形成一个循环的交流链条。问题的内容可以相同，让学生通过不同的表达方式进行回答，也可以根据生词提不同的问题，拓展学生的词汇运用能力。具体的问答形式和内容可根据教学实际情景和学生的需求而定。

在这个教学过程中，教师要充分尊重学生的主体性，与每一位作为个体的学生都处在平等的地位，避免使学生处于被动接受的地位。教师要鼓励学生积极提问和回答，给予及时的反馈和指导，帮助学生提高问答的质量和效果，从而提升口语表达能力和交际能力。

第三节　国际中文阅读教学

一　国际中文阅读教学的任务

概括来说，国际中文阅读教学的任务涵盖以下几个重要方面。

（一）扩充学生的汉语词汇量

在学生的阅读理解过程中，词汇量起着决定性的作用，其广度与深度直接影响到阅读能力的层次。因此，在阅读教学的框架内，一项核心使命便是切实增进学生的汉语词汇积累。为达成此目标，可以采用以下策略。

第一，需细致规划阅读材料中的词汇分布，保证学生能够频繁地与目标词汇（即新词汇）相遇，以此加深记忆痕迹。

第二，当目标词汇在文本中自然呈现时，教师应及时向学生阐释其意义，助力他们领悟词汇在具体语境中的实际运用。

第三，通过建立生词列表的方式，集中精力学习特定的目标词汇。譬如，在阅读活动正式开启之前，预先向学生教授这些词语，为他们的后续阅读铺平道路。

第四，巧妙地设计一些环节，鼓励学生利用上下文线索、图片提示等信息猜测词义，教师在必要时给予适度引导，以此培养学生的词汇推断能力。

第五，通过教授单词拼写规则、构词法以及组织词汇游戏等独立词汇教学活动，进一步巩固学生的词汇基础。

值得强调的是，在阅读教学的词汇学习环节中，应着重于输入理解性（即词汇的接收与理解），而非输出生成性（即词汇的主动运用）。这表明，我们的首要任务是帮助学生透彻理解词汇在阅读文本中的含义及其所扮演的角色。此外，实词的教学在阅读教学中占据着核心地位，需通过多元化的练习形式，如填空练习、选择题、匹配题等，来强化学生对实词的掌握程度及其在实际语境中的应用能力。

（二）增加和巩固学生的汉语知识

相较于语法教学，阅读教学的一大独特魅力在于能为学生提供海量的语篇素材，使学生在真实的语境中全面把握字、词、句、篇等语言构成元素。尽管这些元素在语法教学中也有所触及，但往往因缺乏足够的复习和应用机会而显得单薄。在阅读教学中，教师引领学生涉猎多样化的文本，确保这些语言元素在具体语境中生动展现，而非孤立无援。教师应充分利用这一独特优势，以强化学生的汉语知识体系并夯实其学习成效。

为更有效地提升学生的汉语知识水平，教师在学生的阅读实践中应扮演积极的引导者角色，助力他们深刻领悟各类语言知识，并着重培养他们的语言感知力和直觉。同时，在选择、改编阅读材料及组织语言知识时，需遵循一定的原则。具体而言，阅读材料应难度适中、数量充足，且内容兼具趣味性和实用性，以激发学生的阅读兴趣并提升其实际应用能力。此外，需合理控制阅读材料中的生词量和语法难点，适当提高生词的复现率，使学生在海量阅读的浸润中自然而然地吸收并巩固语言知识，从而实现语言能力的稳步增强。

（三）提高学生的阅读技能

在汉语阅读活动中，深刻领会语篇所传达的深层意义是阅读的核心追求之一。这一追求的实现，从根本上取决于阅读者对汉语知识的掌握深度及其阅读技能的成熟度。汉语知识，包括词汇、语法、句型等，构成了理解文本意义的地基；而阅读技能，如迅速捕捉关键信息、精确把握作者意图、有效挖掘文本深层意蕴等，则是将这些知识转化为实际阅读能力的桥梁。因此，在国际中文阅读教学中，提升学生的阅读技能成为一项至关重要的教育目标。

为达成既定目标，国际中文阅读教学需强化对阅读技能训练的融入与深化。这不仅仅意味着增设专门的阅读技能训练模块，例如快速阅读、精读理解、批判性阅读等训练，更强调将这些技能训练自然而然地融入日常阅读教学之中，使学生在实践中不断磨砺与提升。

在实际教学过程中，教师可以通过策划丰富多样的阅读活动，有针对性地锤炼学生的阅读技巧。这些活动涵盖信息检索、主旨提炼、细节把握以及观点分析等各个方面。同时，根据学生的个体差异和阅读水平，精心挑选不同难度和类型的阅读材料，旨在激发学生的阅读兴趣，拓宽他们的知识视野，并全方位提升他们的阅读能力和综合素质。通过这一系列有效措施的切实执行，国际中文阅读教学将得到显著发展，为学生的汉语学习和跨文化交际能力的发展奠定坚实的基础。

（四）提高学生的汉语语言水平

国际中文教学的使命在于提升学生的汉语语言水平，国际中文阅读教学也应紧密围绕这一总体目标展开。在阅读教学过程中，教师应当充分利用阅读材料的丰富性，引导学生通过广泛阅读来复习和强化已学的字词与语法知识，同时，鼓励他们积极探索阅读材料中的新字词、新语法，以及蕴含其中的文化知识，力求在理解的基础上加以吸收。

此外，阅读训练不应仅仅停留在理解层面，更应注重培养学生的敏锐洞察力，使他们能够自主发现语言与文化的新现象。更重要的是，要鼓励学生将阅读中获得的新词汇、新语法及文化知识灵活应用于听、说、写的实践活动中，通过实际运用来深化理解，从而全面提升其汉语听、说、写的能力。这样，国际中文阅读教学才能真正发挥其桥梁作用，促进学生汉语语言水平的全面提高。

二　国际中文阅读教学的原则

国际中文阅读教学致力于提升外国学习者对汉语语言材料的掌握与理解能力，特别是字词句、段落及篇章的阅读能力。为达成此目标，在实施国际中文阅读教学时，教师应坚守以下关键原则。

（一）循序渐进原则

外国学习者在汉语阅读学习过程中，会经历一个逐步成长与发展的阶段。因此，国际中文阅读教学应遵循由简至繁、循序渐进的原则。对于初学者，鉴于他们可能面临的汉语语音及汉字障碍，教师应选择相对简单的教学内容，以降低学习难度，增强他们的学习信心。而对于已具备一定汉语基础的学习者，则可适度提升阅读难度，但需确保难度适中，与他们的阅读水平相匹配。

（二）实用性原则

学习第二语言的主要目的是进行交际，外国学习者学习汉语亦是如此。因此，国际中文阅读教学的内容设计应强调实用性，避免教授过于书面化或脱离实际的语言。为实现这一目标，所选阅读材料应尽可能真实、贴近日常生活，并根据学习者的语言水平进行必要的调整。例如，为初级学习者提供指示牌、简单通知等实用文本，为中级学习者提供题材丰富、语言难度适中的文章，为高级学习者提供语言难度大、内容丰富的原文材料。

（三）实践性原则

国际中文阅读教学的核心宗旨在于增强学习者的汉语阅读能力。为此，在教学实施过程中，教师应当着重强调实践环节，借助一系列阅读训练与实践活动来锤炼学习者的阅读理解能力。这要求教学活动必须紧密围绕"阅读"这一核心特性来精心设计，确保学习者能在持续的阅读实践中不断得到锻炼与提升。

（四）学习者中心原则

在任何教育环境中，维护学习者的中心地位都至关重要，国际中文阅读教学亦不例外。在教学实践中，教师应当深切尊重并充分展现学习者的主体地位，紧密贴合学习者的实际情况来精心规划与实施教学内容和教学方法。这样的教学策略能够极大地调动学习者的积极性，从而显著提高教学效果。因此，教师需要紧密围绕学习者的具体需求和特点，灵活调整教学策略，确保教学活动能够精确满足学习者的学习需求，实现教学的有效性和高度的个性化定制。

三 国际中文阅读教学的过程

从认知理论的视角来审视，国际中文阅读教学可以划分为以下几个紧密相连的阶段。

（一）预备导入阶段

此阶段旨在激发学生的阅读兴趣，为即将展开的阅读活动奠定坚实的基础。若阅读材料涉及的主题对学生而言较为陌生，教师应预先提供相关的背景知识，帮助学生构建必要的认知框架。同时，引导学生理解文体特征及其与社会语境之间的相互作用，有助于深化他们对阅读材料的理解。例如，在讲解关于第二次世界大战的文章时，可剖析社会语境如何影响篇章的构建，以及特定语境下词汇的选择与运用。

（二）任务设定阶段

阅读教学往往伴随着明确的任务与目标，学生需根据阅读任务灵活调整阅读策略。教师在布置任务时，可鼓励学生基于文章标题、篇章结构、连贯方式，以及自身对情节、情景的逻辑判断，对文章内容做出初步预测。这一环节有助于激发学生的思维活跃度，为后续阅读做好心理准备。

（三）深入阅读阶段

在这一阶段，学生需亲自接触并深入阅读文本，通过细致的信息提取与理解，完成预设的阅读任务，达成理解目标。阅读过程中，学生需持续保持任务导向，灵活运用各种阅读技巧与策略，以应对阅读挑战。

（四）过程监控阶段

有效的阅读监控是阅读成功的关键。部分学生能在阅读过程中主动反思自己的理解是否准确，方法是否高效，一旦发现偏差或困难，能迅速调整策略，确保阅读目标的达成。而部分学生则可能缺乏这种自我监控能力。因此，教师应指导学生有意识地监控自己的阅读行为，提升自我调整与修正的能力。

（五）反馈实践阶段

阅读结束后，通过一系列实践活动，如口头回答、复述、讨论、评论等"读后说"活动，以及笔头回答、写读后感等"读后写"活动，学生可以进一步巩固对文章的理解，同时这些反馈也是教师评估教学效果、调整教学策略的重要依据。这一阶段的实践活动不仅是对阅读成果的检验，更是促进学生综合能力提升的有效途径。

第四节　国际中文写作教学

一　国际中文写作教学的任务

国际中文写作教学的任务在于传授写作知识与训练写作技能，而尤以提升写作能力、强化技能实践为重。

（一）构建写作知识体系

写作知识涵盖广泛，从基础的标点符号、书写格式、文体分类到修辞技巧，再到叙述、描写、抒情、议论和说明等多种表达方式，都是学生必须掌握的内容。这些知识的习得既依赖于日常积累与其他课程的学习，也离不开写作课堂上的系统讲解。在讲解时，应注重知识的实用性与针对性，避免冗长的理论阐述，要在学生原有知识的基础上，引入新知，为后续的写作实践奠定基础。同时，要特别关注那些在其他课程中难以触及却对写作至关重要的知识点，深入解析词语、句式的语义，归纳语用规律，帮助学生构建全面而实用的写作知识体系。

（二）强化写作技能训练

国际中文写作教学的另一大任务是训练学生的写作技能，包括词汇选择、句式运用、句群与语段的连贯衔接、文体写作以及借鉴与监控能力的提升。具体而言，学生需要学会精准用词造句以表达特定意思，根据表达需求选择合适的句式，确保句群与语段的流畅衔接，以及熟练掌握各种文体的写作技巧。此外，借鉴能力是指学生能够参考母语写作经验，模仿并灵活运用目的语范文；而监控能力则是指学生能够运用所学知识，自觉修改、润饰自己的作文，确保其符合规范。

（三）分阶段实施教学任务

国际中文写作教学可划分为初级阶段、中级阶段和高级阶段，每个阶段的教学任务各有侧重。

1. 初级阶段

此阶段学生已初步掌握汉语基础语法，但书面表达能力尚待提升。因此，教学重点是引导学生将所学语法词汇知识应用于书面表达，实现从句子到语段、语篇的过渡。同时，注重文体协调，通过语言结构训练，逐步提升学生的书面表达能力。

2. 中级阶段

此阶段教学旨在训练学生对汉字、词汇、语法、书写格式及标点符号的综合运用能力，以及谋篇布局的能力。通过范文学习，扩大词汇量，掌握不同语境下的正确表达方式及修辞技巧，确保书面表达的准确性与质量。同时，设定具体标准，如语法错误率、用词错误率、错字率等，以检验学生的学习成果。[①]

3. 高级阶段

此阶段教学侧重于训练学生熟练写作各种文体的能力，注重语言

---

① 白玉寒：《跨文化视角下的对外汉语教学研究》，中国水利水电出版社，2017，第225页。

运用的规范性与表达效果的得体性。通过持续克服母语干扰，加强汉语思维训练，解决句子衔接、语意照应、语气配合等问题。同时，要求学生掌握说明文、议论文、学术论文的写法和语言风格，运用常用写作技巧，了解学术论文的特点、类型及撰写方法，提升汉语交际的适应性与表达能力。[①]

二 国际中文写作教学的基本原则

在国际中文写作教学中，应遵循以下几项基本原则，以确保教学效果与质量的提升。

（一）以学生为中心的教学原则

在教学活动中，应始终将学生置于中心地位，转变教师传统的主导角色，使写作过程成为一种师生协作的学习经历。这意味着要摒弃以往教师单方面讲解、学生课后孤立写作的模式，转而激发学生的主观能动性，促使他们由被动接受转为主动探索。这种转变不仅能有效提升学生的写作兴趣，还能激发他们的创新思维，为写作教学注入新的活力。

（二）课内外结合的教学原则

鉴于课堂时间的有限性，写作教学不应仅限于课堂之内。教师应合理安排课外写作任务，以补充和巩固课堂所学。鼓励学生养成用汉语写日记的习惯，这不仅能锻炼他们的汉语思维能力和写作速度，还能通过记录个人生活、身边事件或评论世界大事，提升他们的书面表达能力。教师对日记的关注与反馈，将激发学生持续书写的热情，并通过日记这一窗口，深入了解学生的内心世界与学习状态，从而实施

---

① 白玉寒：《跨文化视角下的对外汉语教学研究》，中国水利水电出版社，2017，第226页。

更加精准的教学策略。

（三）平衡母语与汉语写作的教学原则

学生的母语写作能力与汉语写作能力之间存在一定的正相关关系，即母语的正迁移作用通常大于负迁移。母语写作训练所培养的思维能力、表达能力是汉语写作的基础，有助于学生解决构思、选材、结构布局等问题。教师应充分利用这一共性，引导学生将母语写作能力迁移到汉语写作中，重点解决语言运用难题。同时，也要警惕母语写作的负迁移作用，不同语言间的表达方式差异可能对学生的汉语写作产生负面影响。因此，教师需要明确讲解两种语言的区别，避免学生盲目模仿母语表达习惯，确保汉语写作的准确性和地道性。①

（四）综合技能培养的教学原则

写作教学的目标是培养学生使用汉语进行交际的综合能力，这与听、说、读等技能紧密相连。在写作教学中，教师应注重将写作活动与听、说、读等活动相结合，形成相互促进的良性循环。通过多样化的教学活动，提升学生的语言综合运用能力，为他们的汉语学习打下坚实的基础。

三　国际中文写作教学的方法

一般而言，国际中文写作教学主要采用一系列针对性的汉语写作训练策略，旨在帮助学习者逐步掌握汉语写作的技巧。这些训练策略具体涵盖以下几个方面。

（一）听写训练

听写不仅能够有效练习和检验学习者的汉字掌握情况，还能让他

① 白玉寒：《跨文化视角下的对外汉语教学研究》，中国水利水电出版社，2017，第227页。

们亲身体验汉语书面表达的特点，如标点符号的正确使用、段落划分的基本规则等。因此，听写也是一种有效的国际中文写作教学手段，尤其适合在初级阶段运用。在进行听写训练时，建议以句子为单位进行停顿，并适当控制语速（无须过慢），这不仅有助于提升学习者的听力理解能力，还能为他们日后在听报告或会议时做笔记（即听记训练）奠定坚实基础。听写训练应从低年级开始，并坚持持续进行。

（二）看图作文

看图作文是一种通过观察一幅或一组图画，将其所呈现的内容以文字形式表达出来的写作训练方法。优秀的图画往往源自创作者对生活的深入观察与体验，经过精心构思、设计与丰富的想象而创作出来。可以说，每一幅图画都是一篇由形象构成的文章。将"形象文章"转化为"文字文章"的过程，能够锻炼学习者的观察能力、分析能力、理解能力、思维能力和想象力。采用看图作文的方法，旨在以直观的方式减少学习者对母语思维的依赖，同时为他们提供丰富的写作内容与情景。在进行看图作文时，应给予学习者必要的任务提示和充分的写作引导，特别是在初级阶段，甚至可以提供必要的词汇和句型提示，以降低写作难度，提升学习效果。[1]

（三）语句衔接训练

文章的语句衔接是否恰当，直接关系到文章整体的和谐度与语义的连贯性，因此，加强语句衔接训练对于提升对外汉语学习者的写作表达能力至关重要。语句衔接主要体现在篇章的表层结构上，通常借助照应、省略、替代等语法手段，以及关联词语、词汇的同现或复现关系等词汇手段来实现。在汉语篇章中，省略的使用尤为频繁，而照应和替代则涉及更为复杂的问题。在国际中文写作教学与训练中，省

---

[1] 张宁：《语用视角下的对外汉语应用研究》，中国纺织出版社，2017，第 141～142 页。

略与指代训练、连接词语的运用训练以及句式训练构成了语句衔接训练的重要内容。[①]

省略与指代因其隐蔽性和复杂性，往往成为对外汉语学习者的难点，他们在写作中常出现指代过度、不会省略、指代不明或该用时不用等错误，这些都会破坏小句间构成话题链的自然衔接。针对这一问题，教师应结合学习者的习作进行系统讲评和当众批改，使他们对自己的错误有清晰的认识，避免再次犯错。同时，教师也可以选取相关范文，让学习者将自己的练习与范文进行对比，以加深印象。

连接词语是确保语篇连贯性的基石，对语句间的顺畅衔接和语义的清晰表达起着关键作用。使用不当会直接导致语句衔接不畅和语义模糊。因此，在对外汉语写作教学中，教师应当高度重视连接词语的训练。训练形式可以丰富多样，例如，设定具体语境，让学习者从中选择恰当的连接词语；或者给出一个语段或篇章，要求学习者在空白处填入合适的连接词语以完善篇章的连贯性。另外，还可以提供一组连接词语，鼓励学习者运用这些词语构思并写出一段连贯的文本。

除了连接词语，句式的一致性也是实现篇章自然衔接的重要因素。汉语句式灵活多变，包括主动句、被动句、兼语句、"是……的"句等多种类型，以及简单句和复杂句的不同组合。这些句式虽然可以表达相近的意思，但选择何种句式往往影响着篇章的流畅度和表达效果。因此，在对外汉语写作教学中，教师应当向学习者系统传授不同句式的衔接规律与技巧，以提升他们在实际写作中灵活运用句式的能力。

（四）关联词运用训练

汉语写作是一个既复杂又精细的创造性过程，它要求将单个词语巧妙地编织成句子，并进一步根据写作目标，将这些句子有序地组织成语段，最终汇集成一篇完整的文章。在这个过程中，关联词发挥着

[①]　张宁：《语用视角下的对外汉语应用研究》，中国纺织出版社，2017，第140~141页。

举足轻重的作用，它们如同桥梁，巧妙地将各个句子紧密相连，既确保了文章的流畅性和连贯性，又极大地增强了作品的表现力。因此，在对外汉语写作教学中，教师应当高度重视关联词的练习，通过这一关键环节的训练，来提升学生的逻辑思维能力，并教导他们如何科学合理地布局段落结构，从而使文章的结构更加严谨，内容更加条理清晰、连贯有序。

（五）自由写作实践

自由写作是一种极具灵活性的对外汉语写作教学模式，它摒弃了对写作思路和文体形式的僵化束缚，鼓励学生自由挥洒，尽情表达个人的情感与思想。在这一教学模式下，教师可以为学生设定一项长期的写作任务，例如每周或每月提交一篇作品，而具体的写作内容和形式则完全由学生自主选择。这种高度的自由，不仅极大地激发了学生的创作激情，还为他们搭建了一个充分展现个性与才华的广阔舞台。从某种意义上讲，自由写作是对外汉语学习者文学创作能力的极致展现，是他们运用汉语深刻表达内心世界的最高层次。

（六）对文本的加工型写作

通常情况下，文本加工型写作主要涵盖两大类：扩写与缩写，以及改写。

1. 扩写与缩写

扩写作为一种练习方式，不仅能够显著提升对外汉语学习者的书面表达能力，还能够帮助他们发展出更高效的阅读策略。具体来说，扩写要求学习者在理解原有简短文本的基础上，通过增加细节或进行适当拓展，将原文发展为一个更详尽、丰富的版本。这一过程不仅需要学习者对原文有深刻的理解，还需充分发挥其创造力来丰富和扩展文本内容。

与扩写相辅相成的另一种训练形式是缩写，它在 HSK 考试中也是一种常见的题型。缩写的目标是将较长的文本进行精简，提炼出一个更简短的版本。这种训练形式要求学习者精准把握原文的主旨，同时剔除冗余和次要信息，从而凸显文本的精髓和核心要点。通过缩写练习，学习者不仅能够提高对文本的理解和概括能力，还能在 HSK 考试中更有效地应对相关题型，进一步提升他们的综合语言能力。

这两种训练方式共同作用，不仅能够增强学习者的阅读和写作技能，还能在实际应用中，如 HSK 考试中，帮助他们更好地应对各种语言挑战。扩写和缩写的结合使用，为学习者提供了全面的语言训练，促进了他们语言能力的综合发展。

2. 改写

相较于扩写与缩写，改写为学习者提供了更为自由的书面表达空间。在改写练习中，学习者首先阅读一个文本，然后运用自己的语言和理解对原文进行整合与重组。这一过程中，学习者可以灵活调整文本的主题、风格、人称乃至结局，创造出与原文相似或截然不同的新文本。因此，改写后的作品既可以是原文的模仿之作，也可以是全新的创作。

在文本加工的写作练习中，阅读文本构成了学习者任务环境的重要组成部分。这些文本作为写作者不可或缺的外部资源，限制了写作的完全自由性。因此，尽管加工型写作提供了丰富的创作空间，但本质上仍是一种受控的写作训练。

（七）开展应用文写作训练

应用文是人们用于反映客观事物、表达思想情感、具有完整意义和一定篇章结构的书面语言形式。它广泛应用于机关团体、企事业单位及人民群众的日常事务处理和信息传递中，具有惯用的格式和实用性。因此，在日常生活中，应用文写作极为常见。

在对外汉语写作语用教学中，教师可以通过应用文写作训练来提升学习者的汉语写作能力。在选择训练内容时，教师应注重挑选学习者常用且实用的应用文形式，具体包括以下几个方面。

1. 表单填写

根据学习者的学习阶段，可以让他们填写如邮局包裹单、银行存取款单、住宿登记表、体检表、签证表等简单表单，以锻炼其实际应用能力。

2. 书信撰写

引导学习者撰写家信、祝贺信、感谢信、慰问信、邀请信、申请信、投诉信、介绍信、推荐信等多种书信，以丰富其书信写作技巧。

3. 便条写作

教授学习者写留言条、请假条、收据、借条、请柬、小启事等日常便条，以及简单的日程安排、小计划和委托事项，以提升其应对日常生活需求的能力。

4. 说明文创作

指导学习者撰写介绍某人、某事或某个过程的说明文，以及更复杂的使用说明、社会制度介绍（如社会福利制度、义务教育制度等）或宏观环境及事物介绍（如公司概况、城市概况等）。在练习时，需注重说明文的形式与内容特点，与记叙文和议论文相区分。

5. 商务应用文写作

在学习者掌握较好的汉语基础后，可以开展商务信函、协议、合同、备忘录、确认书、广告等商务应用文的写作练习。在进行这些练习时需要向学习者明确商务文件的基本格式和语体特点，以提升其商务写作能力。

由于交际对象、活动和任务的不同，各类应用文具有特定的程式或固定格式，以及用词和语气的特殊要求。因此，在应用文练习中，除了根据学习者的语言水平选择相应的练习形式外，更重要的是要强调写作对象与语言表达方式之间的对应关系，以确保学习者能够准确、得体地运用应用文进行交际。[①]

（八）进行文章讲评

在国际中文写作教学中，文章讲评是教师肩负的一项重要职责。它要求教师仔细审阅、深入分析并细致批改学习者的文章，以此获取宝贵的第一手资料。通过对这些资料的深入研究，教师能够清晰地识别出本次作文中的亮点所在以及普遍存在的问题。在此基础上，教师会进行有目的的表扬或指正，旨在帮助学习者从理论高度把握这些问题，并以此为鉴，指导未来的写作实践。

具体而言，文章讲评不仅是对学习者写作成果的反馈，更是提升其写作能力不可或缺的一环。通过讲评，学习者能够清晰地认识到自己在用词、句式、结构等方面的长处与短板，从而在今后的写作中发扬优点、弥补不足，实现持续的进步。同时，教师的表扬能够激发学习者的写作热情，增强其自信心；而指正则能够促使学习者正视问题，积极寻求改进之道。

因此，在国际中文写作教学中，教师应当对文章讲评环节给予高度的重视，确保讲评内容既准确全面又富有针对性，从而切实有效地推动学习者的写作能力迈向新的高度。

---

① 张宁：《语用视角下的对外汉语应用研究》，中国纺织出版社，2017，第143~144页。

第六章

国际中文教育师资与学生
能力的培养

国际中文教育专业的学生将走上教师岗位，成为国际中文教育的师资，不仅承担着语言教学的重任，更肩负着深化国际理解与友谊的使命。在中文的重要性日益凸显的当下，如何有效提升国际中文教育专业师资学生的各项能力，成为亟待探索和实践的重要课题。本章以此为出发点，探讨国际中文教育师资与学生能力培养的理论基础与途径。

　　本章前两节论述如何提升国际中文教育专业师资学生的能力，其中的"师资学生"指在未来将成为国际中文教育师资的中国学生，简称"师资生"。

第一节　信息化教学设计能力的培养

　　随着信息技术的飞速发展，教育领域也发生了深刻的变革。在国际中文教育专业师资生的培养中，培养其信息化教学设计能力具有至关重要的意义。它不仅能够提升教学效果，满足学生多样化的学习需求，还能适应全球化教育发展的趋势。

一　信息化教学设计能力培养的理论基础

（一）建构主义学习理论

　　建构主义学习理论是教育领域一项具有深远影响的核心理论，深刻地揭示出学习并非学生被动接收知识的简单流程，而是一个学生积极建构知识的动态过程。这一理论强调，学生并非单纯的知识容器，静待教师灌输，而是知识的主动构建者，他们通过个人思考、探索和实践来形成对知识的深入理解和扎实掌握。

在信息化教学设计的广阔背景下，建构主义学习理论展现出至关重要的导向作用。其核心理念在于倡导以学生为中心的教学活动。这就要求教师摒弃传统上以教师为主导的教学模式，将学生置于教学活动的核心，充分尊重并发挥学生的主体性和主观能动性。教师需要精心设计真实的学习情景，为学生提供一个贴近实际、富有意义的学习环境，使他们在其中能够真切感受到知识的实际应用价值。

以国际中文教育为例，师资生可以巧妙创设中文购物的情景，模拟商场、超市等真实场景，让学生仿佛置身于中文的语言环境中。在这样的情景中，学生通过自主探索与协作学习来构建对中文知识的深刻理解。自主探索鼓励学生独立思考，主动发现并解决问题。他们可以自主研究中文商品的名称、价格、特性等信息，并尝试用中文进行询问、交流和协商。而协作学习则强调学生间的互动与合作，通过分组角色扮演，如顾客与售货员之间的对话交流，共同完成购物任务。这样的过程不仅锻炼了学生的中文语言表达能力，还教会了他们在真实情景中运用中文进行有效沟通，从而切实提升语言的实际应用能力。

基于建构主义理论的教学方式，使学生在积极参与的过程中深刻理解和掌握中文知识，显著提升学习效果。这种教学方式强调学生的主动参与和建构，让他们在真实情景中通过实践和探索来深化对知识的理解，从而实现知识的有效内化和应用。

（二）多元智能理论

多元智能理论由美国心理学家霍华德·加德纳（Howard Gardner）提出，是一种阐述人类智能结构的深刻见解。该理论主张，每个人都具备多种智能，这些智能并非孤立，而是彼此交织、相互影响，涵盖语言智能、逻辑-数学智能、空间智能、音乐智能、肢体-动觉智能、人际智能、自我认知智能等多个维度。

在信息化教学设计的范畴内，多元智能理论为满足不同智能类型学生的成长需求提供了坚实的理论基础与实践指导。学生在智能构成上存在差异：有的学生在语言智能上表现优异，擅长言辞与文字理解；而有的学生则在空间智能上占据优势，对空间关系、图像及视觉信息有着更为敏锐的感知。因此，信息化教学设计需借助多样化的教学手段与丰富的教学资源，以适应并激发学生的多元智能。

以具有空间智能优势的学生为例，师资生可以巧妙运用虚拟现实技术这一信息化利器，展现中文文化的广阔场景。借助虚拟现实，学生仿佛亲身踏入中国的建筑奇观，如古老的故宫、壮观的长城等，直观感受其建筑艺术的魅力与历史文化的深邃；同时，也能近距离欣赏中国的艺术作品，如细腻的绘画、生动的雕塑等，领略其中的艺术韵味与文化精髓。这种身临其境的体验，不仅加深了学生对中国文化元素的理解与感受，也促进了他们对中国文化的深入学习。在此过程中，结合语言教学，鼓励学生用中文描绘所见所感，表达个人见解，从而进一步提升其中文语言能力与文化素养。

（三）联通主义学习理论

联通主义学习理论是信息化时代背景下兴起的一种新型学习理念，主张学习是构建连接特定节点与信息源的过程，强调知识并非局限于个体思维之内，而是广泛散布于互联网络之中。在这个信息爆炸的时代，网络已成为知识存储与传播的关键平台，各类信息资源通过网络彼此连接、相互融合。

在信息化时代背景下，师资生必须掌握利用网络资源进行有效学习和创新的能力。因此，信息化教学设计应当与联通主义学习理论紧密结合，以帮助他们构建全面的知识网络。教师应当积极引导师资生探寻网络中的丰富知识资源，并教授他们高效搜索、精心筛选及有效整合这些信息的技巧。例如，教师可以建议师资生关注社交媒体上与中文学习相关的账号，这里汇聚了来自全球各地的中文学习者及爱好者的学习心得、资料分享和文化见解。

此外，师资生还可以鼓励学生积极参与中文学习社区的讨论，通过与他人的互动交流，进一步拓宽思维视野，深化对中文知识的理解和掌握。师资生与全球各地的中文学习者建立联系，使学生能够跨越地域和文化的界限，获取多元化的学习视角和丰富的知识资源。这种基于联通主义理论的学习方式，让学生在信息的海洋中自由遨游，不断探索新的知识领域，拓宽知识边界，激发创新思维，并提升跨文化交流能力，为国际中文教育增添了新的生机与活力。

二　信息化教学设计能力培养的意义

（一）适应教育信息化趋势

在当今时代，信息技术以其前所未有的广度和深度在各个领域广泛应用，教育领域更是深受其影响，教育模式正经历着一场深刻而全面的变革。随着互联网技术的迅猛发展，数字化学习资源如雨后春笋般涌现，在线教育平台不断兴起，智能教学工具逐渐普及，这些都为教育带来了新的机遇和挑战。

国际中文教育作为跨文化交流的重要桥梁，肩负着传播中华文化、促进国际交流的重任，师资生必须敏锐地洞察到时代的变化，紧跟时代步伐，积极融入教育信息化的大潮之中。利用信息化手段成为提升国际中文教育质量和影响力的关键举措。通过信息化手段，可以极大地丰富教学资源，打破传统教学资源的局限性。教学不再仅仅依赖于纸质教材和有限的课堂讲解，而是能够借助网络获取海量的中文学习资料，包括各种中文电子书籍、文献、音频视频素材等。这些丰富多样的资源涵盖了中文语言知识、中国文化、历史、艺术等多个方面，为师资生提供了更加全面、深入的学习内容。

创新教学方法是适应教育信息化趋势的另一重要方面。信息化教学设计鼓励教师运用现代教育技术，采用多样化的教学方法，如基于项目的学习、情景教学、翻转课堂等。以情景教学为例，师资生可以利用虚拟现实技术创设逼真的中文语言交流场景，让学生仿佛置身于中国的大街小巷、商场超市等环境中，与虚拟角色进行中文对话，从而提高其语言实际运用能力。这种创新的教学方法能够激发学生的学习兴趣和主动性，使学习过程更加生动有趣。[①]

拓展教学空间是教育信息化带来的又一显著优势。传统的教学活动往往受时间和空间的限制，学生只能在固定的教室和特定的时间内进行学习。而信息技术打破了这种限制，通过在线教学平台和网络学习空间，学生可以随时随地进行中文学习。无论是在国内还是国外，无论是白天还是夜晚，只要有网络连接，学生就能够登录学习平台，参与课程学习、提交作业、与教师和同学交流互动。这种跨越时空的教学模式为国际中文教育的普及和推广提供了有力支持，使得更多的人有机会接触和学习中文。

师资生若能熟练掌握信息化教学设计能力，对于顺应教育信息化潮流具有极其重要的意义。他们应能深度融合信息技术与中文教学，推动教学过程的革新与创新。例如，师资生可运用多媒体软件精心制作高质量的中文教学课件，将文字、图片、音频、视频等多种要素有机结合，为学生呈现丰富多样的教学内容，从而提升教学的吸引力和感染力。同时，师资生还应能够充分利用在线教学平台的各项功能，如直播授课、互动讨论、作业批改等，高效组织和管理教学活动，进而提升教学的效率和效果。

---

① 石春燕：《基于核心素养的小学英语情境教学创新策略》，《天津教育》2024年第9期。

（二）提升教学质量与效果

1. 丰富教学内容呈现形式

在信息化教学设计的助力下，师资生能够充分发挥多媒体技术的优势，为中文教学内容的呈现带来全新的活力。多媒体技术以其多样化的表现形式，为中文知识的传授提供了更加生动、直观的方式，能够极大地激发学生的学习兴趣和积极性。例如，"汉字的演变过程"是一个相对抽象且复杂的知识点，但通过信息化教学设计，师资生可以运用动画技术将其生动地展示出来。从古老的甲骨文，其形状犹如神秘的符号，每一个笔画都蕴含着古人对世界的认知和表达；到金文，字体逐渐规整，线条更加流畅，展现出了时代的变迁；再到篆书、隶书、楷书以及现代简体字，整个演变过程通过动画的形式逐帧呈现，让学生仿佛穿越时空，目睹汉字的发展历程。这种动态的展示方式不仅能够帮助学生更好地理解汉字的形态变化，还能让他们深刻感受到中华文化的源远流长和博大精深，从而加深对汉字的记忆和理解。

另外，在中文诗词的教学过程中，师资生可以巧妙地结合图片与音频两种媒介。精心挑选与诗词意境相契合的精美图片，例如展现山水田园风光的画作，让学生在视觉上直观感受到诗词所勾勒出的场景之美。与此同时，搭配以悠扬动听的古典音乐，营造出一种充满诗意的氛围，使学生在听觉上沉浸于诗词的世界。当学生在欣赏这些图片、聆听这段音乐的同时朗诵诗词，他们能够更加深切地体会到诗词的韵律之美、意境之深远，从而进一步提升对中文诗词的鉴赏能力和理解能力。

2. 增强教学互动性

借助在线教学平台与社交媒体等先进的信息化手段，师资生能够策划出一系列互动性突出的教学活动，为中文教学注入勃勃生机，极大地推动了学生间及师生间的交流与合作。

　　在线教学平台为教学互动提供了多样化的功能与便捷的路径。师资生可以组织小组讨论，将背景各异的学生编排成小组，针对中文学习中的特定话题或难题进行深入探讨。以"中国传统节日"为例，各小组成员能借助在线平台分享各自所知的节日习俗、文化精髓等信息，并与其他小组展开交流与对比。在讨论中，学生可通过文字聊天、语音通话乃至视频会议等实时沟通方式，充分表达见解，倾听他人意见。这种互动不仅拓宽了学生的知识视野，还锻炼了他们的批判性思维与团队协作能力。①

　　在线问答环节同样是提升教学互动性的重要途径。师资生可在教学平台上设立问题库，供学生随时提问。教师及其他学生能迅速回应这些问题，共同营造一个活跃的学习互动氛围。对于常见问题，还可设置自动回复，以提供即时解答。同时，师资生还能根据学生的提问反馈，洞察其学习难点与疑惑，据此调整教学内容与方法，提高教学的精准度与实效性。

　　角色扮演是一种既充满乐趣又极具互动性的教学活动。师资生可以利用在线教学平台，构建出各种模拟的中文应用情景，比如餐厅点餐、酒店入住、旅游问路等，并让学生分别担任不同的角色来进行中文对话练习。通过这样的方式，学生能够把所学的中文知识灵活运用到实际场景之中，从而有效提升自身的语言实践能力。与此同时，在与学生的互动交流中，他们还能感受不同的文化背景和沟通方式，进而增强跨文化交际的意识和能力。②

　　这些形式多样、内容丰富的互动教学活动，能够极大地激发学生的学习热情和积极性，促使他们更加主动地投身于中文学习之中。此外，这些活动还为学生提供了更多锻炼语言实践能力的机会，有效培

---

① 孙向华：《信息技术与高中政治综合探究课整合的教学模式研究》，《高考》2023年第23期。

② 裴洁君：《小议中西方文化的差异对英语学习的影响》，《科教文汇（中旬刊）》2012年第5期。

养了他们的语言交际能力和团队协作精神。如此一来，中文教学的整体质量和效果都将得到显著提升。

3. 实现个性化教学

信息化教学设计凭借强大的技术支持和切实可行的方法策略，为实现个性化教学铺设了宽广的道路，确保每位学生都能在学习过程中得到符合自身特点的学习体验和成长契机。

每个学生都拥有独特的学习风格、兴趣所在和学习步伐，而信息化教学设计则能够运用先进的技术工具对这些个体差异进行细致入微的分析和把握。例如学习管理系统，能够汇集并分析大量学生数据，涵盖学习行为轨迹、作业提交状况、考试成绩、在线学习时长等关键信息。基于这些数据洞察，系统能够精准识别每位学生的长处与短板，进而为他们量身打造、提供个性化的学习计划与资源。例如，针对那些对中国历史文化情有独钟的学生，系统可推荐丰富的历史文化相关的中文阅读材料、视频课程和专题研讨活动，内容覆盖中国古代历史、杰出人物传记、传统民俗等多个方面，以激发他们的学习热情。同时，对于学习进度超前的学生，系统可以提供更具挑战性的学习任务，如高级中文写作训练、学术论文研读与剖析等，助力他们深化知识探索；而对于学习进度稍显滞后的学生，系统则可以提供更多基础知识的巩固练习、个性化辅导和学习指引，助力他们逐步提升学习能力。

学习管理系统还能根据学生的实际需求，智能推荐不同难度级别的练习题、阅读材料等学习资源。系统会根据学生的学习进展自动调整资源难度，确保学生在面对挑战的同时，不至于因难度过高而感到沮丧。以词汇学习为例，系统能够依据学生的词汇掌握水平，为他们推送适宜难度的词汇练习和阅读材料。对于词汇基础扎实的学生，系统会提供包含高级词汇和复杂句型的文章，以提升他们的词汇运用能力和阅读理解能力；而对于词汇基础薄弱的学生，系统则提供简洁明了的文章，着重巩固基础词汇的用法和含义。

这种个性化的教学方式充分体现了对学生个体差异的尊重，精准满足了不同学生的学习需求，助力每位学生在自身基础上实现最大限度的进步，从而显著提升整体学习效果。

（三）满足国际学生多样化需求

国际中文教育的学生群体具有高度的多样性，他们来自不同的国家和地区，各自拥有独特的文化背景、语言基础和学习习惯。这种多样性为教学带来了挑战，但同时也为信息化教学设计提供了广阔的应用空间和创新机遇。

在不同文化背景的学生学习中文的过程中，他们的文化认知和思维方式往往成为影响学习成效的关键因素。具体而言，西方文化背景的学生倾向于逻辑分析与理性思考，在接触中文语法与词汇时，他们可能更偏好探寻规则与系统性的学习策略；相反，东方文化背景的学生对中文的文化底蕴与情感表达有着更为细腻的感知，但在语言的实际应用及跨文化沟通方面，他们或许需要更多指导。信息化教学设计在此发挥了重要作用，它针对不同文化背景的学生，采用多元化的教学手段与资源，以满足他们的个性化学习需求。

在面对拥有不同语言基础的学生群体时，信息化教学设计提供了灵活多变的分层教学方案。对于初学者，可以设计更多侧重于基础的教学内容，如日常对话练习、拼音学习等，并借助图像、视频及音频等多种媒体资源，帮助他们逐步建立起对中文的初步认识和语感。例如，通过精心策划的拼音动画视频，让学生在观看的过程中轻松掌握拼音的正确发音和拼写技巧。而对于那些已经具备一定中文基础的学生，则可以提供更为深入的学习材料，如复杂的语法解析、文学作品赏析等，以进一步提升他们的中文水平。

同时，在线学习平台的个性化学习路径规划功能，能够根据学习者的实际语言基础，智能推荐合适的课程和学习资源，确保每位学生都能在自己的现有水平上稳步前进。

此外，学生的学习习惯也各不相同。视觉型学生更偏爱图像和视频信息，听觉型学生对声音信号更加敏感，而动觉型学生则更倾向于通过亲身体验来获取知识。信息化教学设计能够充分考虑这些不同的学习习惯，并灵活运用技术手段来满足他们的需求。更重要的是，网络技术的快速发展使得学生能够突破地域限制，享受到全球范围内的中文学习服务。无论身处世界的哪个角落，只要有网络连接，学生都能轻松访问到全球各地的中文教学资源。通过在线直播、录播课程以及学习社区等多种平台，学生可以与教师及其他学生进行实时或异步的交流互动。这种跨越时空的教学模式不仅极大地拓宽了中文教育的边界，还为学生提供了更加灵活多样的学习方式，充分满足了他们多样化的学习需求与时间安排。

三　信息化教学设计能力培养的策略和方法

（一）专业课程设置与教学内容优化

1. 开设专门的信息化教学设计课程

在国际中文教育专业的课程规划中，确立一门专注于信息化教学设计的核心课程，对于培养师资生在此领域的专业技能与实践能力至关重要。此课程应全面而深入地构建师资生的知识体系，确保他们在信息化教学的广阔舞台上具备专业素养与实践操作的双重优势。

课程内容需精心编排，既要涵盖信息化教学设计的基础理论框架，如其发展脉络、主要学术流派、教育心理学支撑等，使师资生能从理论的高度洞察信息化教学设计的精髓与逻辑，同时，也应细致入微地传授多种教学方法，包括基于问题的学习、项目式学习、情景创设等策略，以此拓宽师资生的教学设计视野，使他们能够灵活运用多样化的手段与技巧。

在技术层面，课程将深入介绍并实践各类教学软件与平台，从多媒体课件制作（如 PowerPoint、Prezi）、在线教学系统（如 Moodle、Canvas）到视频编辑（如 Adobe Premiere）及互动工具（如投票软件、在线论坛），全方位提升师资生的技术运用能力。尤为重要的是，实践操作环节将贯穿整个课程，通过真实的案例分析、模拟设计项目等，让师资生在实战中磨砺信息化教学设计的每一个环节，实现从理论到实践的无缝对接。

教学方法上，课程采用理论与实践紧密结合的模式，充分利用各环节的教学潜力。在理论讲授中，教师将深入浅出地解析信息化教学设计的核心概念与技术要点，为师资生打下坚实的理论基础。案例分析则通过精选国内外优秀案例，引导师资生汲取成功经验，批判性分析不足，并探索改进之道，从而培养他们的批判性思维与实际应用能力。小组讨论鼓励师资生围绕特定主题展开深入交流，激发思想火花，增强团队协作与沟通能力。而实践操作则通过让师资生亲身参与完整的教学设计项目，从目标设定到内容组织、策略选择、资源开发乃至评价设计，全面锻炼其实践能力与创新精神。

此外，课程还鼓励师资生保持对教育技术前沿动态的敏锐洞察，勇于尝试新技术与新理念，以问题解决为导向，不断培养自身的创新思维与适应能力，确保在未来的教育环境中能够灵活应对各种挑战，满足他们日益多样化的学习需求。

2. 整合信息技术与中文教育课程内容

在中文语言及文化教学等相关专业的课程设置中，应当深度融入信息技术的元素，使之与教学流程无缝对接，推动信息技术与中文教育的深度融合与创新。以中文口语教学能力的培养为例，引入语音识别技术和在线口语练习平台，能够显著增强师资生的口语教学能力。这些技术不仅即时反馈学生的发音状况，与标准发音进行对比，助力学生精准定位发音问题并迅速纠正，而且通过模拟对话、角色扮演等多样化练习，让学生在互动中提升口语表达的准确性和流畅度。同时，平台提供的丰富口语素材，如情景对话、话题讨论等，能够满足不同学生的个性化学习需求，师资生在平台上布置作业、组织测试，依据学习数据实施精准教学，进一步提升教学效果。

在中华文化教学领域，虚拟现实技术与多媒体资源的运用，为学生营造出身临其境的文化沉浸式体验。虚拟现实技术构建的古代宫殿、庙宇、园林等虚拟场景，让他们仿佛穿越时空，直观感受中国传统文化的深厚底蕴。而高清图片、视频、音频讲解等多媒体资源，则生动展现了中国的传统艺术、民俗文化及历史文化遗迹，这种多感官的学习模式极大地激发了他们的学习兴趣，深化了他们对中华文化的认知与记忆。师资生可以融合这些资源，设计文化探究、小组讨论等活动，培养学生的文化鉴赏与跨文化交流能力。

这种课程整合策略，使师资生在学习国际中文教育专业知识的同时，自然而然地掌握信息技术应用，逐步提升信息化教学设计能力。教师在此过程中，应引导师资生思考信息技术的优化运用，如利用多媒体资源制作教学课件，增强对课文内容的理解；或运用在线平台宣传组织文化活动，提升活动参与度与影响力。通过这些实践，培养师资生的信息化教学意识，使他们在未来教学工作中能够熟练运用信息技术，不断创新中文教学方法，提升教学质量。

（二）实践教学环节强化

1. 教育实习与实践

强化与国际中文教育机构及学校的协作，构建稳固的教育实习基地，是确保师资生实践教学品质的关键基石。通过与广泛的教育机构建立合作关系，为师资生提供丰富且多元化的实习岗位，使他们能在真实的教学场景中磨炼和提升教学技能。

在实习期间，师资生需全方位投身于中文教学的各个环节，包括教学设计、课堂实施及教学评价等。在教学设计层面，师资生需依据实习学校的教学大纲、学生的实际水平及需求，结合所学的信息化教学设计理论，精心策划教学方案。这涵盖教学目标的清晰设定、教学内容的精挑细选与有序组织、教学方法与手段的灵活运用，以及教学评价体系的科学构建。在课堂实践中，师资生需将精心准备的教学方案转化为实际行动，运用恰当的教学方法和信息技术工具，密切关注课堂反馈，灵活调整教学策略，确保教学活动的高效推进。同时，他们还需积极参与教学评价。通过对师资生学业成绩、课堂表现、作业完成情况等多维度的评估，深入了解教学效果，总结教学经验，为后续的教学改进提供有力支撑。

实习指导教师在此过程中扮演着至关重要的角色，他们需全程跟进师资生的实习进展，提供精准的指导和支持。指导教师需定期与师资生进行深度沟通，及时了解师资生在实习中遇到的挑战与困惑，并给予针对性的建议与解决方案。例如，当师资生在课堂上遭遇学生互动不热烈的情况时，指导教师可协助师资生分析问题根源，如教学内容难度不匹配、教学方法缺乏灵活性或课堂氛围营造不足等，进而指导他们调整教学策略，采用如游戏化学习、小组竞赛等更具吸引力的教学手段，以激发学生的参与热情和学习动力。同时，鼓励师资生勇于探索和创新，积极尝试将新兴的信息技术手段和教学方法融入教学实践。例如，师资生可以利用在线教学平台开展课后辅导，或运用多媒体资源创作个性化的教学材料，以丰富教学内容和形式。通过持续的探索与实践，师资生将不断提升自身的信息化教学设计能力和教学实践能力，为未来的教育事业奠定坚实的基础。

2. 项目实践与竞赛

组织师资生参与信息化教学设计项目实践活动，是锻炼与提升其综合素养的高效手段。活动形式可包括中文教学课件创作、在线课程设计开发、教学案例策划等多种实践项目。在这些项目中，师资生将以小组形式，针对特定的教学议题或任务进行项目规划。首要步骤是明确项目目标与需求，通过深入的市场调研及学情分析，为项目奠定坚实基础。随后，进入教学设计环节，涵盖教学内容的精选与编排、教学方法的择定、教学活动的构思以及教学资源的整合等。在资源开发阶段，师资生需运用所掌握的信息技术，制作教学演示文稿、录制教学视频、构建在线学习平台等丰富的教学资源。最终，将设计成果应用于实际教学中，并收集师生反馈，对项目成效进行评估与优化。

积极倡导师资生投身于各类信息化教学竞赛，以此为其提供更广阔的展示舞台与学习交流契机。全国大学生信息安全竞赛、国际汉语教学资源大赛等，均是具有广泛影响力的赛事。通过参赛，师资生不仅能与来自不同高校的师资生切磋交流，还能紧跟行业发展前沿，掌握最新技术应用。在竞赛中，师资生可借鉴其他优秀作品的设计理念、技术手段及创新亮点，拓宽视野，发现自身不足，进而激发学习热情与创新思维。同时，竞赛也是锻炼团队协作能力、应变能力，以及培养竞争意识和拼搏精神的绝佳机会。学校应对在竞赛中表现突出的师资生和团队给予表彰与奖励，如设立专项奖学金、颁发荣誉证书、在校官网进行宣传等，以此激励更多师资生投身实践教学与竞赛，营造积极向上的学习氛围与创新环境。

（三）师资队伍建设与教师指导

1. 教师培训与专业发展

强化专业教师的信息技术培训是提升他们信息化教学能力的重要策略。培训内容需覆盖教育技术理论、信息技术应用实操以及信息化教学设计等多个维度。在教育技术理论层面，教师应深入理解教育技术的基本概念、发展趋势及其对教学的深远影响，掌握运用教育技术优化教学流程、提升教学效果的方法。信息技术应用实操培训则聚焦于计算机基础操作、教学软件运用、多媒体素材创作、在线教学平台管理等具体技能，旨在使教师能够熟练运用各类信息技术工具服务于教学。信息化教学设计培训是培训的核心内容，要求教师根据教学目标、内容及师资生特性，灵活运用信息化手段进行教学设计，包括教学策略的甄选、教学活动的规划、教学资源的整合以及教学评价的实施等。

培训形式应多元化，以满足不同教师的个性化学习需求和时间安排。专题培训可邀请教育技术领域的权威专家进行集中授课，系统传授教育技术的前沿理论与实际应用。工作坊则侧重于实践操作与经验分享，通过实际操作帮助教师掌握技术技能，并与同行交流心得。在线课程学习以其灵活性和自主性见长，允许教师根据个人时间和进度自主学习，同时通过在线讨论区与其他教师互动交流。这些多样化的培训方式有助于他们不断更新教育教学理念，掌握先进的信息技术工具，从而更好地指导师资生。

鼓励教师积极参与教育教学改革研究与实践项目，特别是与信息化教学相关的课题研究。教师可以针对教学实践中的具体问题，如提升师资生在线学习参与度、利用虚拟现实技术强化文化教学效果等，申报相关课题进行研究。在研究过程中，教师应运用科学的研究方法，进行文献综述、数据收集与分析、教学实验等，探索信息技术在国际中文教育中的创新应用模式。通过科研实践，教师不仅能提升自身的教育教学研究能力和创新能力，还能将研究成果应用于教学实践，推动教学质量的提升。例如，当教师发现某种新的教学方法或技术手段在提升学生学习成效方面具有显著优势时，可将其应用于实际教学中，进行推广和实践，为其他教师提供有益的借鉴和参考。

2. 教师指导与师资生互动

在师资生的学习与实践之旅中，专业教师扮演着至关重要的引导角色，需全方位、及时地为师资生提供指导和援助。这种指导不限于课堂教学，还延伸至课外辅导与在线交流等多个方面。在课堂上，教师应传授信息化教学设计的精髓，激发师资生的思考与讨论，从而培养他们的创新思维与实践能力。课外辅导则是对课堂知识的深化与补充，应针对课后作业及项目实践中遭遇的难题，提供个性化的辅导，助力师资生攻克难关，提升学习成效。同时，在线交流平台的兴起为师生间的沟通开辟了更为便捷的渠道。通过学习管理系统、社交媒体等工具，教师可以实时与师资生互动，迅速回应他们的疑问，深入了解他们的学习状况与需求。这种即时反馈机制对于优化教学策略、提升教学质量至关重要。

为了进一步深化教学效果，我们倡导建立师生合作的教学模式。在此模式下，教师与师资生携手参与信息化教学设计项目及实践活动，共同探索教育的无限可能。作为教师，可以担任项目负责人或指导角色，引导师资生规划项目、实施计划并进行评估。在此过程中，教师应明确项目目标与任务，指导师资生进行团队协作，提供必要的技术支持与专业指导。而师资生则凭借其独特的创新思维与对新技术的敏锐感知，往往能为教师带来意想不到的灵感。例如，在设计中文教学游戏时，师资生可能提出创新的玩法与互动模式，教师可以借鉴并融入设计中，实现教学相长，共同促进教育的创新与发展。

这种师生合作的教学模式不仅显著提升了教学质量与师资生的学习成果，还营造了一种积极向上、充满情感与学术交流的教学氛围。它鼓励师生间相互学习、共同进步，为教育的未来发展注入了源源不断的活力。

（四）教学资源建设与利用

1. 建设信息化教学资源库

学校应当加大对教学资源建设的投资力度，通过整合校内与校外资源，构建一个多元化、高质量的信息化教学资源库。这一资源库应广泛覆盖中文教材、教学课件、视频教程、音频素材、试题集以及案例库等多种教学资源，旨在适应多样化的教学需求和学习环境。

在中文教材层面，除了保留传统的纸质教材外，还应积极搜集和整理电子教材、数字化教材，以及针对不同水平和学习目标的特色教材，以满足师资生个性化的学习需求。教学课件则应涵盖语法讲解、口语训练、文化介绍等多种主题和课型，且需设计精美、内容丰富、互动性强，以提升学生的学习兴趣和效果。

视频资源方面，可纳入名师讲座、课堂教学实录、文化专题等视频内容，为师资生提供丰富的视觉学习体验。音频素材应包括中文听力材料、课文朗读、中文歌曲等，以助力学生提升听力技巧和语感。试题集应收录各类练习题、测试题及考试真题，便于师资生进行教学效果评估和学生自我检测。案例库则应广泛收集优秀的教学设计、教学实践等案例，为师生提供宝贵的参考和借鉴。

在构建资源库的过程中，必须严格把控资源的质量与规范性，保证所收录的内容既准确又权威，且紧跟时代潮流。资源的筛选与制作应紧密贴合国际中文教育的标准与要求，同时也要充分考虑学生的认知规律和学习特性。此外，我们还需要构建一套完备的资源管理与更新机制，定期对资源内容进行审核、更新与扩充，以确保资源的时效性和实用性。

具体而言，对于已经过时的教学内容和技术手段，我们要及时进行更新换代；而对于新涌现的教学需求和热点话题，则要及时补充相关资源，以满足教学的新需求。同时，为了提升资源的利用效率，我们还需要建立一个高效便捷的资源分类与检索系统，让师生能够迅速而准确地查找到所需资源，从而充分发挥资源库在教学与学习中的关键作用。

2. 利用网络资源与学习平台

引导师资生积极利用互联网上丰富的中文教学资源与学习平台，

是拓宽学习路径与视野的有效方式。互联网上存在着众多知名的中文学习站点，如汉语学习网、中文联盟等，它们提供了海量的学习材料、课程资源及学习辅助工具，师资生可根据个人需求自由选择与学习。此外，像 Coursera、EdX 及中国大学 MOOC 等在线课程平台，也提供了众多优质的中文课程，师资生可通过这些平台系统地掌握中文知识与技能，参与课程讨论并提交作业，与全球学习者共同进步。社交媒体群组，如微信群、QQ 学习群以及各类学习小组，同样是师资生和中文学习者交流学习心得、分享学习经验及互助解答疑问的重要场所。

鼓励师资生积极参与在线学习社区的互动与讨论，与全球的中文学习者和教师建立联系。在线学习社区，如中文学习论坛、国际汉语教学社区等，汇聚了世界各地的中文爱好者与专业人士。在社区中，师资生可以发布学习成果、提出问题、参与话题讨论，从而了解不同文化背景下的中文学习经验和教学方法，拓宽国际视野，提升跨文化交际能力。与全球的学习者和教师互动，师资生不仅能结交志同道合的朋友，建立学习伙伴关系，还能共同推动中文学习与文化交流。

学校可以自主开发或引进适用于国际中文教育的在线学习平台，为师资生提供个性化的学习环境与支持服务。理想的在线学习平台应具备多种功能，如课程管理功能，便于教师发布课程信息、安排教学进度及管理学生学习情况；学习资源推送功能，能根据学生的需求与兴趣推送个性化资源；在线交流互动功能，支持学生间及师生间的实时交流，如在线聊天、论坛讨论及视频会议等；学习评价功能，可全面评价学生的学习过程与成果，包括作业、考试及学习行为评价等。借助这些功能，学生可在平台上进行自主学习与协作学习，根据个人进度与方式安排学习，提升学习效率与质量。师资生则可通过平台更好地掌握学生学习情况，进行针对性指导与管理，实现教学过程的信息化管理与优化。

（五）评价与反馈机制建立

1. 构建多元化评价体系

构建多元化的评价体系是全面、客观评估师资生信息化教学设计能力的关键策略，旨在从多个维度审视师资生的综合素质与能力发展，为他们提供详尽的学习反馈，并为教学改进与优化提供有力支撑。该评价体系的内容广泛，涵盖了信息技术应用能力、教学设计能力、信息素养以及实践成果等多个方面。

在信息技术应用能力的评价上，重点考查师资生对教学相关软件和工具的熟练程度，比如多媒体课件制作软件的高级功能应用、在线教学平台的熟练操作，以及数字工具在教学资源开发与管理中的有效运用。这包括师资生是否能利用动画效果提升课件吸引力，或熟练利用在线平台的互动功能组织课堂活动。

教学设计能力的评价涉及教学目标的精准设定与分析、教学内容的科学组织与整合、教学策略的恰当选择与灵活运用，以及教学评价的精心设计与实施。例如，师资生在设计中文教学课程时，是否能准确根据学生的实际水平和需求制订教学目标，巧妙融合中文知识与文化内容，并选择合适的教学方法传授，同时设计全面、客观的教学评价方案。

信息素养的评价关注师资生的信息意识、知识及道德。具体考查他们是否具备敏锐的信息感知能力，主动获取和利用中文教学相关的信息资源；是否掌握信息检索、存储、处理及传播的基本技能；是否遵守信息活动中的法律法规和道德规范。

实践成果的评价则侧重于师资生在实践项目、教学实习等活动中的具体表现，如教学课件的质量、在线课程设计的合理性及受欢迎程度、教学案例的实施效果等。通过观察师资生制作的中文教学课件在实际教学中的应用，评估其在内容呈现、交互设计、教学目标达成等方面的表现。

在评价方式方面，该体系采用了考试、作业、项目实践、课堂表现、小组互评及自我评价等多种形式，以充分发挥每种方式的独特优势，全面了解师资生的学习情况和能力水平。考试分为理论考试和实践操作考试，分别检验他们对信息化教学设计基本概念、理论知识的掌握程度，以及实际动手能力和应用知识解决问题的能力。作业包括书面作业和实践作业，分别锻炼师资生的文字表达、理论分析能力以及技能水平和创新思维。项目实践评价是对师资生综合能力的考量，从策划、实施到成果展示，全面评价他们的团队协作能力、问题解决能力、创新能力及项目成果的质量和实用性。课堂表现评价关注师资生在课堂上的参与度、思维活跃度、互动情况，以及对知识的理解和掌握程度。小组互评促进师资生间的相互学习和交流，培养批判性思维和团队合作意识。自我评价则有助于师资生培养自我反思和管理能力。

该体系强调将过程性评价与终结性评价相结合。过程性评价侧重于观察师资生在学习过程中的具体表现和取得的进步，包括他们的学习态度、课堂参与度、团队协作能力以及问题解决能力等。而终结性评价则主要衡量师资生对知识和技能的掌握程度，以及他们最终呈现的实践成果，比如课程考试成绩和项目作品的质量。[①]

这种结合方式能够全面且客观地展现师资生的学习状况和能力发展轨迹。通过过程性评价，他们能够在学习过程中不断获得反馈，从而及时调整学习策略和方法，确保学习方向的正确性。而终结性评价则为他们设定了明确的学习目标和成果检验标准，激励他们努力掌握所需的知识和技能，不断提升实践能力。这样的评价体系既注重师资生的全面发展，又能够激发他们的学习积极性和创造力。

---

① 广东省教育厅教研室编《普通高中新课程信息技术教学与评价指导》，广东教育出版社，2006，第138~139页。

2. 及时反馈与持续改进

教师及时且具体的反馈对于推动师资生学习进步至关重要。反馈内容需清晰、详尽，为他们呈现明确的评价意见与建议，使其能准确把握自己的学习状态和表现。

在赞扬师资生的优点时，教师应采取具体且明确的肯定和鼓励方式，让他们真切地感受到自己的付出得到了认可。例如，当师资生在中文教学课件制作上展现出卓越才能时，教师可以具体指出其课件内容条理清晰、逻辑严密，图片与动画的运用恰到好处，极大地提升了课件的趣味性和教学效果。这样的正面反馈能够有效增强师资生的自信心，激励他们继续保持并优化良好的学习习惯和方法。同时，教师也应以客观的态度指出师资生的不足之处，并提出具有可操作性的改进建议。对于在课堂讨论中表现不够积极的师资生，教师可以指出其参与度尚待提升，并建议他们提前预习课程内容、深入思考讨论话题，在讨论中更加自信地发表个人见解，同时虚心倾听他人的观点，以促进更深层次的互动与学习。这种具体化的反馈能够帮助师资生清晰地认识到自身存在的问题，并明确未来的改进方向，从而助力他们在学习上取得更大的进步。

及时的反馈使师资生能够迅速了解自己的学习状况，发现问题并调整学习策略，从而不断进步。师资生可以根据教师的反馈制订个人学习计划，明确努力方向。例如，在信息技术应用方面存在短板的师资生，可以根据教师的建议，增加学习相关软件和工具的时间，参加培训课程，向同学请教等。

学校和教师应定期对培养方案、课程设置、教学方法及评价体系进行总结与反思，持续优化教学过程，提升人才培养质量。学校可以组织教学研讨会，邀请教师、师资生代表及行业专家共同参与，深入分析教学过程中的各个环节。在评估培养方案时，需考虑其是否符合国际中文教育的发展趋势和师资需求，是否能有效培养师资生的信息化教学设计能力。对于课程设置，需反思教学目标是否明确、教学内容是否紧跟时代步伐、教学方法是否多样化且有效。在教学方法上，教师应总结各种方法的优缺点，探索如何更好地激发师资生的学习兴趣和主动性。对于评价体系，需分析其是否能全面、客观地评价师资生的能力和学习成果，并根据师资生的反馈和行业需求进行及时调整和优化。

依据反馈及行业发展趋势，我国教育部门需积极应对，不断调整和改进教学内容与方法。通过问卷调查、学生座谈会、在线反馈平台等多种途径，广泛征集师资生意见和建议。如师资生反映部分课程偏重理论，教师应在后续教学中强化案例分析和实践操作环节。与此同时，教育部门应密切关注行业动态和需求变化，及时吸纳新的教育理念、技术与方法。鉴于人工智能技术在教育领域的蓬勃发展，学校可在课程中融入人工智能辅助教学的相关内容，培养师资生运用人工智能技术进行中文教学的能力。

通过不断完善信息化教学设计能力培养体系，学校能够更好地适应时代发展和学生需求，提升人才培养质量，为国际中文教育事业输送更多具备优秀信息化教学设计能力的专业人才，推动国际中文教育的持续发展和进步。

第二节　跨文化交际能力的培养

一　跨文化交际能力的概念

跨文化交际能力是指个体在不同文化背景下进行有效、得体交流的能力。它包括对不同文化的认知、理解、尊重，以及能够运用恰当的语言和行为方式进行沟通的能力。

二　培养师资生跨文化交际能力的方法与策略

（一）多样化教学方法的运用

1. 案例分析法

收集并整理真实的跨文化交际案例，包括成功与失败的实例，在课堂上进行深入剖析与讨论。引导师资生细致分析案例中的文化差异与交际障碍，思考预防类似问题的策略，并探讨有效的解决之道。例如，通过分析中西方商务谈判中因文化差异引发的误解案例，让他们探讨双方在沟通模式、价值观等方面的差异，并提出针对性的改进建议。

2. 角色扮演法

设计一系列跨文化交际场景，让师资生分组参与角色扮演活动。在此过程中，他们将扮演来自不同文化背景的角色，亲身体验跨文化交际的实际情况。表演结束后，教师进行细致的点评与指导，针对师资生在语言运用、行为举止、文化理解等方面的问题提出具体改进建议，助力师资生不断提升。例如，设定中国学生与外国留学生在校园偶遇的场景，让师资生分别扮演这两个角色，练习恰当地打招呼、自我介绍及谈论共同兴趣，同时展现各自文化的独特魅力。

3. 小组讨论法

组织师资生围绕跨文化交际的相关议题进行小组讨论，如"不同文化背景下的礼仪差异""文化冲突的处理策略"等。每个小组自主选择话题进行深入探讨，并在全班范围内进行汇报与交流。通过小组讨论，师资生能够充分表达个人观点，同时倾听并理解他人的见解，从而拓宽文化视野，提升分析与解决问题的能力。

4. 文化体验活动

策划并组织师资生参与丰富多彩的文化体验活动，如中国传统节日庆典、书法绘画体验、武术表演观赏等，让师资生亲身感受中国文化的独特魅力，增强文化自信。同时，安排师资生与外国留学生或外教进行互动交流，了解不同国家的文化习俗，提升跨文化交际的实践能力。例如，在端午节期间组织师资生包粽子、赛龙舟，深入了解端午节的文化内涵与传统习俗，并邀请外国留学生共同参与，促进中外学生之间的文化交流与融合。

（二）利用多媒体资源

1. 影视作品观赏

选取一系列展现中国深厚文化底蕴与社会风貌的优秀纪录片和影视作品，如《舌尖上的中国》和《琅琊榜》，供师资生观看。这些纪录片和影视作品不仅能让他们直观地欣赏到中国壮丽的自然风光、悠久的历史传承以及丰富多彩的风俗民情，还能让他们在真实的语境中学习地道的汉语表达和跨文化场景交际。观影后，教师可安排讨论环节，激励师资生深入探讨影片中的文化现象与交际问题，通过交流分享各自见解，进一步加深对中国文化的理解与记忆，并促进跨文化交际能力的提升。

2. 网络资源利用

充分利用互联网上丰富的文化资源，如中国文化网站、在线博物馆、社交媒体平台等，引导师资生自主学习和探索中国文化。教师可推荐一些高质量的文化网站和社交媒体账号，供师资生在课余时间浏览学习。同时，组织他们在网络上开展文化交流活动，如与海外汉语学习者进行在线互动，分享彼此的文化体验和学习收获。

3. 多媒体课件制作

教师精心制作包含文字、图片、音频、视频等多种元素的多媒体课件，生动形象地呈现中国文化和跨文化交际的相关知识。多媒体课件的丰富性能够吸引师资生的注意力，提高教学效果。例如，在讲解中国传统建筑时，通过展示故宫、长城等标志性建筑的精美图片和视频，让他们深切感受到中国传统建筑的宏伟与独特魅力。

（三）培养师资生的自主学习能力

1. 培养跨文化交际意识

在教学过程中，教师应持续向师资生强调跨文化交际能力的核心地位，并引导他们树立跨文化交际的自觉意识。要使他们认识到，在全球化日益加深的今天，掌握跨文化交际能力不仅是适应社会发展、参与国际交流的关键，也是个人成长与发展的重要竞争力。通过这样的认知引导，激发他们主动学习和培养跨文化交际能力的热情与积极性。

2. 个性化学习指导计划的制订

教师应当基于师资生的个人特质与具体需求，协助他们制订一套切实可行的个性化学习规划。该规划需清晰界定学习目标与任务，涵盖中国文化知识掌握、语言技能精进以及跨文化交际实践等多个层面。同时，教师应定期检视师资生的学习计划执行情况，根据实际情况提供针对性的指导与建议，确保他们能够循序渐进地达成既定目标，实现自我提升。

3. 多元化学习资源与方法的提供

为支持师资生的自主学习进程，教师应提供丰富多样的学习资源，如图书资料、学术期刊、专业网站等，确保其能够便捷地获取所需信息。此外，教师还应传授高效的学习方法，如信息检索技巧、文化对比分析、学习反思与总结等，以增强他们的自主学习能力，帮助他们更加高效地掌握知识与技能。

4. 课外实践与交流机会的促进

教师应积极鼓励师资生参与课外实践活动，如国际文化交流项目、志愿服务等，并引导他们加入汉语角等交流平台。通过这些实践活动，师资生能够将所学知识应用于实际情景中，从而锻炼并提升自己的跨文化交际技能。同时，这些活动也能够拓宽他们的人际交往圈，增加与不同文化背景人士的交流机会，进一步丰富他们的跨文化体验，增强跨文化交际能力。

三　教师在培养师资生跨文化交际能力中的作用

（一）中国文化的传播大使

教师扮演着中国文化传播者的关键角色，这要求他们必须拥有坚实的中国文化知识基础和深厚的文化素养。在教学活动中，教师应以准确且生动的方式，向师资生传递中国文化的精髓与魅力，展现其博大精深的一面。同时，教师还需承担起引导师资生树立正确文化观念的重任，激发师资生对中国文化的认同感与自豪感，培养他们的文化自信。

（二）跨文化交际的领航员

教师还需具备跨文化交际的敏锐意识与卓越能力，成为师资生在这一领域成长的引导者。在教学过程中，教师应帮助师资生认识到文化差异的客观存在，并引导他们以开放和理解的态度去接纳和尊重不同文化，从而培养他们的跨文化敏感度和适应性。当师资生在跨文化交际实践中遭遇挑战时，教师应迅速反应，提供及时且有效的指导与帮助，助力其攻克难关，不断提升其跨文化交际能力。

（三）教学方法的创新者

为了培养师资生的跨文化交际能力，教师需要不断创新教学方法，采用多样化的教学手段和教学模式。教师要根据师资生的特点和教学内容的需要，灵活运用案例教学法、角色扮演法、小组讨论法等教学方法，激发师资生的学习兴趣，提高教学效率。同时，教师还要积极探索利用多媒体资源和网络平台进行教学的新途径，为师资生提供更加丰富、便捷的学习资源和良好的学习环境。

（四）师资生学习的激励者

在培养师资生跨文化交际能力的道路上，教师应当充分发挥其激励作用，积极鼓励他们投身于课堂教学及各类课外实践活动中。对于师资生的每一点进步和成就，教师应及时给予正面的反馈与评价，以此增强他们的自信心，激发他们的学习热情。此外，教师还需密切关注他们的情感需求，努力营造一个宽松和谐的教学环境，让他们在这样的氛围中愉悦地学习、成长。

第三节　文化移情能力的培养

一　文化移情能力的概念

文化移情能力是指在跨文化交际中，主体自觉地转换文化立场，在心理上摆脱自身文化的束缚，置身于另一种文化模式中，如实地感受、理解和欣赏该文化的能力。简单来说，就是设身处地地站在他人的文化立场上，去理解和感受他们的思维方式、情感体验和行为习惯。对于国际中文教育的学生而言，文化移情能力意味着他们能够超越自身文化的局限，以开放、包容的心态去理解和接纳中国文化以及其他不同文化背景的人们。①

---

① 唐红涛、谭颖主编《跨境电子商务实践基础》，对外经济贸易大学出版社，2021，第56页。

二 培养学生文化移情能力的重要性

（一）促进跨文化交际的成功

1. 增强理解与沟通

文化移情能力是学生在跨文化沟通中不可或缺的重要能力，它赋予学生深刻洞察对方文化背景与思维方式的能力，使他们能够更精确地把握对方的话语意图与行为动机。在国际交流的广阔舞台上，诸多误解往往根源于对文化差异理解的欠缺。以外国学生对中国文化中谦虚美德的误解为例，他们可能会误将中国学生的自我谦逊解读为自卑的表现。然而，当学生具备了文化移情能力后，他们便能从中国文化的独特视角出发，深刻理解谦虚并非自卑，而是一种蕴含深厚意义的文化表达，从而有效消除误解，推动交流与合作更加顺畅无阻地进行。

2. 建立良好的人际关系

当学生拥有了文化移情能力，便能够展现出对他人文化的深切尊重与深刻理解。这种能力对于构建互信与友好的人际关系至关重要。在中国文化的语境下，人际关系的构筑尤其强调情感的互通与相互的尊重。因此，对于外国学生而言，一旦他们能够理解并遵循这一文化特性，在与中国学生及教师交往的过程中展现出真挚的关怀与尊重，便能够更容易地融入中国的学习与生活环境之中，从而建立起深厚的友谊与紧密的合作关系。

（二）加深对中国文化的理解与欣赏

1. 加大文化学习深度

文化移情能力对于学生深刻把握中国文化的内在意蕴与价值具有不可替代的作用。在学习汉语及中国文化的过程中，仅仅停留在知识点的记忆层面是远远不够的。学生需从文化的内在逻辑出发，探究中国人行为模式与文化传统背后的成因。借助文化移情，学生能够设身处地地从中国人的视角出发，感受并理解文化产生的背景，这不仅能够提升他们掌握和记忆文化知识的效率，还能实现更深层次的学习。例如，在学习中国古代诗词时，若学生能体会诗人所处的历史背景及作品中抒发的情感，便能更深刻地领略诗词的美学魅力，从而提高学习效率。

2. 促进文化认同感的形成

当学生运用文化移情的方法去体验和理解中国文化时，便更容易形成对中国文化的认同。这种认同感不仅为深入学习和传播中国文化奠定基础，还能拓宽他们的文化视野，丰富精神世界。例如，外国学生通过亲身参与中国传统节日的庆祝活动，如春节期间的包饺子、放鞭炮等，亲身体验中国文化的欢庆氛围和家庭团聚的重要性，可能会对中国文化产生更加深厚的情感联结，甚至将中国文化的某些元素融入自己的日常生活中，实现文化的交融与共生。

（三）培养全球视野和多元文化意识

1. 拓宽国际视野

在当今全球化的背景下，培养学生的全球视野变得极为重要。文化移情能力让学生能够超越自己文化的界限，关注并理解世界上其他文化的多样性。通过接触和比较中国文化与其他文化，学生能够拓宽自己的视野，了解不同文化在经济、社会、科技等领域的特点，为他们在未来国际舞台上的发展奠定坚实的基础。

2. 促进多元文化融合

拥有文化移情能力的学生，在促进不同文化间的交融与对话方面扮演着积极角色。他们不仅展现出对各种文化差异的尊重与欣赏，还擅长发掘不同文化间的共通桥梁与合作契机。在国际中文教育的课堂上，这样的学生群体会聚一堂，各自带着独特的国家和文化背景。借助文化移情的力量，他们能够相互借鉴、深入交流，携手构建一个多元文化和谐共存的学习空间。这种文化的多元融合，不仅为学生的个人全面发展提供了肥沃土壤，也为全球文化的交流互鉴与繁荣发展注入了新的活力。

三　培养学生文化移情能力的方法与策略

（一）文化教学中的渗透

1. 文化对比与分析

在教学活动中，经常进行中国文化与学生母国文化的对比分析，特别是通过探讨中西方节日的庆祝方式、文化内涵及其象征意义来深化学生的理解。例如，西方圣诞节注重家庭团聚、互赠礼物以纪念耶稣的诞生，而中国春节则强调家人团圆、祭祖祈福和迎接新春的传统习俗。这种对比分析旨在直观展示文化间的差异，激发学生的探索欲，促使他们深入思考并挖掘不同文化现象背后的深层根源与意义。

此外，我们还深入剖析不同文化在价值观、社会规范及人际关系等方面的异同。中国文化倾向于集体主义，重视个体对家庭和社会的责任与贡献；而西方文化则更侧重于个人主义，强调个人的自由、权利与独立性。通过细致的对比，学生不仅能够更好地理解不同文化背景下人们的思维方式和行为模式，还能为培养文化移情能力打下坚实基础，学会从多元角度理解和尊重不同的文化现象。[①]

2. 文化体验与实践

组织学生参与丰富多样的中国文化体验活动，包括传统手工艺制作（如剪纸、编织中国结、陶艺创作）、民俗活动（如舞龙舞狮表演、赛龙舟、逛庙会）以及饮食文化体验（如亲手包饺子、学习制作中式

---

① 　祖林、赵乔：《教学中如何实现文化移情能力的培养》，《文学教育（下）》2011年第6期。

菜肴、品尝地道传统小吃）等。这些活动旨在让学生通过亲身实践，深切感受中国文化的独特魅力与深厚底蕴，增强他们对中国文化的直观认知和情感体验。

在体验活动中，鼓励学生深入思考和体悟文化活动背后所蕴含的情感价值与深层含义。以编织中国结为例，详细解释中国结所代表的吉祥如意、团圆美满等美好寓意，引导学生领悟中国人对幸福生活的热切期盼与真挚祝福。通过这样的方式，学生能够更深刻地理解中国文化的精神实质，进而更容易培养对多元文化的理解与共情能力，即文化移情能力，使他们能够更加包容和尊重不同的文化背景。

3. 文学作品赏析

挑选具有代表性的中国文学作品，包括古代诗词、经典小说及现代散文等，供学生阅读并赏析。文学作品作为国家和民族文化精髓的集中展现，能够带领学生穿越时空，深入了解不同历史阶段中国人民的生活图景、情感世界及价值观念。

在赏析文学作品的过程中，着重引导学生从文化的视角出发，去剖析作品中的人物刻画、情节推进及核心主题。以杜甫的诗歌为例，通过介绍唐代的社会背景与文化环境，以及杜甫诗歌中流露出的对国家命运的忧虑和对民众疾苦的关切，帮助学生更好地理解诗歌的内涵。通过这样的文学赏析，学生能够与中国文化产生深刻的情感联结，进而提升自身的文化移情能力，学会从多元文化的视角去理解和共情。

（二）培养学生的反思与自我意识

1. 深化学生对文化差异的反思与理解

在教学环节中，教师应当定期安排学生对跨文化交际中遇到的文化差异及挑战进行回顾与自我反思。具体而言，鼓励学生分享他们与中国学生或中国人交流时遇到的困惑或不解的亲身经历，并随即组织小组讨论，深入挖掘这些经历背后隐藏的文化差异。通过这样的反思过程，学生能够更加敏锐地察觉文化差异的存在及其深远影响，进而提升对文化差异的敏感度。同时，教师应激励学生审视并反思自身可能存在的文化偏见与误解，并鼓励他们尝试从多元文化的视角重新审视这些问题。例如，针对某些外国学生可能持有的"中国人过于强调集体利益而忽视个人权利"的偏见，教师可引导学生探究这一观点的来源，并详细解释中国文化中集体利益与个人利益之间的微妙平衡，从而帮助学生纠正文化偏见，逐步培养起文化移情的能力。通过这样的教学引导，学生能够更加开放和包容地理解不同文化，促进跨文化交流的顺利进行。

2. 强化学生的文化自我意识

教师应当协助学生深入理解自己的文化身份与背景，认识到个人的文化价值观和行为模式是在特定文化环境中逐渐塑造而成的。通过提升文化自我意识，学生能够更加清晰地认识到自己在跨文化交际中所处的角色与立场，进而更容易从他人的文化视角出发进行理解。

为此，教师可以策划一系列文化自我探索活动，引导学生反思并评估自己文化的独特性与可能存在的局限性，以及在跨文化交流中可能面临的挑战。例如，鼓励学生分析自己文化中特有的沟通方式在跨文化情景下的适用性，并探讨如何调整沟通策略以更有效地与来自不同文化背景的人建立联系。通过文化自我探索，学生能够更加清晰地认识自己，从而在跨文化交际中展现出更强的文化移情能力，更加灵活和有效地应对各种文化挑战。

（三）跨文化交流实践

1. 国际交流体验深化

积极引导学生投身于学校组织的国际交流项目，包括与中国学校的交换生计划、国际学术论坛、文化交流夏令营等。这些项目通过与中国学生和教师的直接交流与互动，为学生提供了深入探索中国文化与社会的宝贵机会，使他们能够亲身体验跨文化交际的实际场景，从而有效提升文化移情能力。

在项目进行期间，提供必要的指导与支持，确保学生能够顺利融入中国的文化环境与交流模式。例如，在交换生计划中，为每位学生安排中国学生伙伴，以协助他们解决学习与生活中的难题，并促进中外学生之间的深入交流与友谊。这种实践经历将极大地增强学生的跨文化交际技巧与文化移情能力，使他们能够更加自信地面对多元文化环境，更好地理解和尊重不同文化背景的人。

2. 社区融入与文化体验

组织学生亲身参与当地中国社区的各项活动，如志愿服务、文化节庆典、社区讲座等，让学生深入中国社区，与居民建立联系，体验普通中国人的生活方式与文化习俗。在活动中，引导学生主动与社区居民沟通，了解他们的日常需求与观念，学会从当地人的视角审视问题并寻求解决方案。例如，通过志愿服务与社区老人交流，聆听他们的生活故事与文化观念，这不仅能增进对中国文化的理解与尊重，还能显著提升学生的文化移情能力。

3. 网络跨文化桥梁构建

利用互联网平台的优势，搭建外国学生与中国学生及全球其他学生的网络跨文化交流平台。通过在线学习社群、社交媒体、国际学生论坛等渠道，实现跨地域、跨文化的在线对话、合作学习与文化分享。在网络交流中，教师应指导学生关注文化差异与网络礼仪，鼓励他们积极展示自己国家的文化特色，同时保持开放心态，认真倾听并理解他人的观点。这种无界限的交流方式，将极大拓宽学生的文化视野，增强他们的文化移情能力，使他们在全球化时代中更加自信地参与跨文化沟通。

第七章

国际中文教育的创新

随着"一带一路"倡议的深入实施和国际产能合作的不断推进，国际中文教育不再局限于语言知识的传授，而是逐渐发展成为一种跨文化交流、经济合作与人文互动的综合载体。在这一背景下，创新成为推动国际中文教育持续发展的关键动力。

第一节　国际中文教学模式的创新

在全球化的浪潮中，国际中文教育扮演着促进文化交流与理解的重要角色。为了适应不断变化的国际环境和满足不同学习者的需求，国际中文教学模式必须不断创新。本节将探讨几种前沿的、具有实践意义的国际中文教学模式，旨在提升学生的语言能力、文化理解力和跨文化交际能力。

一　混合式学习：线上线下融合的新路径

混合式学习（Blended Learning）作为教育领域的一种革新性教学模式，正日益凸显其核心价值。它巧妙融合传统面对面教学与在线学习的精髓，为学习者带来更为丰富、高效的学习体验，尤其在国际中文教育领域展现出独特魅力和显著优势。

混合式学习的起点在于线上预习。教师借助在线平台的便捷性和丰富资源，精心准备多样化的预习材料，如视频教程、动画展示、文本资料等，涵盖汉语基础知识及中国文化、风俗习惯等内容。学生可根据自身时间和学习节奏，灵活安排预习计划，针对难点反复学习，培养自主学习和独立思考能力。例如，针对汉语发音难点，学生可通过在线视频示范和讲解多次练习，为线下学习打下坚实基础。

线下实践则是混合式学习的核心环节。在传统课堂中，师生面对面交流互动，营造真实的人际互动氛围，这是线上学习无法比拟的。线下课堂注重语言实践、文化体验和深度讨论，通过对话练习、角色扮演、小组讨论等形式，让学生在情景中运用汉语进行交流表达。与教师和同学的直接互动，使学生能及时获得反馈和指导，纠正发音、语法和表达错误，提升语言运用的准确性和流利度。同时，文化体验活动如庆祝中国传统节日、制作传统手工艺品、品尝美食等，让学生亲身感受中国文化的魅力，加深对中国文化的理解和认同。深度讨论则拓宽学生思维视野，培养批判性思维和跨文化交际能力。

在线反馈与辅导是混合式学习的重要补充。在线平台为师生提供便捷沟通渠道，教师可随时了解学生学习情况，及时给予反馈和辅导。学生完成作业、练习或在线测试后，能迅速获得成绩和详细分析报告，了解学习成果和不足。教师根据学生学习数据和反馈意见，调整教学内容和方法，提供个性化学习建议和辅导。在线平台还设置讨论区、问答社区等，促进学生交流学习经验和心得，共同解决问题，营造良好学习氛围和互助合作环境。

混合式学习模式在国际中文教育中具有重要意义，因为它不仅充分利用在线平台的灵活性和个性化优势，同时保留了传统课堂中重要的师生互动和情感交流环节。在线平台的灵活性满足学生不同学习需求和学习习惯，个性化优势则根据学生学习进度、能力水平和兴趣爱好提供定制化学习资源和学习路径。传统课堂中的师生互动和情感交流有助于建立良好师生关系，增强学生学习动力和学习兴趣。教师的鼓励、指导和关注让学生感受到学习中的温暖和支持，激发了学生学习的积极性和主动性。

以国际中文教育的一个班级为例，教师利用在线平台发布关于中国传统节日春节的预习材料，引导学生进行自主学习。学生们在预习过程中对春节产生浓厚兴趣。在线下课堂上，教师组织春节文化体验活动，如写春联、包饺子、做中国结等，让学生亲身感受春节的欢乐氛围和文化内涵。学生们积极参与活动，与教师和同学互动交流，不仅提高汉语语言表达能力，还加深对中国文化的理解和喜爱。课后，学生提交作业和学习心得，教师及时给予反馈和辅导，解答和指导学生在学习过程中遇到的问题。这种混合式学习模式让学生在轻松愉快的氛围中学习汉语和中国文化，取得显著学习效果。

二　翻转课堂：打破传统的教学流程

翻转课堂（Flipped Classroom）作为一种具有创新性和颠覆性的教学模式，正逐渐在教育领域引发深刻的变革。它彻底打破了传统课堂结构中知识传授与内化的时间和空间顺序，为教学带来了全新的思路和方法。其要义在于将原本在课堂上主要由教师进行的知识传授过程转移到课外，让学生通过各种在线资源，如视频、阅读材料等，自主完成知识的学习；而课堂时间则被重新分配，主要用于开展知识的内化与应用活动，如讨论、练习、答疑以及拓展学习等。

在国际中文教育的广阔舞台上，翻转课堂以其独特的适应性和显著优势脱颖而出。在这一模式下，学生的学习之旅从课前便悄然开启，他们借助丰富多彩的在线资源，自主探索中文世界的奥秘。精心策划的中文教学视频成为他们的得力助手，这些视频不仅涵盖了汉语的语音、词汇、语法等基础知识，还深入讲解了汉字的书写规范及丰富的文化背景知识。视频形式多样，既有生动有趣的动画演示，也有实景拍摄的直观展示，更有教师深入浅出的讲解，旨在吸引学生的注意力，提升学习效果。与此同时，配套的阅读材料，如中文文章、故事、诗歌等，为学生提供了深入理解中文的桥梁，既锻炼了他们的阅读理解能力，又让他们深刻感受到了中文的独特魅力和文化内涵。

在翻转课堂的课前学习阶段，学生拥有前所未有的自主权。他们可以根据自己的学习节奏和理解能力，灵活安排学习时间，反复观看视频或阅读材料，直至全面掌握相关知识和技能。这种自主学习方式，不仅激发了学生的求知欲，更培养了他们的自主学习能力。

当课堂时间来临，教学活动变得更加生动多彩且富有深度。讨论环节成为课堂的灵魂，学生们围绕课前学习的内容展开热烈讨论，分享自己的见解和疑惑，从不同视角剖析中文语言现象和文化背景。例如，在探讨汉语词汇的多义性时，学生们结合生活实例，交流对词义的理解和运用体会，深化了对中文词汇丰富内涵的认识。练习环节则侧重于知识的实践应用，通过多样化的练习题，如填空、选择、造句、写作等，学生巩固了语言基础，提升了语言运用能力。教师在此过程中，化身为学生学习的引路人，巡视指导，及时发现并纠正学生的问题，给予个性化的建议。答疑环节构建了学生与教师之间直接沟通的桥梁，使学生能够就自主学习中遇到的困惑和难题向教师求助，而教师则以耐心细致的解答帮助学生厘清思路，克服学习障碍。此外，拓展学习活动成为课堂的一大亮点。教师根据学生的具体情况，精心设计中文演讲比赛、文化展示、小组项目研究等丰富多彩的课堂活动。这些活动不仅锻炼了学生的中文语言技能，还促进了团队合作精神、跨文化交际能力和创新思维能力的培养。

翻转课堂模式在国际中文教育中展现出非凡的意义。它彻底转变了传统的教学格局，将学生置于学习的中心位置，凸显了学习的主动性和参与性。在自主学习阶段，学生学会了自我管理和独立解决问题，逐步培养了自主学习的能力。同时，课堂讨论、小组活动等互动环节让学生学会了倾听、表达和批判性思考，从而全面提升了综合素养。

对教师而言，翻转课堂同样带来了诸多裨益。它使教师能够更高效地利用课堂时间，专注于为学生提供个性化的指导和辅导。通过与学生的深入交流，教师可以精准掌握学生的学习动态和需求，及时调整教学策略，提供更具针对性的教学服务。此外，翻转课堂还促进了学生之间的合作学习，营造了积极向上的学习氛围，显著提高了整体教学效果。在国际中文教育的广阔舞台上，翻转课堂正以其独特的魅力和显著优势，引领着教学改革的浪潮，推动教育事业的蓬勃发展。

三　项目式学习：以任务为导向的实践探索

项目式学习（Project-Based Learning，PBL）作为一种富有创新性和实践性的教学模式，在教育领域中正日益受到广泛关注和重视。它以真实世界的问题或项目为核心驱动力，通过引导学生经历探究、协作和创作等一系列积极主动的学习过程，促进学生全面而深入地学习知识和技能。

在国际中文教育的浩瀚天地间，项目式学习如同一股清新的风，以其独特的韵味和强大的生命力，展现出了非凡的魅力和广泛的适应性。它巧妙地围绕中国文化、历史、社会等底蕴深厚、色彩斑斓的主题，精心策划了一系列既具挑战性又富实践性和创新性的学习任务。这些任务并非单纯的知识点堆砌，而是将中文语言的学习与中国文化的深度理解紧密相连，让学生在语言的海洋中遨游，同时领略中国文化的独特魅力。

以"中国传统节日"为例，项目式学习为学生们搭建了一个探索的桥梁。学生们面临的挑战是策划一场关于中国传统节日的文化展览。为了达成这一目标，他们需深入探究，通过书籍、网络资源、纪录片等多种途径，挖掘中国传统节日的起源、演变、庆祝方式及文化内涵。在这个过程中，学生们不仅锻炼了中文阅读和信息筛选的能力，更直观地感受到了中国文化的多样性和深邃性。

协作，作为项目式学习的核心环节，让学生们学会了团队的力量。他们以小组为单位，各司其职，共同推进项目。从收集资料、撰写介绍到设计布局、准备互动环节，每一步都凝聚了团队的智慧和汗水。在协作中，学生们不仅提升了沟通能力和团队协作能力，更在相互学习和启发中拓宽了思维，培养了跨文化交流的敏锐度和包容性。不同文化背景的学生在交流中碰撞出思想的火花，促进了文化的交融与理解。

创作，则是项目式学习成果的璀璨展现。学生们将探究和协作中的所学所得进行整合与创新，创作出具有实际价值的作品。在"中国传统节日"文化展览中，他们精心设计的海报、制作的道具、排练的讲解内容，无不体现出对中国传统节日的深刻理解与生动表达。这一过程不仅锻炼了学生们的创造力和想象力，更将中文语言技能融入实际表达与交流中，提升了他们的中文写作、口语和综合运用的能力。

通过项目式学习，学生们不仅扎实掌握了中文语言技能，更对中国文化和社会现象有了深刻的认识。他们亲身体验了中国传统节日所蕴含的深厚情感、核心价值观和民族精神，以及中国社会在节日庆典中所展现的团结与活力。这种沉浸式的文化体验有效地打破了文化壁垒，使他们能够避免文化误解，从而在跨文化环境中更加流畅地运用中文进行沟通。

项目式学习以其鲜明的实践性和体验性特征，与国际中文教育的宗旨紧密相连。它为学生们搭建了一个真实且具有深远意义的学习场景，使学习过程变得生动有趣且紧密联系实际生活。相较于传统的教学模式，项目式学习更能激发学生的求知欲和学习动力。学生们从以往被动接收知识的角色转变为积极的知识探索者，主动寻找问题的答案和创新性的解决方案。这种主动学习的态度不仅显著提高了学习的效果和质量，还为国际中文教育引入了多样化的学习资源和丰富的评价方式。

在学习过程中，学生们可以广泛接触包括中文书籍、学术文献、影视作品、网络资源以及实地考察等在内的多种学习资源，极大地拓展了学习的渠道和视野。而在评价环节，项目式学习强调对学生学习全过程的全面评估，包括参与度、团队合作能力、问题解决能力、创新思维能力和作品质量等多个方面。这种多元化的评价体系能够更全面、更客观地反映学生的学习成果和综合素养，为学生的学习进步提供精准且有益的反馈与指导。

四 定制化学习：满足个性化需求的创新实践

定制化学习（Personalized Learning）作为一种先进且成效显著的教学模式，深刻践行了因材施教的古老智慧。其精髓在于摒弃"一刀切"的传统教学策略，转而细致入微地关注每一位学习者的兴趣、能力、需求及学习风格，据此精心打造专属的学习资源与路径。这种高度个性化的教学途径，旨在充分挖掘并激发学习者的内在潜能，推动其全面发展，实现自我超越。

在国际中文教育的广阔天地中，定制化学习以其独特魅力与非凡价值脱颖而出。借助大数据分析与人工智能等尖端科技，教育机构能够实时、精确、全面地追踪并分析学习者的学习行为与成效。这些尖端技术如同一双慧眼，不仅洞察学习者的学习偏好、优势与短板，还能揭示其学习过程中的微妙规律与潜在趋势。

基于这些宝贵的数据洞察，教育者得以为学习者量身定制更加贴合其个人特点的学习资源与教学策略。这些资源与策略不仅与学习者的个人特质相得益彰，更与其学习目标紧密相连，从而极大提升了学习的精准度与实效性。例如，对于热衷于中华文化的学习者，可提供丰富的中国传统节日、历史典故等学习资源；而对于渴望迅速提升口语水平的学习者，则可推荐大量的口语练习与模拟对话素材，助其口语表达更加流利自如。

定制化学习的推行，赋予了学习者前所未有的自主权与选择权。他们得以根据自身实际情况与兴趣所向，灵活选择学习内容、进度与方式。这条个性化的成长之路，不仅满足了学习者多元化的学习需求，更激发了他们内在的学习热情，为其个性化成长与发展注入了强劲动力。

第二节 "互联网+"背景下的国际中文教育创新

一 国际中文教育与微课

(一) 微课的定义与特点

微课是指以视频为主要载体，记录教师围绕某个知识点或教学环节所开展的简短而完整的教学活动。微课的出现不仅丰富了教学手段，更以其显著的特点，满足了现代学生的学习需求。概括来说，微课具有以下几个特点。

1. 时间短，聚焦高效

微课的时长一般控制在 5 至 10 分钟，这一设计充分考虑了学生的注意力集中规律。在快节奏的生活中，学生的时间和精力都相对有限，而微课则能在短时间内让学生专注于学习一个特定的内容。这种高效的学习方式不仅提高了学习效率，还让学生在轻松愉快的氛围中掌握知识。

2. 内容精，直击要点

微课的内容聚焦于一个具体的知识点、技能点或教学问题，主题明确，内容精练。它避免了冗长和复杂的信息传递，直接切入主题，使学生能够快速抓住重点。这种精练的教学方式不仅节省了学生的学习时间，还提高了学习效率。

3. 形式多样，生动有趣

微课结合了动画、图片、音频等多种媒体形式，生动形象地展示了教学内容。这种多样化的呈现方式，不仅增强了课程的吸引力和趣味性，还提高了学生的学习积极性。学生可以在轻松愉快的氛围中学习，感受知识的魅力。

4. 便于传播与学习，实现个性化

基于互联网平台，学生可以方便地在各种设备上观看和学习微课。学生可以根据自己的时间和需求，随时随地进行自主学习。这种碎片化和个性化的学习方式，不仅满足了现代学生的学习需求，还促进了教育的公平和普及。

（二）微课在国际中文教育中的应用优势

1. 满足个性化学习需求，促进因材施教

国际中文教育的学生群体极为多元化，他们来自全球不同的国家和地区，拥有不同的学习背景、学习目标和学习速度。这种多样性对教学方法和资源提出了极高的要求。微课以其独特的灵活性和自主性，恰好能够满足这一需求，在国际中文教育中异军突起。

微课允许学生根据自己的实际情况和学习节奏，自主选择适合自己的内容进行学习。无论是初学者还是进阶者，都能找到适合自己的微课资源。学生可以自主控制学习进度，对于难以理解或掌握的部分，可以反复观看、深入学习，直至完全掌握。这种个性化的学习方式不仅提高了学习效率，还增强了学习的主动性和趣味性，使每个学生都能在适合自己的节奏下稳步提升中文水平。

2. 丰富教学资源，提升教学质量

微课为国际中文教育提供了前所未有的丰富教学资源。教师可以根据教学大纲和学生的实际需求，精心制作涵盖汉语语音、词汇、语法、汉字书写、口语表达、听力理解、阅读写作等各个方面的微课。这些微课不仅内容全面，而且形式多样，既有生动的讲解，也有实用的练习，还有丰富的互动环节，极大地丰富了教学手段和方法。

微课不仅可以作为课堂教学的有力补充和拓展，帮助学生巩固课堂所学，深化理解；还可以作为学生的课外自学和复习材料，帮助他们随时随地、灵活自主地学习中文。此外，不同教师制作的微课可以在一定范围内共享，形成庞大的微课资源库。这个资源库不仅为学生提供了更多的学习选择，也为教师之间的交流和借鉴提供了便利，促进了教学质量的整体提升。

3. 提高教学效果，激发学习热情

微课凭借其鲜活直观的表现形式与精简高效的内容，成功吸引了学生的注意力，成为教学领域的得力助手。通过视频演示、动画呈现等多媒体元素的巧妙运用，微课将原本可能显得晦涩难懂的中文知识转化为易于理解、直观可感的学习素材，极大地降低了学习的复杂度，助力学生轻松掌握并深刻记忆知识点。

在汉字教学这一复杂而又精细的过程中，微课展现了其独特优势。借助动画技术，微课详细展示了汉字的笔画顺序与结构布局，学习者可以清晰地观察到每一个笔画细微的运行变化以及笔画之间的紧密关联。这种直观、动态的学习方式，不仅极大地提升了汉字书写的教学成效，还让学生在学习过程中获得了更为深刻和具体的体验。

此外，微课还巧妙融入了多样化的互动环节，如趣味提问、实操练习、即时检测等，这些设计不仅显著增强了学习的互动性和参与感，还让学生能够在学习过程中及时检验自己的学习成果，从而有效激发了学习的自主性和积极性。这种融合了互动元素的微课模式，使得学习过程变得更加高效且充满乐趣，为学生提供了更加优质的学习体验。

4. 促进教师专业成长，提升教学质量

微课的制作历程，实则是教师专业素养提升的一次宝贵历练。为了打造一节高品质的微课，教师需深入剖析并梳理教学内容，精心设计教学流程与策略，并细心挑选适宜的媒体素材进行创作。这一系列严谨而细致的过程，不仅磨炼了教师的教学设计能力，更促使教师对教学内容有更为透彻的领悟，进而推动其教学水平和专业素养的显著提升。

同时，微课也为教师搭建了一个向业界同仁学习的桥梁。通过观摩其他杰出教师精心制作的微课，教师可以汲取先进的教学理念与方法，拓宽自身的教学视野，不断优化和完善个人的教学实践。这种跨界的学习交流，不仅丰富了教师的知识体系，更激发了其教学创新的灵感火花。

此外，微课的制作与分享，还成为教师展示教学成果与风采的亮丽舞台。这不仅增强了教师的职业荣誉感和归属感，更促进了教师之间的深度交流与合作。在国际中文教育的广阔舞台上，微课成为教师们共同成长的坚实基石，推动了整个教学质量迈向新的高度。通过微课的分享与交流，教师们能够相互借鉴、共同进步，为国际中文教育的繁荣发展注入新的活力与动力。

（三）微课的设计与制作要点

1. 教学内容设计的精细化

（1）精准选题，直击学习核心

微课的选题，作为教学内容设计的起点，其重要性不言而喻。选题需精准犀利，聚焦于那些具有典型性、关键性和挑战性的知识点或教学难点。这些点往往是学生在学习旅程中遭遇的最大障碍，也是他们最为渴望得到指导的部分。通过微课这一形式，将这些核心内容精准地传达给学生，能够确保微课内容切实贴合他们的学习需求，有效破解他们在学习征途上的种种难题。精准选题不仅大幅提升了微课的实用价值，还极大地激发了学生的学习热情。

（2）目标清晰，教学有的放矢

微课主题确定之后，明确教学目标便成为下一步的关键。教学目标如同微课内容的指南针，引领并规范着微课的教学内容、方法和策略。依据教学大纲及学生的实际状况，设定具体、清晰、可实现的教学目标，使微课内容更具指向性和实效性。这些目标应涵盖学生需掌握的知识点、技能点，以及情感态度与价值观等方面的要求，确保学生通过微课的学习能够圆满达成这些既定目标。清晰的教学目标有助于教师精准把控教学内容的深度与广度，从而显著提升微课的教学成效。

（3）内容结构合理，逻辑清晰

微课的内容结构设计是教学规划中的核心要素。一个优质的微课，其内容结构需条理清晰、简洁明了，并能有效引导学生逐步深入探究学习内容。一般而言，微课的内容结构包括导入、讲解、示范、练习及总结等多个环节。

导入环节：旨在迅速吸引学生的注意，并激发他们的学习兴趣。可以通过设置巧妙的问题、展示生动的案例或播放吸引人的视频等方式，为学生构建一个引人入胜的学习情景，为后续的学习奠定坚实的基础。

讲解环节：要求教师深入浅出地阐述知识点，进行详尽的解释和说明。教师应采用易于理解的语言，并巧妙结合图表、动画等多媒体手段，将抽象的概念具体化，帮助学生更好地理解和记忆。

示范环节：通过实际操作或案例展示，直观地向学生呈现学习内容的实际应用。示范过程需清晰明确，步骤详细，便于学生模仿和练习，从而加深对知识的理解和掌握。

练习环节：需设计具有针对性和层次感的练习题，旨在帮助学生巩固所学内容。练习题应多样化，以满足不同学习层次学生的需求。同时，在练习过程中应提供及时的反馈和指导，帮助学生纠正错误，进一步提升学习效果。

总结环节：对微课的核心内容进行精练概括和总结，帮助学生构建知识框架。总结部分应简洁明了，重点突出，确保学生能够全面而深刻地掌握所学知识。

2. 教学方法选择的灵活性与互动性

（1）多样化教学方法，因材施教

在微课的教学设计中，教学方法的恰当选择对于提升教学效果起着至关重要的作用。教师应当依据教学内容的独特性以及学生的实际状况，灵活采用多样化的教学策略。这些策略涵盖了讲授法、演示法、讨论法、练习法以及案例分析法等多种方法。

以汉语语法这一复杂且抽象的知识点为例，教师可以巧妙地融合讲授法与例句演示法。通过深入浅出的讲解，帮助学生奠定语法规则的基本概念和理论框架；同时，借助生动形象的例句演示，将抽象的语法知识融入具体的语境之中，使学生在实际应用中感受和理解语法规则的精髓。这种教学方法不仅能够显著增强学生的理解能力，还能够有效激发他们的学习兴趣。

而在口语教学领域，角色扮演与对话练习则成为更为贴切的教学策略。通过角色扮演，学生能够身临其境地模拟真实的交流场景，从而在实战中提升口语表达的流畅度和准确性；对话练习为学生提供了一个与他人互动的平台，使他们在与伙伴的交流中锻炼语言组织和应变能力。这些教学方法的巧妙运用，能够帮助学生在轻松愉悦的学习氛围中，有效提升口语表达能力。

（2）注重互动性，激发学习热情

除了教学方法的多样化选择外，微课还应注重互动性的设计。互动性不仅能够增强学生的参与感和学习积极性，还能帮助教师及时了解学生的学习情况和反馈意见，从而调整教学策略，提高教学效果。

在微课视频中，教师可以巧妙地设置提问、讨论、练习等环节，引导学生积极思考和参与互动。这些环节的设计应具有一定的趣味性和挑战性，以激发学生的学习兴趣和求知欲。同时，教师还应及时对学生的回答和讨论进行反馈和评价，给予他们充分的鼓励和肯定，以增强他们的学习动力和自信心。

此外，利用在线学习平台的互动功能也是提高微课互动性的有效途径。教师可以通过留言、评论、答疑等方式与学生进行实时互动，及时解答他们的疑问和困惑。这种互动方式不仅能够帮助教师更好地了解学生的学习情况和需求，还能为学生提供个性化的学习支持和指导。

3. 视频制作技术

（1）视觉体验：高清稳定，营造氛围

微课视频的画面质量是吸引学生注意力的首要因素。确保画面清晰稳定，色彩搭配和谐，构图精美，能够显著提升学生的学习体验。在拍摄过程中，光线调控至关重要，需保证光线均匀充足，避免画面模糊、抖动、过暗或过亮。无论是采用专业拍摄设备还是智能手机，都应精心选择拍摄角度和景别，以精准捕捉并凸显教学内容的核心要点。通过精心设计的画面布局和色彩运用，营造积极的学习氛围，增强学生的学习参与度。

（2）听觉享受：清晰流畅，传递魅力

音频作为微课不可或缺的一部分，其质量同样重要。确保声音清晰流畅、无杂音干扰，是制作高质量微课的基本要求。录制音频时，应选择安静的环境，使用高质量的录音设备，并合理控制音量和语速。语速适中，既不过快导致学生难以听清，也不过慢影响教学节奏，保持适当的语速有助于学生更好地理解和吸收知识。此外，适当融入背景音乐和音效，可以增强微课的趣味性和吸引力，但需确保音量适中，避免干扰教学内容的传递。

（3）后期制作：精心雕琢，提升品质

拍摄完成后，后期编辑制作成为微课视频制作的关键步骤。通过视频编辑软件对视频进行剪辑、拼接、添加字幕、特效等处理，可以进一步提升微课的生动性和吸引力。在剪辑过程中，需注重视频的连贯性和流畅性，避免突兀的切换和跳跃。添加字幕时，应仔细选择字体、大小、颜色和位置，确保字幕清晰易读，与视频内容紧密同步。同时，适当融入动画、转场特效等元素，可以增强视频的视觉冲击力，提升学生的学习体验。

在后期制作过程中，还需注意控制视频的时长。微课的时长应根据教学内容和学生的实际情况进行合理设置，避免过长导致学生失去耐心，或过短导致内容讲解不充分。通过精心雕琢和细致调整，可以制作出既符合教学要求又具有良好观看体验的微课视频。

二 国际中文教育线上教学模式的探索与构建

（一）线上教学平台的选择与应用

1. 教学平台的功能特点

（1）课程构建与管理功能

此功能允许教师轻松创建、发布及全面管理课程。它涵盖了课程的基本设置，如命名课程、撰写课程简介、指定授课教师及安排上课时间等。此外，教师还可以在该平台上上传丰富的教学资源，包括教学视频、演示文稿、电子文档等，以供学生随时查阅和学习。

（2）多元化互动教学功能

平台支持多种互动教学模式，如实时直播授课、视频会议交流、在线讨论互动、小组协作学习、作业提交与在线批改，以及便捷的在线测试等。这些功能不仅促进了教师与学生间的实时沟通，解答学生的即时疑问，还便于组织课堂讨论与小组活动，及时获取学生的学习反馈，从而有效提升教学质量。

（3）学习进度与数据分析功能

该功能能够全面记录并跟踪学生的学习过程及行为，包括登录时间、学习时长、视频观看频次、参与讨论活跃度、作业完成情况等关键数据。通过对这些数据的深入分析，教师可以精准掌握学生的学习进度与状态，及时发现并解决学生在学习中遇到的难题，为实施个性化教学策略提供有力的数据支持。

（4）技术保障与稳定运行

平台需具备强大的技术支持与卓越的稳定性，确保教学活动的顺畅进行。在高峰期，平台应能轻松应对大量用户的并发访问，避免卡顿、掉线等不利情况的发生。同时，平台还应提供及时、高效的技术支持服务，迅速解决教师与学生在使用过程中遇到的各种技术问题，保障教学活动的平稳运行。

2. 常见的线上教学平台

（1）专业的在线教育平台

如学堂在线、中国大学 MOOC、超星学习通等，这些平台汇聚了海量的课程资源与完备的教学功能，广泛应用于多学科领域的在线教学。在国际中文教育领域，教师可以依托这些平台开设中文课程，上传丰富的教学资源，精心组织教学活动，并与学生展开深入的互动交流。这些平台通常配备了便捷的课程建设模板与实用的教学工具，极大地便利了教师的课程设计与教学管理。

（2）高效的视频会议软件

如腾讯会议、Zoom、钉钉等，这些软件主要用于实时直播授课与视频会议。它们以高清的视频画质与流畅的音频效果著称，能够支持多人同时在线，充分满足线上教学的实时互动需求。教师可以利用这些软件进行课堂讲授、解答学生疑问、组织小组讨论等多样化的教学活动，而学生则可以通过电脑、手机等多种设备轻松参与课堂学习。

（3）灵活的社交平台

虽然微信、QQ 等并非专门的教学平台，但在国际中文教育的线上教学中，它们同样能够发挥重要作用。教师可以利用微信公众号或 QQ 群发布教学通知、分享实用的教学资源，并与学生保持密切沟通。此外，通过微信小程序或 QQ 群中的作业功能，教师还可以便捷地布置与批改作业、进行在线测试等，为学生的学习提供有力支持。

（二）线上教学模式的类型与特点

1. 直播教学模式

（1）高度的实时互动性

在直播平台上，教师进行实时授课，学生则能在直播进程中与教师即时互动，提出问题或发表见解。这种即时互动的特性，成功地模拟了传统课堂的教学氛围，让学生感受到教师的悉心关注与专业指导，进而激发他们的学习热情，提高参与度。

（2）生动直观的教学内容展示

直播教学使教师能够灵活运用多种教学资源，如教学课件、视频、图片等，并通过现场演示、实验操作等手段，将教学内容呈现得更为生动直观。例如，在汉语口语课上，教师可以利用直播进行对话练习，即时纠正学生的发音与语调；在汉字书写教学中，教师则可通过直播展示书写过程，让学生清晰地观察汉字的笔画顺序与书写技巧，从而更有效地理解和掌握知识。

（3）对网络环境的高标准

直播教学对网络环境的要求颇为严格。一旦出现网络卡顿、掉线等问题，将直接影响教学的顺利进行。因此，在进行直播教学时，教师和学生都需确保网络环境的稳定与流畅，选择适配的网络设备与连接条件。同时，直播平台也应具备出色的技术保障能力，以应对大规模用户的并发访问，确保直播教学的质量与效果。

2. 录播教学模式

（1）学习时间灵活

录播课程提前录制好，学生可以根据自己的时间安排随时随地进行学习，不受时间和空间的限制。这种模式适合那些学习时间不固定的学生，他们可以根据自己的学习进度自主调整学习节奏，反复观看录播视频，加深对知识的理解和掌握。

（2）便于资源整合与共享

教师可以对录播课程进行精心制作和编辑，整合多种教学资源，如教学课件、案例分析、练习题等，形成完整的教学资源包。这些资源可以在不同的教学平台上进行共享，方便学生获取和学习。录播课程也可以作为教学资源长期保存，供后续教学使用和参考。

（3）缺乏实时互动性

与直播教学相比，录播教学缺乏实时互动性，学生在学习过程中遇到问题不能及时得到教师的解答和反馈。为了弥补这一不足，教师可以在录播课程中设置一些互动环节，如提问、讨论、作业等，引导学生进行自主思考和学习。还可以利用在线学习平台的答疑功能，及时回复学生在学习过程中提出的问题，加强与学生的沟通和交流。

3. 混合式教学模式

（1）直播与录播优势互补

混合式教学模式巧妙地将直播教学与录播教学融为一体，充分利用两者的独特优势。在教学过程中，教师可根据具体的教学内容和目标，灵活切换教学方式。针对那些重点、难点知识的讲解，教师可选择直播教学，与学生实时互动，迅速解答疑惑；而对于基础知识的学习和复习，则可采用录播教学，让学生根据自己的节奏自主学习，提升学习效率。

（2）强化自主学习能力

混合式教学模式尤为注重培养学生的自主学习与自我管理能力。在教师的悉心指导下，学生需合理规划学习时间，自主选择学习内容与方式，独立完成线上学习任务。同时，学生还需积极参与课堂互动，与教师和同学深入探讨、交流合作，共同实现学习目标。

（3）教学管理挑战重重

混合式教学模式不仅涵盖了直播与录播教学的组织与管理，还涉及线上与线下学习的无缝衔接与深度融合，这无疑加大了教学管理的难度。教师需要精心制订教学计划，明确教学目标与任务，并时刻关注学生的学习动态，加强过程监督与管理。此外，教师还需及时获取学生的学习反馈，为学生提供必要的学习支持与指导，确保教学质量的稳步提升。

（三）线上教学模式的实施策略

1. 教学准备

（1）教学设计

根据线上教学的特点和学生的实际情况，进行精心的教学设计。明确教学目标、教学内容、教学方法和教学流程，合理安排教学时间和教学环节。在教学设计过程中，要注重教学内容的趣味性和实用性，激发学生的学习兴趣；同时要考虑到线上教学的互动性和参与性，设计多样化的教学活动，引导学生积极参与课堂学习。

（2）教学资源的精心筹备

依据教学设计蓝图，需准备一套丰富多元的教学资源，涵盖教学视频、演示课件、详尽文档、针对性练习题及经典案例分析等。这些资源务必保证高质量，内容精准无误、表述清晰简洁，既要符合教学大纲的严格要求，又要贴近学生的认知发展水平。此外，在选用教学资源时，必须严格遵守版权法规，确保所有资源的合法合规性，维护学术诚信。

（3）技术保障的周全准备

为确保线上教学的顺利进行，教师和学生须提前熟悉所选线上教学平台的各项操作方法与功能特性，做到心中有数，操作娴熟。教师应细致调试直播与录播设备，确保其在授课过程中能够稳定运行，以最佳状态呈现教学内容。同时，对网络环境进行全面检测与优化，力求网络的稳定与流畅，为师生创造一个无卡顿、无延迟的高效教学空间。

2. 教学实施

（1）强化课堂管理

在直播与录播教学环节中，为维护良好的教学秩序，课堂管理的强化至关重要。教师应提前发布详尽的教学通知，明确告知学生上课的具体时间、核心内容及学习要求。课堂上，教师需密切关注学生的学习动态，适时提醒学生专心听讲，积极参与课堂互动。对违反课堂纪律的行为，教师应及时采取适当的批评教育措施，确保教学活动的平稳推进。

（2）促进教学互动

线上教学应高度重视教学互动，通过提问、热烈讨论及小组协作等多种形式，充分激发学生的求知欲，提高参与度。教师应迅速响应学生的提问与留言，保持与学生之间的有效沟通与交流。同时，鼓励学生间开展积极互动，共同探索知识，携手成长。

（3）优化学习指导

教师应加强对学生的学习指导，助力学生制订科学的学习规划，掌握高效的学习方法。在教学过程中，教师应密切关注学生的学习进展与成效，敏锐捕捉学生在学习过程中遇到的难题与挑战，并提供精准、个性化的指导与帮助。同时，鼓励学生主动反馈学习状况，以便教师根据实际情况灵活调整教学策略，持续提升教学质量。

3. 教学评价

（1）多元化评价方式

采用多样化的评价体系，旨在全面且客观地衡量学生的学习成效。这一体系可以涵盖在线测试、作业提交、课堂互动表现、小组项目以及学习日志等多种形式。在线测试作为一种评估手段，能够有效检验学生对知识点的掌握程度，确保他们理解所学内容。作业提交则侧重于考查学生将所学知识应用于实际问题的能力，通过检查作业完成情况，教师可以直观地了解学生的学习应用水平。课堂互动表现能够直观反映学生的学习态度和课堂参与度，不仅是学生学习积极性的体现，也是教师调整教学策略的重要依据。小组项目为学生提供了一个团队合作和创新的平台，通过项目合作，学生能够在实践中锻炼团队协作能力和创新思维，同时，项目成果也是评价学生综合能力的一个重要方面。学习日志则鼓励学生记录自己的学习过程和心得体会，不仅有助于学生自我反思和总结，也为教师提供了深入了解学生学习状况和学习需求的窗口，有助于为教师提供更加个性化的教学支持。

（2）及时反馈与积极激励

教师应迅速且准确地将评价结果反馈给学生，让学生明晰自己的学习状况及存在的短板，从而能够及时调整学习策略与方法。同时，对学生的学习成果给予充分的肯定与鼓励，以此增强学生的自信心与学习动力，激发他们的学习热情。

（3）教学质量持续优化

基于教学评价结果的深入分析与总结，教师应敏锐洞察教学过程中存在的短板与不足，并致力于教学质量的持续提升。根据学生的反馈意见与学习需求，灵活调整教学内容与方法，优化教学流程与环节，力求教学效果的最优化，并不断提升学生的满意度与学习成效。

第三节　新时代国际产能合作视野下的
国际中文教育创新

一　国际产能合作视野下国际中文教育的发展要求和发展趋势

在全球经济一体化和"一带一路"倡议的推动下，国际产能合作日益成为各国经济发展的重要驱动力。在这一背景下，国际中文教育迎来了前所未有的发展机遇，同时也面临着新的挑战。国际产能合作的深化对国际中文教育提出了更高的要求，要求其在提升语言能力的同时，更加注重跨文化交流、专业技能培养以及国际视野的拓展。

发展趋势方面，国际中文教育正逐步向多元化、专业化、国际化方向发展。多元化体现在教学内容、教学方法以及教学手段的多样化；专业化强调在中文教育的基础上，结合具体行业领域，培养具备专业技能和跨文化沟通能力的复合型人才；国际化则要求国际中文教育加强与世界各国教育机构的交流与合作，推动教育资源的共享与互补。

二 国际产能合作视野下国际中文教育发展策略

（一）围绕根本，抓住关键，促进国际中文教育提质增效

在国际产能合作这一宏大而深远的背景下，国际中文教育扮演着连接不同文化、促进经济交流与合作的桥梁角色。面对这一历史性的机遇与挑战，国际中文教育应更加紧密地围绕语言学习的本质，即不仅要提升学习者的语言运用能力，使之能够流畅、准确地表达思想，还要着重培养学习者的跨文化交际能力，使他们能够深刻理解并尊重不同文化背景下的思维方式与行为习惯，从而在全球化的舞台上更加自信地交流与协作。

为实现这一目标，国际中文教育需采取一系列创新措施，从课程设计到教学方法，再到实践教学，进行全面优化与升级。在课程设计上，应打破传统框架，融入更多与现实生活、职业发展紧密相连的内容，如商务沟通、旅游文化、科技新知等，使学习者在学习中文的同时，也能掌握实用的职业技能和跨文化交流技巧。教学方法上，鼓励采用启发式、讨论式、项目式等多元化教学手段，激发学生的学习兴趣，培养其自主学习和批判性思维能力。

实践教学是提升国际中文教育质量的关键一环。通过组织实地考察、文化交流活动、企业实习等多种形式，让学生亲身体验中国文化

的魅力，同时加深对国际产能合作中关键领域（如基础设施建设、能源合作、先进制造业等）的了解。这些实践活动不仅能够增强学生的实践能力，还能加强他们对专业术语和行业知识的掌握，为将来在国际产能合作项目中发挥桥梁作用打下坚实基础。

更为重要的是，国际中文教育需紧密跟踪国际产能合作的最新动态，识别并聚焦于其中的关键领域和关键环节。例如，在基础设施建设领域，可以开设专门针对工程翻译、项目管理等方向的中文课程；在能源合作方面，可强化能源政策、新能源技术等方面的中文教学；而在制造业方面，则应关注智能制造、工业互联网等前沿领域的专业中文培训。通过这样精准定位的教学，国际中文教育能够更好地服务于国际产能合作的人才需求，培养出既精通中文又具备专业技能的复合型人才。

（二）扩大格局，拓宽渠道，为促进民心相通搭建语言桥梁

国际中文教育应跳出传统的教学框架，积极拓展国际合作与交流渠道，与世界各国的教育机构、文化机构、企业等建立广泛的合作关系。通过举办国际中文教育论坛、文化交流活动及开展留学项目等，增进中外人民的相互了解和友谊，为国际产能合作营造良好的人文环境。同时，要充分利用互联网、大数据等现代信息技术手段，拓宽国际中文教育的传播渠道，使更多人能够接触和学习中文，为国际产能合作提供语言支持。[①]

（三）发掘优势，对接需求，探索市场化可持续发展模式

国际中文教育作为推广汉语和中国文化的关键桥梁，不仅肩负着传承与发扬中华文明的重任，在全球经济一体化及国际产能合作的浪

---

① 刘东青、李晓东：《新冠肺炎疫情背景下的"一带一路"汉语国际教育发展策略》，《黑龙江教育（高教研究与评估）》2022 年第 5 期。

潮中，更彰显出独特的文化魅力和资源优势。为了充分释放这些优势，并精准对接国际产能合作的实际需求，国际中文教育亟须探索一条市场化、可持续的发展道路，以灵活多样的方式满足企业及个人对中文学习的多元化需求。① 一方面，国际中文教育可借助职业培训，为企业员工提供量身定制的中文学习解决方案。这些培训可紧密围绕企业的实际业务需求，如商务沟通、市场营销、文化交流等，设计具有高度实用性的课程内容，助力企业员工迅速提升中文交流能力，增强他们在国际产能合作中的竞争力。同时，企业定制课程也是国际中文教育市场化进程中的重要一环，它能够根据企业的特殊需求，如行业术语学习、跨文化沟通策略等，进行个性化课程设计，为企业提供专属的语言培训服务。另一方面，随着信息技术的迅猛发展，在线中文教育已成为一股不可忽视的力量。国际中文教育应充分利用互联网、大数据、人工智能等现代信息技术，构建线上线下相结合的混合式教学模式，为学习者带来更加便捷、高效的中文学习体验。在线平台不仅能让学习者随时随地学习中文，享受优质教育资源，还能根据学习者的学习进度和兴趣，提供个性化的学习路径和资源推荐，进一步提升学习效率。然而，市场化发展并不意味着教学质量的下降。相反，国际中文教育在市场化探索中更应重视质量保障体系的构建。这包括制订科学的教学大纲和课程标准，确保教学内容的准确性和实用性；建立严格的教学质量监控机制，定期对教学质量进行评估和反馈；加强教师队伍建设，提升教师的专业素养和教学能力；建立完善的学员服务体系，为学习者提供全面的学习支持和咨询服务。通过这些举措，国际中文教育能够确保教学质量和效果，进而提升其品牌影响力和市场竞争力。②

---

① 刘东青、李晓东：《新冠肺炎疫情背景下的"一带一路"汉语国际教育发展策略》，《黑龙江教育（高教研究与评估）》2022 年第 5 期。
② 秦媛媛：《论职业院校精准扶贫的问题与改进策略》，《牡丹江大学学报》2023 年第 5 期。

三 国际产能合作视野下"中文+技能"人才培养模式

（一）构建"中文+技能"人才培养模式的意义

构建"中文+技能"人才培养模式是适应国际产能合作对复合型人才需求的重要举措。通过这一模式，可以培养既具备扎实中文语言能力，又掌握专业技能的复合型人才，为国际产能合作提供有力的人才支撑。这一模式也有助于提升国际中文教育的实用性和吸引力，推动国际中文教育的持续发展。

（二）国际产能合作区域"中文+技能"人才短缺

随着国际产能合作的深入发展，对"中文+技能"复合型人才的需求日益迫切。然而，目前在国际产能合作区域，这类人才相对短缺，难以满足实际需求。因此，加强"中文+技能"人才培养成为国际中文教育面临的重要任务。[①]

（三）国际产能合作视野下"中文+技能"人才培养路径

1. 校企合作，共建实训基地

与国际产能合作区域内的企业建立合作关系，共同建设实训基地，为学生提供实践锻炼的机会，将理论知识与实际操作相结合。

2. 优化课程设置，强化实践教学

根据国际产能合作的实际需求，优化课程设置，增加与专业技能相关的中文课程，强化实践教学环节，提升学生的实际操作能力。

3. 引进优秀教师，提升教学水平

积极引进具有丰富实践经验和专业技能的优秀教师，提升国际中

---

① 肖毅：《面向国际产能合作的高职国际学生教育探析》，《湖南大众传媒职业技术学院学报》2022年第4期。

文教育的师资力量和教学水平。

4. 开展国际交流与合作，拓宽视野

加强与国际教育机构的交流与合作，借鉴国际先进的教育理念和教学方法，拓宽学生的国际视野，提高跨文化交际能力。

5. 建立质量保障体系，确保人才培养质量

建立健全"中文+技能"人才培养的质量保障体系，对教学质量、学习效果等进行定期评估和反馈，确保人才培养的质量。

第四节　AI 支持下的国际中文教学调查

根据中国互联网络信息中心的最新统计，截至 2024 年 6 月，我国网民规模已接近 11 亿，相较于 2023 年 12 月增长了 742 万人，互联网普及率达到了 78.0%。网络交际已成为新时代语言交际的主要途径之一，其语言使用规则与传统面对面交际有所不同。对于深度融入中国社会交际的来华留学生而言，掌握网络交际用语的规则至关重要，然而当前针对来华留学生或非母语汉语学习者网络会话用语的教学与研究相对匮乏，导致其网络交际水平难以得到有效提升。

如今，国际中文教育正处于数字化转型阶段，以技术变革中文教学是该阶段的特征，各类智能技术开始融入中文教学的各环节是该阶段的一大突出表现。马瑞祾、梁宇关于 20 项国际中文教育数字化转型的候选技术重要性程度的调查结果显示人工智能位居第一，并指出人工智能在中文教学中具有技术成熟、教师和学习者接受程度高的特点。[①]

基于此，我们借助 AI 工具（文心一言、豆包等）分析网络会话中同意应答语的使用规律和留学生使用中存在的问题，并就此提出了

---

① 马瑞祾、梁宇：《国际中文教育数字化转型的三重逻辑——从 ChatGPT 谈起》，《河南大学学报（社会科学版）》2023 年第 5 期。

相应的教学建议进行尝试。我们选取网络会话中使用频率极高的同意应答语"好"、"好的"及其变体"好滴"等为研究对象，在探究网络会话中同意应答语的使用规律与调查母语者和非母语者对此类应答语的使用情况的基础上，探讨如何在人工智能的支持下，进行针对性的教学，最终达到提高非汉语母语者的网络交际能力和跨文化交际水平的目标。

一　网络同意应答语的使用情况

（一）调查设计

1. 调查对象

调查由两部分组成，即汉语母语者网络会话应答语中同意应答语的使用情况调查及非汉语母语者网络会话应答语中同意应答语的使用情况调查。前者主要针对青年群体，共收回有效问卷 87 份；后者调查对象集中于本人所在单位的中文水平 HSK4-6 级的中级班以及研究生班留学生，共收回有效问卷 34 份。

2. 调查目标

我们将调查设置为调查对象不同的两部分，其目标有二：一方面，以汉语母语者网络会话中同意应答语的使用情况为依据，为总结提炼网络会话中同意应答语选用的影响因素提供现实支撑；另一方面，旨在通过对比汉语母语者和非汉语母语者在网络会话中同意应答语的使用情况，揭示非汉语母语者在使用同意应答语时存在的问题，并提出针对性的教学建议。

3. AI 工具与调查问卷

调查所用两份问卷的内容皆包含受访者基本信息（汉语母语者所填基本信息包含年龄、性别、每日用于网络交际的时间三项；非汉语母语者所填基本信息包含年龄、性别、国籍、汉语学习时间、汉语水平、每日用汉语进行网络交际的时间），对网络会话中同意应答语的基本认识以及在不同情景下同意应答语的使用情况三部分。

第三部分中的情景对话首先由文本生成类 AI 工具文心一言提供。设置指令时需明确生成内容的要求，如生成的网络会话需要体现交际双方的身份，应答语的选用需具有典型性，情景的设定需具有实用性和真实性。随后将由精确指令生成的若干情景对话经过筛选和适当修改。

鉴于非母语受访者的媒介语语种及其掌握的水平有所不同，且其调查结果需与母语者的调查结果进行对比，因此，须在不改变问卷问题的意义与核心的前提下，对问卷问题进行简化，以保证在不借助媒介语的情况下，非母语者能最大限度地理解问卷内容，从而得到更具科学性、准确性的调查结果。为达到此目的，我们同样借助 AI 工具，通过指令"请将以下内容进行简化"，使初级汉语学习者也能看懂。要求是不改变内容的意义与核心，简化后的词、语法尽量不超过《国际中文教育中文水平等级标准》中的三级水平。由于要保证表意的完整与准确，其简化后的词和语法不可能完全在三级水平范围内，因此在解释个别超纲词时借助了媒介语。

（二）汉语母语者与非汉语母语者网络同意应答语使用情况的对比分析

选择综合类 AI 工具豆包进行数据对比分析。通过指令"请从两份问卷报告的数据对比结果中总结非汉语母语者网络同意应答语使用存在的问题"，豆包将非汉语母语者网络同意应答语使用存在的问题对应问卷内容分为"同意应答语的使用"、"同意应答语的理解"和"具体情景回复"三方面。

1. 同意应答语的使用方面

在同意应答语的使用方面指出词汇使用相对局限、受母语影响明显两个问题。汉语母语者的常用网络同意应答语较为分散，相反，非母语者的较为集中，整体上体现出其词汇选择范围不如汉语母语者广泛。这种局限可能导致表达的丰富性不足，在不同情景和与不同对象交流时，不能像汉语母语者那样灵活选择更贴切的词语来准确传达细微的态度和情感。另外，非汉语母语者高频使用"可以"来表示同意，在汉语母语者的使用中"可以"未进入常用网络同意应答语的前四，这表明他们在一定程度上受到母语表达习惯的影响，将母语中类似词汇的使用习惯迁移到汉语中，而没有充分适应汉语本身的词汇体系和使用习惯。

2. 同意应答语的理解方面

在对同意应答语理解方面指出非汉语母语者对部分词语情感色彩理解存在偏差，对同意应答语区别感知不足。汉语母语者和非汉语母语者对"好吧"与"好嘞""好哒""好滴"所表现的接受程度理解略有不同。有79.41%的非汉语母语者认为表示同意的词有区别，但从实际使用情况来看，在一些情景下对词语的选择不够精准，可能没有充分意识到不同词语在语气、情感和适用情景上的细微差别。

3. 具体情景回复方面

在具体情景回复方面指出回复方式不够灵活多样、不能准确把握情景氛围两个问题。在各种具体情景中，非汉语母语者的回复相对集中在少数几个词语上，缺乏灵活性，而汉语母语者在这些情景中的回复词语更加多样化，能根据情景特点进行更细致的区分。同时，在一些情景中，非汉语母语者可能没有准确理解情景氛围和对方的期望，从而选择了不太恰当的同意应答语，这种不恰当的使用可能会导致交际双方的误解。

以上豆包的分析结果基于问卷数据，与问卷的三部分内容相对应，与问卷本身关系紧密，具有很强的针对性。从输出的框架和内容来看也呈现出一定的条理性和逻辑性。大语言模型具有超大型语料规模，打破了现有语言学理论的视界范围。任何语言学理论在语言"使用"上的观察规模都不足以与大语言模型相媲美。[①] 因此基于大语言模型的 AI 工具在各类语言项目使用的分析方面，具有让人信服的科学性。

根据豆包提供的非母语者网络同意应答语使用存在的问题，我们认为教师在教学中应丰富学生的相关词汇储备；从情绪色彩、礼貌程度、正式或非正式等几方面对同意应答语进行辨析；介绍相关文化背景；培养学生根据不同的情景精准选择应答语的能力。

二 同意应答语选用的影响因素

（一）会话双方的社会地位

在社会交际中，社会地位低的人往往将自己置于"弱势"的位置，表现出谦卑、顺从、毕恭毕敬的态度。表现在应答语的使用方面，即在下对上的会话中，如下属—上司，学生—老师，晚辈—长辈等，应答者倾向于选择"好+语气词"中的"好的"以缓和生硬的语气，表现其弱势的地位；相反，上对下会话中的强势地位应答者倾向于选择缺少情绪色彩的"好"来表示同意、接受或认同。

（二）会话双方人际关系的亲疏

人际关系的亲疏是网络会话应答语选择的重要影响因素。根据汉语的交际习惯，话语的礼貌和客气程度与交际双方的亲密、熟悉程度反相关。[②] 比如就同地位的人际关系而言，在对好朋友和对同事、同学的同意应答语选择方面就稍有差异。在与朋友的会话中，由于双方亲密和熟悉程度高，所以除亲近、活泼的表达"好滴""好嘞"等

---

① 毕玉德、闫丹辉：《通用人工智能时代关于语言研究的思考》，《语言文字应用》2024年第 3 期。

② 张艺航：《国际中文教育视域下"没事（儿）""没关系""不客气"的对比研究》，硕士学位论文，信阳师范大学，2024，第 28 页。

"好+语气词"外，应答者还倾向于选择"好"来表示接受，是一种不考虑社交礼貌、隐含亲近关系、随意的表达。而在与同事、同学等的会话中，由于双方亲密和熟悉程度较低，应答者最倾向于使用既有礼貌色彩，能缓和语气，又有一定疏离感的"好的"表示接受。再如，顾客与店员作为一种工具性关系，双方都以和对方交往作为达成自身目标的手段，即使在交际中带有情感成分，也十分有限。[①] 因此在作为顾客，回应服务人员时，人们一般选择使用"好的"，它在基本不含情感成分的基础上又兼顾了礼貌的原则。

（三）会话进行的语境

会话的内容作为会话进行的语境因素影响同意应答语的使用。以"好的"及其变体"好滴""好嘞"为例，当会话双方谈及工作、学习等内容时，应答者倾向于选择使用"好的"来表示接受。比如在上司或老师给下属或学生布置任务的这种语境中，"好的"具有正式、严肃的语气意义。当会话的内容是涉及娱乐的，比如朋友、同学发出一同游玩、用餐等的邀请时，应答者多选用"好滴""好嘞"来表示接受，包含着明显的轻松、活泼的语气。再如，当亲人、朋友在会话中表达关心时，使用"好滴""好哒""好嘞"等就隐含着开心、撒娇的语气。

（四）应答者对引发语的接受程度

同意应答可分为"认同""确认""接受"三类，常用于表达"接受"的"好"、"好的"及其变体又包含"欣然接受""一般接受""勉强接受"三种情绪倾向。[②] "好吧"用于同意应答表示接受

---

① 黄光国：《人情与面子》，《经济社会体制比较》1985 年第 3 期。
② 张治：《面向对外汉语教学的同意应答语研究》，博士学位论文，武汉大学，2009，第 154、161、165 页。

时，通常含有"一般接受"或"勉强接受"的情绪倾向。比如当同事发出邀请"下班后一起去吃饭吧"时，应答者用"好吧"来表示"下班后想直接回家，不太愿意一起去吃饭"等的言外之意。"好滴""好嘞""好哒"由于其语气词的作用而具有轻松、爽快、活泼的情绪色彩，因此常用于表示"欣然接受"，体现出应答者对引发语的接受程度高，隐含愿意对所提要求采取进一步行动、乐意接受邀请或建议等的言外之意。"好""好的"由于情绪色彩弱，在表示接受程度时只具有中性色彩，即"一般接受"，其包含的言外之意也十分有限。

三 AI 支持下的网络会话中同意应答语的教学建议

（一）精准输入，加深认识

有学者谈到 ChatGPT 因其准确而高效地反馈内容，无须花太多时间在海量的词条中找寻有效信息，有可能取代搜索引擎成为学习者进行知识获取的工具。[①] 同时，精准高效的信息检索是当前 AI 工具普遍具有的基本功能，其操作难度低，只需发出明确的指令，即可获得相应的信息反馈，因此 AI 搜索也是教师备课时的得力助手。在同意应答语的教学中，教师可在备课环节充分利用 AI 搜索功能，搜集有关网络会话中同意应答语使用的影视素材，用于课堂导入。这一方面能引起学生的学习兴趣，另一方面，当代题材的影视作品中的语言往往是当下人们使用的活的语言，学生能够通过观看相关的影视片段，从视觉、听觉方面加深对同意应答语使用的认识。此外，有关同意应答词使用的语用因素的文化背景知识导入也须少而精。以交际双方的社会地位为例，教师可以利用 AI 搜索能明显体现

---

① 谷陵：《ChatGPT 对国际中文师资培养的影响与应对》，《云南师范大学学报（对外汉语教学与研究版）》2023 年第 3 期。

上位者与下位者语言特点的素材，引导学生发现特点并将其延伸到同意应答语的使用上。

（二）语境创设，专项练习

AI 可开发各种语言学习辅助工具，如智能翻译、拼写纠错、语音纠错、语法辅导、语境信息和背景知识支持等，帮助学生全面提高中文水平。[①] 当下通行的汉语教材对网络会话用语涉及较少，学生很难从教材中获取相关知识。教师需脱离对教材的依赖，利用 AI 创设的大量真实的网络会话语境，形成系统专项的教学及练习。以"好"为例，教师提供多组对话。比如：

> 例 1：**朋友 A**：咱明天一起去爬山吧，好久没运动了。
> 　　　**朋友 B**：好，正好我也想去活动活动筋骨。
> 　　　**朋友 A**：那说好了啊，早上八点我来你家楼下接你。
> 　　　**朋友 B**：好，没问题，我到时候肯定准备好。
> 例 2：**朋友 A**：我下午有事出去一趟，你帮我取个快递吧。
> 　　　**朋友 B**：好。

这些对话体现了交际双方的人际关系以及亲密程度，并且都是用"好"来回复的，这有助于学生从语境中直观地体会到"好"也常常作为随意的、非礼貌客气的应答，用于关系亲密的人之间的会话中。"好滴""好哒""好嘞"中包含的礼貌语气对非母语者来说较为陌生，教师便可以利用 AI 创设大量相关的文本、图片或视频作为语境素材，让学生自然而然地体会到此类同意应答语的语用内涵。此外，通过大量用不同的应答语表示同意的会话，学生能够了解和认识更多的同意应答表达方式，从而避免依赖单个应答语的问题。

---

① 崔希亮：《人工智能——语言教学的机遇与挑战》，《华文教学与研究》2024 年第 2 期。

（三）个性语伴，聊天巩固

在国际中文教育中，学生的学习需求、学习动机、学习风格通常具有较大差异，因此个性化教学是提高教学效率的关键策略之一。基于大语言模型的人工智能，能模拟真实语言环境，为学习者提供即时反馈和建立自适应学习机制，使学习者获得多样化、个性化的学习体验。[①] 一方面，教师可在充分了解学生的个体特点和需求的基础上，引导学生创造专属的个性语伴，并与其聊天，在 AI 模拟的真实的语境中自然习得网络会话应答语。比如，若某学生在学习中表现出较强的工具型动机，期望用汉语增加就业机会，该学生的个性语伴即可设定为同事、上司或领导，这就能满足学生语言使用的个性化需求。另一方面，AI 还能够根据学生的学习历史和偏好，模拟不同性格和背景的语伴。通过与这些多样化的 AI 语伴进行对话，学生不仅能够练习同意应答语，还能够学习如何在不同的社交场合中灵活运用语言。此外，AI 语伴可以记录学生的对话历史，分析学生的语言进步和常见错误，为教师提供宝贵的教学反馈。

（四）知识图谱，拓展应用

知识图谱是 AI 的前沿技术之一。它是以图为结构的语义知识库，是一种结构化的知识表示形式，旨在利用图结构对知识进行建模、识别，推断客观世界中概念、实体、事件及其相互关系。[②] 网络会话中同意应答语以及其他应答语的使用规则不是单一的，而是交叉存在的。比如"好"作为一种情绪色彩弱，语气较为平淡、冷漠的应答方式常用于上对下的会话中，但同时又因为它不含语气词表现出一种随意、

---

① 苏祺：《大语言模型在二语教学中的应用效能解析》，《外语界》2024 年第 3 期。
② 郑春萍、于淼、郭智妍：《人工智能在语言教学中的应用研究：回顾与展望》，《外语教学》2024 年第 1 期。

无须考虑礼貌原则的特点，也常用于与关系亲近的人的会话中。这种繁杂的规则系统若不加处理直接教给学生，学生是难以吸收和消化的。这时就需要有专门的网络会话应答语或是网络会话用语的知识图谱，以便学生把握错综复杂的规则中各种信息的关键节点，同时也能以点带线，由线及面，拓展对相关语料的认识和应用。

随着非汉语母语者在华留学时间的增长，网络交际用语的教学应成为汉语教学内容的一部分。我们借助 AI 工具总结了网络会话中同意应答语的使用规律和留学生使用中存在的问题，并提出了相应的教学建议，以提高来华留学生和非母语汉语学习者的网络交际水平。建议通过精准输入加深认识、语境创设专项练习、个性语伴聊天巩固以及知识图谱拓展应用等措施，为学习者提供更加丰富、个性化的学习体验，从而有效提升他们的跨文化交际能力，为面向国际中文教育的网络交际用语的教学提供了新思路。

参考文献

专著

安玉香、刘文惠、胥秋菊主编《对外汉语教学的多角度研究》，中国
书籍出版社，2014。

白红霞：《现代视角下的汉语教学理论研究》，西北工业大学出版社，
2022。

白玉寒：《跨文化视角下的对外汉语教学研究》，中国水利水电出版社，
2017。

陈昌来主编《对外汉语教学概论》，复旦大学出版社，2005。

陈夺：《基于跨文化交际的英语教学研究》，吉林出版集团股份有限公
司，2021。

陈枫主编《对外汉语教学法》，中华书局，2008。

陈科、彭蕾蕾主编《高校智慧图书馆建设现状及发展趋势研究》，四
川大学出版社，2023。

成汩涌：《西方语言学理论流派对我国外语教学的启示研究》，郑州大
学出版社，2012。

程翠翠、赵昭：《融入现代教育技术的对外汉语教学研究》，九州出版
社，2020。

范丽莉、刘宇、李松梅主编《对外汉语教学理论与实践研究》，吉林
　　大学出版社，2012。

广东省教育厅教研室编《普通高中新课程信息技术教学与评价指导》，
　　广东教育出版社，2006。

郭姗姗：《文化"走出去"背景下的大学生跨文化交际能力培养研究》，
　　北京工业大学出版社，2018。

何建：《高校汉语国际教育探索》，吉林人民出版社，2021。

贺佳：《对外汉语教学理论研究》，北京工业大学出版社，2018。

胡晓晏：《基于跨文化适应性的对外汉语教学研究》，吉林人民出版社，
　　2020。

李泉：《对外汉语教学思考集》，北京语言大学出版社，2017。

李泉主编《对外汉语教学理论研究》，商务印书馆，2006。

李香平编著《汉字教学中的文字学》，语文出版社，2006。

刘珣：《对外汉语教育学引论》，北京语言文化大学出版社，2000。

刘珣主编《汉语作为第二语言教学简论》，北京语言文化大学出版社，
　　2002。

鲁巧巧：《跨文化教育视域下的英语教学改革探究》，辽宁大学出版社，
　　2018。

吕美娥、王羽主编《对外汉语教学引论》，电子科技大学出版社，
　　2017。

马莹：《对外汉语教学创新研究》，哈尔滨工业大学出版社，2019。

邵华编著《对外汉语教学概论》，电子科技大学出版社，2016。

宋雨涵：《对外汉语教学理论研究》，北京工业大学出版社，2018。

唐红涛、谭颖主编《跨境电子商务实践基础》，对外经济贸易大学出版
　　社，2021。

王笑艳：《新时期对外汉语教学法专题研究》，中国水利水电出版社，
　　2016。

魏红、伊理、段从宇编著《高校汉语国际教育发展研究》,科学出版社,
　　2013。

吴莉:《传播学视阈内的汉语国际教育研究》,东北师范大学出版社,
　　2017。

吴勇毅等编著《对外汉语教学理论与语言学科目考试指南》,华语教
　　学出版社,2003。

肖毅:《新时代国际中文教育的创新研究》,中国民主法制出版社,
　　2023。

徐正龙编《对外汉语教学理论与语言学应试指南》,东南大学出版社,
　　2005。

杨立华、陈大远:《对外汉语课程与教学研究》,九州出版社,2016。

杨德明:《少数民族汉语教学论》,民族出版社,2017。

张宁:《语用视角下的对外汉语应用研究》,中国纺织出版社,2017。

赵金铭主编《对外汉语教学概论》,商务印书馆,2004。

赵娟:《对外汉语教学传播路径与跨文化交际模式探究》,中国水利水
　　电出版社,2019。

中国对外汉语教学学会北京分会编《中国对外汉语教学学会北京分会
　　第二届学术年会论文集》,北京语言文化大学出版社,2001。

周小兵:《对外汉语教学入门》(第2版),中山大学出版社,2009。

周小兵、李海鸥主编《对外汉语教学入门》,中山大学出版社,2004。

周小兵主编《对外汉语教学导论》,商务印书馆,2009。

周小兵主编《国际汉语》第一辑,中山大学出版社,2011。

朱敏芳:《汉语教学与创新模式研究》,辽海出版社,2018。

祝志春、康建军、苗林:《优秀传统文化传承与对外汉语教学》,吉林
　　出版集团股份有限公司,2020。

祖晓梅:《跨文化交际》,外语教学与研究出版社,2015。

论文

毕玉德、闫丹辉：《通用人工智能时代关于语言研究的思考》，《语言文字应用》2024 年第 3 期。

崔希亮：《人工智能——语言教学的机遇与挑战》，《华文教学与研究》2024 年第 2 期。

谷陵：《ChatGPT 对国际中文师资培养的影响与应对》，《云南师范大学学报（对外汉语教学与研究版）》2023 年第 3 期。

黄光国：《人情与面子》，《经济社会体制比较》1985 年第 3 期。

柯文雄、杨峻茹、龙仕文：《从认知法角度看高级英语教学》，《西南民族大学学报（人文社会科学版）》2012 年第 S1 期。

李天照：《"商务英语阅读"混合式教学创新模式探析》，《教育教学论坛》2024 年第 5 期。

刘东青、李晓东：《新冠肺炎疫情背景下的"一带一路"汉语国际教育发展策略》，《黑龙江教育（高教研究与评估）》2022 年第 5 期。

马瑞祾、梁宇：《国际中文教育数字化转型的三重逻辑——从 ChatGPT 谈起》，《河南大学学报（社会科学版）》2023 年第 5 期。

裴洁君：《小议中西方文化的差异对英语学习的影响》，《科教文汇（中旬刊）》2012 年第 5 期。

秦媛媛：《论职业院校精准扶贫的问题与改进策略》，《牡丹江大学学报》2023 年第 5 期。

石春燕：《基于核心素养的小学英语情境教学创新策略》，《天津教育》2024 年第 9 期。

苏祺：《大语言模型在二语教学中的应用效能解析》，《外语界》2024 年第 3 期。

孙向华：《信息技术与高中政治综合探究课整合的教学模式研究》，

《高考》2023 年第 23 期。

田东武：《利用情境教学推动高中数学教育转型》，《数学学习与研究》
　　2023 年第 28 期。

王玥：《霍夫斯泰德的文化维度理论解读》，《世纪桥》2012 年第 1 期。

闻亚兰：《论情感因素与大学英语自主学习环境建设》，《江苏技术师
　　范学院学报》2010 年第 4 期。

肖启迪：《汉语国际教育中数字化教学措施的应用》，《科技资讯》
　　2021 年第 3 期。

肖毅：《面向国际产能合作的高职国际学生教育探析》，《湖南大众传
　　媒职业技术学院学报》2022 年第 4 期。

尹丽雯、张祎祺、张迎燕：《高校专门用途英语 SPOC 翻转课堂混合教
　　学模式探究》，《文教资料》2020 年第 24 期。

张艺航：《国际中文教育视域下"没事（儿）""没关系""不客气"的
　　对比研究》，硕士学位论文，信阳师范大学，2024。

张治：《面向对外汉语教学的同意应答语研究》，博士学位论文，武汉
　　大学，2009。

赵丹阳：《对外汉语教学中留学生跨文化交际能力的培养》，《大众文
　　艺》2020 年第 24 期。

赵倚墨、王婧阳、刘典典：《新形势下国际中文在线教学策略体系建
　　构及反思——基于 20 篇中文核心文献的 Nvivo 分析》，《长春大学
　　学报》2022 年第 12 期。

郑春萍、于淼、郭智妍：《人工智能在语言教学中的应用研究：回顾
　　与展望》，《外语教学》2024 年第 1 期。

祖林、赵乔：《教学中如何实现文化移情能力的培养》，《文学教育
　　（下）》2011 年第 6 期。

Canale, M. and Swain, M., "Theoretical Bases of Communicative Approaches to Second Language Teaching and Testing," *Applied Linguistics*, (1980): 1.

Hymes, D., "On Communicative Competence," in J. B. Pride and J. Holmes, eds., *Sociolinguistics* (Middlesex: Penguin Books, 1972).

图书在版编目（CIP）数据

国际中文教育的理论与创新 / 崔金明著 . --北京：
社会科学文献出版社，2025.6. --ISBN 978-7-5228
-5449-6

Ⅰ. H195.3

中国国家版本馆 CIP 数据核字第 2025EJ9158 号

国际中文教育的理论与创新

著　　者 / 崔金明

出 版 人 / 冀祥德
责任编辑 / 杜文婕
责任印制 / 岳　阳

出　　版 / 社会科学文献出版社
　　　　　地址：北京市北三环中路甲 29 号院华龙大厦　邮编：100029
　　　　　网址：www.ssap.com.cn
发　　行 / 社会科学文献出版社（010）59367028
印　　装 / 三河市尚艺印装有限公司

规　　格 / 开　本：787mm×1092mm　1/16
　　　　　印　张：18　字　数：233 千字
版　　次 / 2025 年 6 月第 1 版　2025 年 6 月第 1 次印刷
书　　号 / ISBN 978-7-5228-5449-6
定　　价 / 98.00 元

读者服务电话：4008918866